21世纪高职高专精品系列规划教材·物流专业

零售物流管理
LINGSHOU WULIU GUANLI

◎主编／王 爽 翟 玲

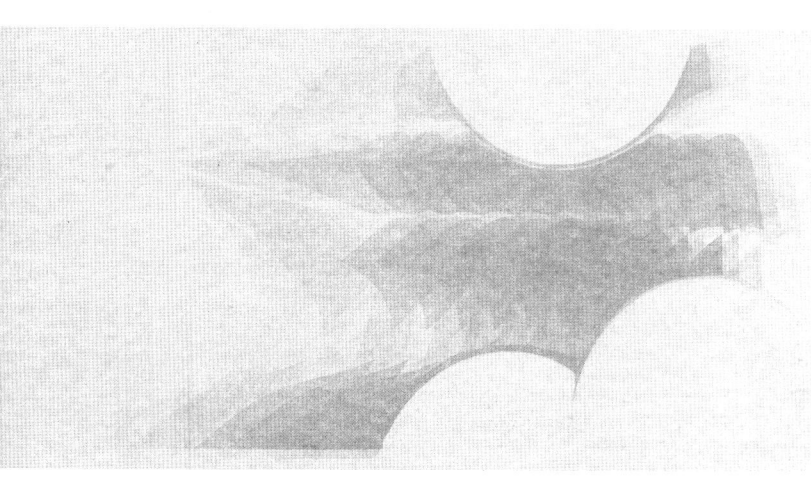

首都经济贸易大学出版社
·北京·

前　言

2010年6月,《国家中长期人才发展规划纲要(2010～2020年)》(以下简称《纲要》)正式出台。《纲要》是我国首个中长期人才发展规划,提出了未来十年育人、选人、用人的指导方针、战略目标和总体部署。《纲要》明确提出:到2020年人才资源总量从现在的1.14亿增加到1.8亿;其中主要劳动年龄人口受过高等教育的比例达到20%;人力资本对经济增长贡献率要达到33%。但是如何实现产业与人才的对接是人才培养的关键。自主创新能力、特别是集成创新能力和引进消化吸收再创新的能力是《纲要》对人才培养提出的更高要求。

零售服务业作为一个高速发展同时尚待不断探索和完善的产业,几十年来对拉动我国经济发展、推动基础工业的进步及整合资源、创造更多利润和价值起到了重要作用。如何使零售业物流活动更加高效、节约,创造销售价值是零售业发展的重点问题,也是亟待解决的瓶颈问题。作为零售企业,理顺其物流的营运模式是创造企业核心竞争力的重要基础。2009年,国务院更是将物流产业列入我国"十大产业振兴计划"之一,对物流行业的发展确定了"四个要点和九大重点工程"。

因此,面对新的人才培养需求和行业发展要求,物流服务人才的培养更需要进一步提升,以实现与产业的对接及创新能力的提高。特别是进入后经济危机时代,我国社会经济与工业生产正不断转型与升级,作为密切服务于社会经济与工业生产的物流行业,及工业生产的桥头堡——零售业,其零售物流运营的方法、策略和管理模式都面临巨大的挑战,其挑战来自全球经济结构的转变,来自物流服务需求的提升,来自物流服务资源的整合,也来自物流行业的自我改善与创新。作为零售业的物流专才,应更好地了解产业状况,分析零售物流市场需求,转变服务观念和方式,善于运用物流管理的理念去分析问题、解决问题,不断提高零售物流管理和操作的水平。

本教材筹划于物流被列入我国"十大产业振兴计划"之时,撰写和完善于《国家中长期人才发展规划纲要(2010~2020年)》出台之际,为了适应新时代零售行业的发展和对新型物流人才培养的需求,培养专业化程度高、综合能力强、实用型零售物流专业人才,我们在本书编写的过程中,立足高职高专物流专业教育的实际需求,准确定位职业院校的培养目标,密切结合我国零售业物流活动的实际人才需求,认真分析了物流专业学习的逻辑线索、知识结构和能力结构,在创作思想、编著内容、文章结构等方面均有所创新。本教材从认知零售行业和零售业物流管理活动入手,以零售业物流业务模块和各模块工作过程为线索,将零售物流管理的基础知识和物流运营与操作活动紧密结合,使本书凸显出以下几个特色:

第一,明确按我国零售业发展中物流管理人才的需求特点构建本书体系,将零售业物流活动几大职能要素,包括零售业采购管理与订单处理、物流配送管理、库存管理、流通加工、成本管理等,及辅助上述职能活动的物流设施设备、信息化管理,特别是影响零售业销售发展的重点难点也是争议点的逆向物流、冷链物流管理列入编写的基本框架,将零售物流基础理论与实践结合,将知识与实际业务操作相结合,本着简单、实用、够用的原则充实教材内容。

第二,教材知识体系符合教与学的客观规律要求。在阐述基本概念和相关理论的基础上,结合实际选择了具有代表性的典型案例进行深入浅出的分析与探讨。在注重理论的系统性、前瞻性基础上更注重与实际应用相结合。

第三,每章节内容都以项目或任务驱动教学,以行动导向引导学生的知识学习,基于工作过程和业务流程确定每章的编写框架,突出专业性、应用性和实践性,有利于学生动手动脑,固化知识,增强能力。

同时,我们组织教学、科研和企业方面的专家,共同参与了本版教材的创意和编写工作。本书的主要编写人员由具有多年高职高专物流专业教学经验,同时又具有物流企业从业经验的"双师型"教师构成,从行业实践出发把握编写内容,以提高教材的实践性和应用性,力求将本书编写成为融合行业理论知识、实践技能和教育教学三位一体的高质量教材。

本教材共设十章,由天津滨海职业学院王爽老师担任主编,策划了编写大纲,撰写了第一章、第二章、第十章,并对全书进行了审校和最终的编纂工作;翟玲老师担任第二主编,编写了第三章、第四章,并对全书进行了统稿。参与本教材编写工作的还有:陈彧老师,编写了第八章、第九章;天津南开职大姚翠玲老师,编写了第五章、第六章;天津轻工职业学院高立荣老师,编写了第七章。编写团队为本教材的撰稿和完善付出了巨大的努力,出版社科学、严谨的工作作风对提高本教材的编写质量起到了重要的促进作用。由于作者经验有限、时间仓促,对于教材中的纰漏和不足,敬请各位读者予以批评指教!

2010 年 6 月
于天津滨海新区

目 录

第一章 零售物流管理概述 …………………………………… (1)
第一节 现代零售业概述 …………………………………… (2)
第二节 零售物流概述 ……………………………………… (11)
第三节 零售物流管理 ……………………………………… (17)
第四节 零售业物流管理综合实训 ………………………… (22)

第二章 零售业采购管理与订单处理 ………………………… (27)
第一节 零售业采购概述 …………………………………… (28)
第二节 采购管理实务 ……………………………………… (38)
第三节 零售业订单处理 …………………………………… (70)
第四节 零售业采购物流与订单处理综合实训 …………… (76)

第三章 零售物流配送管理 …………………………………… (88)
第一节 零售物流配送概述 ………………………………… (89)
第二节 零售物流配送中心 ………………………………… (95)
第三节 零售物流联盟 ……………………………………… (111)
第四节 零售业物流配送综合实训与案例分析 …………… (116)

第四章 零售物流库存管理 …………………………………… (126)
第一节 零售物流库存管理概述 …………………………… (128)
第二节 零售物流库存控制 ………………………………… (132)
第三节 基于供应商管理库存的零售业库存管理 ………… (136)
第四节 零售物流库存管理综合实训 ……………………… (143)

第五章 零售流通加工与物流设施设备 ……………………… (149)
第一节 零售流通加工概述 ………………………………… (150)
第二节 零售物流设施设备应用与管理 …………………… (161)

第三节 零售流通加工管理综合实训 …………………… (172)

第六章 零售物流外包 …………………………………… (175)
  第一节 零售物流外包概述 ………………………………… (176)
  第二节 零售物流外包运营模式 …………………………… (182)
  第三节 零售物流外包综合实训与案例分析 ……………… (189)

第七章 零售物流信息化管理 …………………………… (196)
  第一节 零售物流信息化概述 ……………………………… (198)
  第二节 零售物流信息系统管理 …………………………… (216)
  第三节 E 零售下的物流信息系统 ………………………… (226)
  第四节 零售物流信息系统管理综合案例分析 ……… (232)

第八章 零售业逆向物流管理 …………………………… (239)
  第一节 逆向物流 …………………………………………… (240)
  第二节 零售业的逆向物流 ………………………………… (245)
  第三节 零售业逆向物流管理综合实训 …………………… (250)

第九章 零售业冷链物流管理 …………………………… (255)
  第一节 冷链物流概述 ……………………………………… (257)
  第二节 零售业典型冷链商品物流管理 …………………… (262)
  第三节 特殊商品零售物流综合实训与案例分析 ………… (281)

第十章 零售物流成本管理 ……………………………… (296)
  第一节 零售企业物流成本 ………………………………… (298)
  第二节 零售企业物流成本的核算方法 …………………… (300)
  第三节 零售物流成本管理与控制 ………………………… (304)
  第四节 零售物流成本管理综合实训 ……………………… (309)

参考文献 …………………………………………………… (314)

第一章 零售物流管理概述

【知识目标】
了解零售业及零售物流的定义与特征
掌握零售物流管理的含义、特征与环节
掌握零售物流的组织形式

【技能目标】
能够对零售行业和零售物流的管理活动进行基本认知

【引导案例】

沃尔玛的零售物流管理

1991年,沃尔玛年销售额突破400亿美元,成为全球大型零售企业之一。1996年8月,全球头号零售品牌沃尔玛(Wal-Mart)进入中国市场,在深圳掀起购物旋风,使传统百货零售业目瞪口呆。自2003年开始,沃尔玛跃居世界500强企业第一。除2006年位居第二外,直到2009年,沃尔玛始终稳坐世界级企业的头把交椅。作为平均单位商品利润额较低的零售企业,沃尔玛的成功秘密是什么?沃尔玛凭什么建立起称雄世界的零售王国?

首先,沃尔玛向顾客提供超一流服务享受;其次,沃尔玛推行"一站式"购物概念;最重要的是,沃尔玛提出了"帮顾客节省每一分钱"的宗旨,而且实现了价格最便宜的承诺。要实现这一点,只通过与供应商合作或谈判压低采购价格是不够的。试想,一支铅笔零售价格往往是生产成本的两倍甚至更多,这其中相当大部分是物流的成本,从这支铅笔下生产线进入包装程序开始,直至到达消费者手中,要经历相当长的过程。因此,要"帮顾客节省每一分钱",物流的管理就至关重要。沃尔玛的零售物流管理模式可以概括为:

1.严谨的采购态度、完善的发货系统和先进的存货管理是促成沃尔玛做到成本最低、价格最便宜的关键因素。沃尔玛一般是直接从工厂以最低的进货价采购商品。一旦交易达成,总部便会通知厂商把货品直接发送到沃尔玛发货中心。沃尔玛在美国拥有16个发货中心,都设在离营业网点不到一天路程的地方。它所拥有的6 000多辆货车,平均每天要发货19万箱。

2.沃尔玛也采用了仓储式经营,因而在商品销售成本上充分体现出规模效益。例如,山姆会员店内装修简洁,尽量利用所有的货架空间储存、陈设商品。

以上的物流管理方法辅之以良好的营销策略,成就了沃尔玛世界零售大王、世界企业之冠的成绩。

阅读案例并思考:

1.除了沃尔玛,请列举你所熟悉的零售企业有哪些?你所熟悉的零售形式又有哪些?

2.请说说物流对于零售企业的重要性体现在哪些方面?

3.请进一步查阅沃尔玛的物流管理实例,充实你对沃尔玛物流管理的认知和理解,并思考零售业的物流管理有哪些环节,这些环节会涉及哪些细分的行业和技术?

第一节 现代零售业概述

一、零售业的定义与产业特点

零售行业是在流通领域中将生产企业所生产出来的产品及相关配套服务,通过某种形式出售给消费者的一种商业模式,零售行业处于商品流通过程的终端环节。所以决定了零售业主要作用是满足消费、引导生产和稳定社会的重要因素。

其实,零售业在中国的古代就已经存在,当时是以坐商和行商来划分有店铺和长途贩运或街头叫卖的零售形式。从世界范围来看,进入19世纪以来,零售业发生过数次重大的变革,这些变革在零售业的发展历史上称为"四大变革",即百货商店、连锁商店、超级市场、无店铺销售。每次零售业的变革,都是为了适应市场的经济环境变化和要求而做出的相应调整。

现代零售业则是将这四大变革的成果兼容并包,形成了今天繁荣而多样化的市场,现代零售业的产业特点主要表现在以下几个方面。

（一）处于商品流通过程的终端环节

零售是商品到达客户手中的最后一个环节,是实现商品价值的最终环节,是探寻市场的前哨,零售环节运作的效率高低、方法优劣直接影响着商品流通的效率和对市场的响应程度。

（二）引导商品的生产

由于零售使商品直接面对客户,因此厂家可以根据零售商掌握的终端市场信息来规划生产或改进商品的功能,使生产厂家的生产方向与市场消费需求相吻合;零售商的连锁规模化,进一步提高了信息收集的全面性,而零售商规模化发展同时也提高了生产厂家的销售量,使生产厂家更自觉地为零售商提供服务;现代物流业的发展,也使得零售业成为实现"拉"式生产的重要"前锋"。

（三）经营品种多、批量小、交易频繁、需求变化大,其物流管理具有复杂性

现代零售企业依托于繁荣发展的工业生产和多样化的消费需求,所经营的品种多,一个小型便利店,就可零售超过100种商品,大型超市则能超过1万种商品,目前E零售形式下则可实现同一零售平台上的百万种商品同时销售。一般客户购买的批量小、交易频繁、需求变化大,很多商品还有很强的季节性或对保管有很高的要求。这对零售企业的物流管理提出了很高的要求。从订购、进货、运输、储存、保养到流通加工、配送等物流环节,受到多种因素的影响,这都会使零售企业物流管理的复杂性增加。

（四）信息化的发展使零售业实现高效、准确、规模化的经营管理

现代信息技术的发展,如POS、EDI、EOS、BAR CODE、RFID等技术的发展,实现了零售业即时、高效的信息化管理,也使销售与库存

的数据差异降至最低,为采购、补货、销售等环节提供准确数据。现代物流信息系统的技术应用在零售企业中,可以优化各类零售商店库存、补货、配送的管理;物流系统与银行金融系统的对接,使客户付款更加高效、便捷。连锁零售业的规模化发展、E零售等新型零售形式的出现都有赖于信息化技术的发展。

(五)经营的点多面广,面对客户群体多样

零售业在商品流通领域中发展最快,所占比重也最大。这使得零售企业经营点多面广,本章引导案例中的沃尔玛在全世界拥有超过5 000家零售网点。因此,零售业所面对的客户群体多种多样,需求也变化万千。

二、零售业的基本业态类型

零售业态,是指零售企业为满足不同的消费需求而形成的不同的经营形态。

根据国家质量监督检验检疫总局2004年出版的《零售业态分类》(标准号:GB/T 18106—2004),其将零售业态分为2类17种,一类是有店铺经营,另一类是无店铺经营,其中有店铺经营的有12种,无店铺经营的有5种。

(一)有店铺零售业态分类和基本特点

有店铺零售业态是有固定的进行商品陈列和销售所需要的场所和空间,并且消费者的购买行为主要在这一场所内完成的零售业态。

1. 业态1:食杂店(Traditional grocery store)

食杂店是以香烟、酒、饮料、休闲食品为主,独立、传统的无明显品牌形象的零售业态。其特点总结如表1-1所示。

表1-1

选址	位于居民区内或传统商业区内
商圈与目标客户	辐射半径0.3公里,目标客户以相对固定的居民为主
规模	营业面积一般在100平方米以内

2. 业态2:便利店(Convenience store)

便利店是以满足顾客便利性需求为主要目的的零售业态。其特点总结如表1-2所示。

表1-2

选址	商业中心区,交通要道以及车站、医院、学校、娱乐场所、办公楼、加油站等公共活动区
商圈与目标客户	商圈范围小,顾客步行5分钟内到达,目标顾客主要为单身者、年轻人,顾客多为有目的的购买
规模	营业面积100平方米左右,利用率高

3. 业态3:折扣店(Discount store)

折扣店是店铺装修简单、提供有限服务、商品价格低廉的一种小型超市业态。拥有不到2 000个品种,经营一定数量的自有品牌商品。其特点如表1-3所示。

表1-3

选址	居民区、交通要道等租金相对便宜的地区
商圈与目标客户	辐射半径为2公里左右,目标顾客主要为商圈内的居民
规模	营业面积300~500平方米

4. 业态4:超市(Supermarket)

超市是开架售货、集中收款、满足社区消费者日常生活需要的零售业态。根据商品结构的不同,可以分为食品超市和综合超市。其特点如表1-4所示。

表1-4

选址	市、区商业中心,居住区
商圈与目标客户	辐射半径为2公里左右,目标顾客以居民为主
规模	营业面积6 000平方米以下

5. 业态5:大型超市(Hypermarket)

大型超市是实际营业面积6 000平方米以上,品种齐全,满足顾

客一次性购齐的零售业态。根据商品结构,可以分为以经营食品为主的大型超市和以经营日用品为主的大型超市。其特点如表1-5所示。

表1-5

选址	市、区商业中心,城郊结合部,交通要道及大型居住区
商圈与目标客户	辐射半径为2公里左右,目标顾客以居民、流动顾客为主
规模	营业面积6 000平方米以上

6. 业态6:仓储会员店(Warehouse club)

仓储会员店是以会员制为基础,实行储销一体、批零兼营,以提供有限服务和低价格商品为主要特征的零售业态。其特点如表1-6所示。

表1-6

选址	城郊结合部的交通要道
商圈与目标客户	辐射半径为5公里以上,目标顾客以中小零售店、餐饮店等集团购买和流动顾客为主
规模	营业面积6 000平方米以下

7. 业态7:百货店(Department store)

百货店是在一个建筑物内经营若干大类商品,实行统一管理,分区销售,满足顾客对时尚商品多样化选择需求的零售业态。其特点如表1-7所示。

表1-7

选址	市、区级商业中心,历史形成的商业聚集地
商圈与目标客户	目标顾客以追求时尚和品味的流动顾客为主
规模	营业面积6 000~20 000平方米

8. 业态8:专业店(Specialty store)

专业店是以专门经营某一大类商品为主的零售业态。例如,办公用品专业店(Office supply)、玩具专业店(Toy stores)、家电专业店(Home appliance)、药品专业店(Drug store)、服饰店(Apparel shop)等。其特点如表1-8所示。

表1-8

选址	市、区级商业中心以外,百货店、购物中心内
商圈与目标客户	目标顾客以有目的选购某类商品的流动顾客为主
规模	根据商品特点而定

9. 业态9:专卖店(Exclusive shop)

专卖店以专门经营或被授权经营某一主要品牌商品为主的零售业态。其特点如表1-9所示。

表1-9

选址	市、区级商业中心以外,专业街以及百货店、购物中心内
商圈与目标客户	目标顾客以中高档消费者和追求时尚的年轻人为主
规模	根据商品特点而定

10. 业态10:家居建材商店(Home center)

家居建材商店是以专门销售建材、装饰、家居用品为主的零售业态。其特点如表1-10所示。

表1-10

选址	城乡结合部、交通要道或消费者自有房产比较高的地区
商圈与目标客户	目标顾客以拥有自有房产的顾客为主
规模	营业面积6 000平方米以上

11. 业态11:购物中心(Shopping center/Shopping mall)

购物中心是多种零售店铺、服务设施集中在由企业有计划地开发、管理、运营的一种建筑物内或一个区域内,向消费者提供综合性服务的商业集合体。

(1)社区购物中心(Community shopping center)。社区购物中心是在城市的区域商业中心建立的面积在 5 万平方米以内的购物中心。

(2)市区购物中心(Regional shopping center)。市区购物中心是在城市的商业中心建立的面积在 10 万平方米以内的购物中心。

(3)城郊购物中心(Super-regional shopping center)。城郊购物中心是在城市的郊区建立的面积在 10 万平方米以内的购物中心。

三类购物中心的特点如表 1-11 所示。

表 1-11

	社区购物中心	市区购物中心	城郊购物中心
选址	市、区级商业中心	市级商业中心	城郊结合部的交通要道
商圈与目标客户	商圈半径为 5~10 公里	商圈半径为 10~20 公里	商圈半径为 30~50 公里
规模	建筑面积在 5 万平方米以内	建筑面积在 10 万平方米以内	建筑面积在 10 万平方米以上

12. 业态 12:厂家直销中心(Factory outlets center)

厂家直销中心是由生产商直接设立或委托独立经营者设立,专门经营本企业品牌商品,并且多个企业品牌的营业场所集中在一个区域的零售业态。特点如表 1-12 所示。

表 1-12

选址	一般远离市区
商圈与目标客户	目标顾客为重视品牌的有目的的购买者
规模	单位建筑面积 100~200 平方米

(二)无店铺零售(Non-store selling)

无店铺零售业态是指不通过店铺销售,由厂家或商家直接将商品递送给消费者的零售业态。

1. 业态 1:电视购物(Television shopping)

电视购物是以电视作为向消费者进行商品推介展示的渠道,并取得订单的零售业态。其特点如表 1-13 所示。

表 1-13

目标客户	以电视观众为主
商品(经营)结构	商品具有某种特点,与市场上同类商品相比,同质性不强

2. 业态 2:邮购(Mail order)

邮购是以邮寄商品目录为主向消费者进行商品推介展示的渠道,并通过邮寄方式将商品送达给消费者的零售业态。其特点如表 1-14 所示。

表 1-14

目标客户	以地理上相隔较远的消费者为主
商品(经营)结构	商品包装具有规则性,适宜储存和运输

3. 业态 3:网上商店(Shop on network)

网上商店是通过互联网络进行买卖活动的零售业态。其特点如表 1-15 所示。

表 1-15

目标客户	有上网能力,追求快捷性的消费者
商品(经营)结构	与市场上同类商品相比,同质性强

4. 业态 4:自动售货亭(Vending machine)

自动售货亭是通过售货机进行商品售卖活动的零售业态。其特点如表 1-16 所示。

表 1-16

目标客户	以流动顾客为主
商品(经营)结构	以香烟和碳酸饮料为主,商品品种在 30 种以内

5. 业态 5:电话购物(Tele-shopping)

电话购物是主要通过电话完成销售或购买活动的一种零售业态。其特点如表1-17所示。

表1-17

目标客户	根据不同的产品特点,目标顾客不同
商品(经营)结构	商品单一,以某类品种为主

三、物流管理在零售业中的地位

零售业的物流成本在其总成本的构成中,高达20%以上。因此,物流战略的正确制定和有效执行是零售企业在市场竞争中胜出的一个决定性因素。全球著名的零售商,如沃尔玛(Wal-Mart)、麦德龙(Metro),无一例外都借助卓越的物流管理,取得了令人瞩目的市场业绩。

(一)物流管理活动贯穿零售业的始终,管理内容十分复杂

从零售企业采购销售商品开始便涉及物流管理活动,之后的运输、储存、库存控制直到零售配送给终端用户,以及退、换货的回收,都是物流管理的活动内容,其贯穿着零售行业的始终。

同时,由于零售行业出售的商品多种多样、千差万别,如大型超市,动辄涉及上万种商品的物流管理活动,其中不乏食品、鲜活产品、冷冻产品、保质期各不相同的商品等等,这就给物流管理带来重重困难,管理内容十分复杂,高效、准确的物流管理对于零售企业来讲是十分重要的。

(二)优秀的物流管理可以有效降低零售企业经营成本

在如此剧烈的市场竞争中,零售商必须严格控制其运行成本。这就要求其拥有一流的物流管理体系,使货物能及时而经济地到达最终消费者手中。正所谓物流是"第三利润源"。优秀的物流管理通过对采购、运输、仓储、库存等要素的有效管理实现正常销售下的最低采购量、最低库存成本从而降低零售企业的运营成本。

(三)完善的物流信息系统可以大大提高零售企业经营效率

以沃尔玛为例,它和凯马特经销的商品结构颇为相近,但沃尔玛的运行成本比凯马特低25%。如此悬殊的差别从何而来?其中

一个重要的因素,就是沃尔玛的物流信息系统,它能快速判别消费者的购买偏好,从而使商品的整体成本一减再减。据测算,沃尔玛的单位面积销售额竟然是凯马特的两倍。

(四)高效、准确的物流服务可以提高客户的忠诚度

试想客户从某电器城订购了一台液晶电视,一个月后才得到商品,而商品的型号被搞错了,不得不换货,又一个月后才得到安装和售后服务,这样的物流服务能否提高客户的忠诚度呢?!如果配送时间缩短到 8 小时内,售后服务 24 小时完成,这样高效的物流服务势必会提升客户的忠诚度。

第二节 零售物流概述

一、零售物流的概念及特征

(一)现代物流与零售物流的概念

我国国家标准《物流术语》中定义:物流是"物品从供应地到接收地的实体流动过程,根据实际需要,将运输、储存、装卸、搬运、包装、流通加工、配送、信息处理等基本功能实施有机结合。"

在国际上,通常将物流理解为"物流是为满足客户需要,对商品、服务及相关信息在源头与消费点之间的高效(高效率、高效益)正向及反向流动与储存所进行的计划、实施与控制的过程。"

因此,可以将零售物流定义为:零售物流是指为满足客户的需要,对零售企业所经营的商品进行采购、储存、运输、配送、包装、流通加工、退换货处理等正向或反向流动所进行的计划、执行与控制的过程。零售业的物流活动伴随着资金流的运作和信息流的传递彼此相互作用。

(二)零售物流的主要特征

零售物流的主要特征体现在以下几个方面。

1. 信息化特征

零售物流信息化表现为物流信息的商品化、物流信息收集的数据库化和代码化、物流信息处理的电子化和计算机化、物流信息传

递的标准化和实时化。因此,条码技术(Bar Code)、数据库技术、电子订货系统(EOS)、电子数据交换(EDI)、销售时点技术(POS)、无线射频(RF)技术等在零售企业中得到普遍应用。有些零售企业开辟了实体商店信息系统化管理与网上虚拟商店的即时销售相结合的运作模式,这使得传统的零售企业发生了实质性的革命。

2. 网络化特征

网络化表现为两个方面:一是零售企业的物流实体网络,通过内部的组织网络和外部的配送网络实现物资有效的配送;二是物流系统的计算机通信网络,打造物流信息化平台,实现物流信息的采集、传递、分析、运用的快速反应,网络是物流的神经系统。实体网络与虚拟网络的"无缝链接"是零售物流的发展方向。许多跨国零售集团都是通过网络化管理实现全球范围内的企业经营与物流运作。

3. 复杂性特征

现代零售企业依托繁荣发展的工业生产和多样化的消费需求,所经营的品种越来越多,而物流的批次多、批量小、需求变化大,很多商品还有很强的季节性或对保管有很高的要求。从订购、进货、运输、储存、保养到流通加工、配送等物流环节,受到多种因素的影响,这就会使零售企业物流管理的复杂性增加。

4. 柔性化特征

这是一种"以顾客为中心"理念的体现,即根据消费者需求的变化来调节、安排零售企业的物流活动。零售企业需要随时根据消费者的类别、层次及消费倾向调整所售商品的类别,同时,也需根据商品类别的调整,按照商品的特性制定相应的物流方案。因此,零售企业的物流应具有较高的柔性。

二、零售物流的结构

(一)现代物流的结构

从供应链的角度分析,一条完整的供应链包括供应商(原材料供应商和零配件供应商)、制造商(加工厂或装配厂)、分销商(代理商或批发商)、第三方物流公司(储运公司或配送中心)、零售商(百货商场、超市、专卖店、便利店和杂货店)以及消费者。任何一个企业都必然处于某条供应链当中,如图1-1所示。

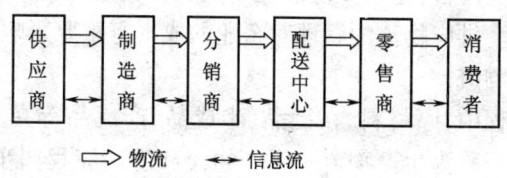

图1-1 现代物流供应链示意图

一般的,这条供应链是一个包含多层次、相互作用的网状结构,如图1-2所示。

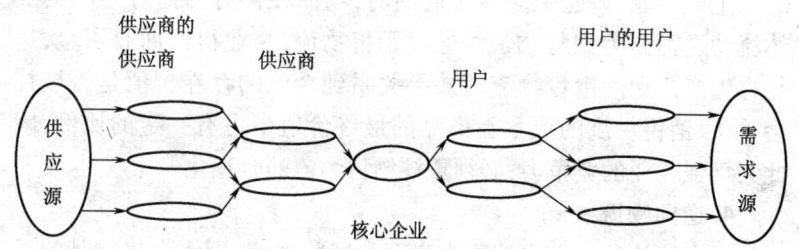

图1-2 供应链的网状结构

在这个网状供应链上体现为四种功能的物流活动,分别是:供应物流、生产物流、销售物流与逆向物流。如图1-3所示。

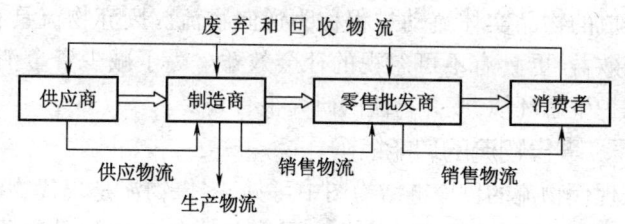

图1-3 物流活动示意图

1. 供应物流

生产企业、流通企业或消费者购入原材料、零部件或商品的物流过程称为供应物流。供应物流对于生产企业而言,是指生产活动所需要的原材料、备品备件等物资的采购、供应活动所产生的物流;对于流通企业而言,是指交易活动中从买方角度出发的交易行为所产生的物流。供应物流的管理对企业的成本有重要影响。

2. 生产物流

生产过程中,原材料、在制品、半成品、产成品等在企业内部的实体流动过程称为生产物流。生产物流和生产流程同步,是从原材料购进开始直到产成品发送为止的全过程的物流活动。原材料、半成品等按照工艺流程在各个加工点之间不停的移动,形成了生产物流。生产物流的合理化对工厂的生产秩序和生产成本有很大影响。

3. 销售物流

生产企业、流通企业出售商品时,物品在供方与需方之间的实体流动过程称为销售物流。通过销售物流,企业得以回收资金,进行再生产活动。销售物流的效果关系到企业的存在价值是否被社会承认,销售物流的成本在商品的最终价值中占有一定的比例,因此为增强企业的竞争力,必须重视销售物流的合理化。

4. 逆向物流

逆向物流狭义上也被称为废弃和回收物流,即不合格物品的返修、退货以及循环使用的包装容器从需方返回到供方所形成的物品实体流动。回收某些资料可以再用或加工后再使用,有利于物资的节约和充分利用。广义上将经济活动中失去原有使用价值的物品,根据实际需要进行收集、分类、加工、处理,并分送到专门处理场所时所形成的物品实体流动过程称为逆向物流。废弃物流具有一定的经济效益,更具有不可忽视的社会效益。为了减少资金消耗,更好地保护生态环境,废弃物流的研究很有必要。

(二)零售物流的功能结构

从现代物流的供应链结构图中可见,零售物流是现代物流供应链上的一个环节,制造商或中间贸易商是零售企业的供应源,客户是零售企业的需求源,零售商品的品类繁多决定了供应商的数量众多,消费客户的层次多样。因此零售物流是一个复杂的网状结构。如图1-4所示。

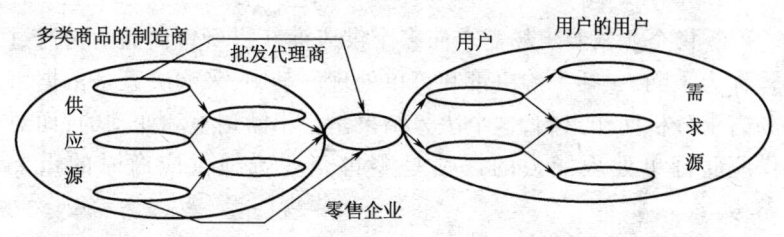

图1-4 零售物流的网状结构

如图1-4所示,在零售物流的网状结构中,零售企业需要将下游诸多客户不同层次的需求与上游众多的甚至不同级别的供应商进行纵向整合,在这样的整合中,多品种、小批次的配送与库存管理是较大的难点。零售企业通常采用自建配送中心的形式或在物流联盟的基础上以物流中心配送的形式来处理供给物流和逆向物流等活动。因此,零售物流的功能结构如图1-5所示。

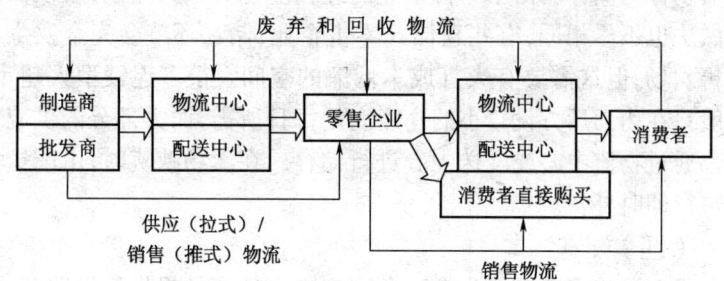

图1-5 零售物流功能示意图

如图1-5所示,零售企业作为零售系统的核心,一方面可以根据消费者的需求拉动采购决策的做出与供应物流的开展;另一方面可以通过物流中心或配送中心的物流外包服务,完成商品从供应商到最终消费者的物流活动。

三、零售物流的分类

从物流的职能角度讲,零售物流活动可以分为以下几类。

（一）采购

零售企业依照市场需求向多个供应商获得所售商品的物流过程称为采购,包括采购决策和订单处理。其中,采购决策是依据市场需求分析而作出的,这个决策结果是会不断调整和变动的;而对供应商订单处理能力的评估是零售企业选择供应商时的重要参考。

（二）运输

供应商品从供应商向零售企业流动的过程,或者零售商品从零售企业向消费者流动的过程称为运输。很多零售企业都会采取将运输活动外包给专业物流运输企业的方式,如冷冻商品的运输、鲜活水产品的运输等,利用专业的运输企业会节约零售企业的物流装备成本,专业化运输也会提高零售企业的质量与效率。

（三）储存

供应商品在配送中心存储,或在零售企业的仓库进行存储的物流活动称为储存。由于零售企业的经营业态有很大差别,所以储存的做法也不尽相同,有些仓储式零售企业,储存环节会完全发生在零售卖场,但这需要有大且成本低廉的空间。很多连锁型大超市,一般只在店面后方设较小的仓库满足每日所需,而大部分的供应商品都通过物流中心或配送中心进行储存。在卖场缺货时,由配送中心进行即时补货。

（四）配送

很多零售企业需要为自己所销售的大件商品提供配送服务,将商品分别分拨给个体客户。零售企业的配送活动有自营,也有通过外包进行的。但准确、高效的配送服务无疑是零售企业竞争力的重要体现。

（五）包装与流通加工

为了方便零售企业的销售活动,提高销售效率,大多数零售企业都会对商品进行一些流通加工活动,如把商品的运输包装换成销售包装、贴标签或条码,有些卖场有现场加工的食品或制品,也需在零售企业进行包装和贴标签活动。促销商品、大包销售等也将涉及包装与流通加工的活动。

（六）退、换货处理

退、换货处理是零售企业逆向物流的一部分。退、换货处理的原因有：很多零售企业为了提高竞争力，争取更多的客户，会承诺销售后的若干时间为退换货期；而零售的很多商品还有保质期、有效期的限制；在物流过程中或销售过程中会产生物品的损失或损耗；季节性产品或更新换代比较快速的商品在错过销售期后也会有逆向物流活动等。这都要求零售企业有较强的逆向物流运作能力。

第三节 零售物流管理

一、零售物流管理含义与特点

（一）零售物流管理含义

零售物流管理是指零售企业在经营过程中，根据商品实体的运动规律，运用物流管理的基本原理和科学方法，对物流过程进行计划、组织、协调和控制，使物流活动实现最佳的协调与配合，以降低物流成本，提高物流效率和经济效益的经济活动。这个定义需从以下三个方面进行理解：

第一，零售企业物流管理是一个包括计划、组织、控制和实施在内的全过程。

第二，零售企业物流管理要协调配置各项资源，实现物流运营成本最低和效率最大化。

第三，零售企业要实现最优的物流管理，就要遵循物流的客观规律，以科学、高效和可循环发展的管理方法来完成既定目标。

（二）零售物流管理目标与特点

1. 零售物流管理目标

现代物流管理追求的目标可以概括为"7R"：将适当数量（right quantity）的适当产品（right product），在适当的时间（right time）和适当的地点（right place），以适当的条件（right condition）、适当的质量（right quality）和适当的成本（right cost）交付给客户。具体来讲，通过加强物流系统管理可以实现以下"7S"目标。

(1)服务(service)目标。
(2)快捷(speed)目标。
(3)节约(space saving)目标。
(4)规模优化(scale optimization)目标。
(5)库存(stock control)目标。
(6)安全性(safe)目标。
(7)总成本(sum cost minimum)目标

2. 零售物流管理特点

零售企业的物流管理也应以追求实现"7R"和"7S"为目标。其主要特点表现为以下几点。

(1)零售物流管理的增值性。零售企业物流活动不仅能够支持零售店铺的正常营业和销售,而且还能够创造出物流活动的新增价值。因此,零售物流管理活动应具有明显的增值性。

(2)零售物流管理的复杂性。零售企业的经营点多面广规模大,面对众多客户,经营着成千上万种商品,涉及订购、进货、运输、储存、保养、加工和配送等物流环节,受到多种因素的影响,这就使得零售企业物流管理的复杂性增加。

(3)零售物流管理的系统性。零售企业的物流大多是以总部为中心开展采购、运输、保管、包装和配送等物流活动。零售企业的总部与分部、物流过程与生产和销售过程、各功能要素之间存在着相辅相成的有机联系,任何一个环节出现问题,都会影响整个系统的运行。因此,必须树立系统观念,运用系统方法来进行物流管理。

(4)以配送管理为中心。近年来,零售经营在商品流通领域发展最快,所占比重也最大,这一特点非常显著。零售企业的经营特点是品种多、批量小、交易频繁和需求变化大,这就要求物流系统能根据消费需求把商品及时配送到各销售点,以满足消费者的需要。因此,零售企业的物流管理是以配送管理为中心来进行的。

二、零售物流管理环节

按照零售物流管理的实施过程,零售企业物流管理可以分为:①采购物流管理;②配送管理;③店铺后方的库存管理;④店铺场所内的流通加工管理;⑤面向消费者的销售物流管理及必要的配送管理;⑥逆向物流管理。

具体环节如图1-6所示。

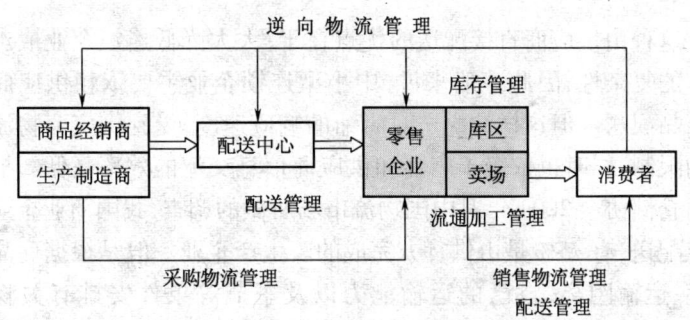

图1-6 零售物流管理环节示意图

除此之外,涉及零售企业经营管理的物流管理环节还有零售物流信息管理、零售物流成本管理、零售物流外包管理等。

这三个物流管理环节不仅对企业物流管理非常重要,而且对于零售企业的经营管理同样起着至关重要的作用。因为,物流信息的畅通与否决定着各个部门间能否有效沟通、零售业务能否顺利进行、管理决策能否切实有效;物流成本的管理和控制,决定了物流管理环节能否为企业带来"第三利润源",提高物流企业的经营效益,据统计物流成本是零售企业除采购和人力外第三大成本;零售物流外包是近些年来大规模零售集团所采用的物流经营模式,他们将物流业务剥离,请专业的第三方甚至第四方物流企业承揽零售企业的物流配送业务、回收和废弃物流的处理业务乃至订单处理业务,大大提高了零售企业的经营效益,那么对物流外包业务的管理和衔接也是甚为重要的。

三、零售物流管理组织形式

(一)一般组织形式

1. 供应商自理物流

供应商自理物流即零售企业的供应商自己建立物流分销系统,

为零售企业提供供应物流服务。在我国的大型生产企业中,有许多建立了自己的分销体系,将分销渠道直接介入到零售企业中,由供应商直接将商品配送到店铺。如,海尔物流配送中心、大型电器厂家等等。

这种由供应商直接配送的优点在于:大大降低连锁企业成本和运作的复杂性,因此一般来说,中小型连锁企业主要依赖供应商提供商品配送。但这样的配送对店铺的响应速度,受到供应商物流水平的限制,同时也依赖于店铺和供应商信息交流的效率高低。根据中国仓储协会2004年对中国物流市场所做的调查,我国商业企业的物流配送,有75%是由供货方完成的。生产企业一般是根据商品的属性、运输距离、自己的运输能力以及季节等条件安排有关物流活动。

2. 批发商代理物流

批发商包括某一厂家的总代理商、地区代理商和一般代理商等。为零售企业送货一直是批发企业的经营习惯,批发商在进行商品交易的同时,基本上承担了商品送货的业务,有些批发商建立了自身的配送渠道,甚至还投资建立了大型的配送中心。提供物流服务是批发商生存和发展的重要契机,在我国的物流企业当中,有一部分就是由原来的批发企业转型发展起来的。但覆盖全国的批发企业在我国还不多见,批发企业的物流配送也局限于一个城市或一个地区。

3. 零售业自建物流

我国部分大型连锁企业有自己的物流配送中心,其中主要原因是我国有相当数量的连锁企业都是在传统的副食品公司、蔬菜公司、粮店以及其他配套网点的基础上建立起来的。这些传统企业,都有很丰富的场地、设施设备、人员等条件建立配送中心。根据中国连锁经营协会的最新统计,国内连锁百强企业当中,有80%的企业拥有自己的配送中心,配送中心的平均面积超过一万平方米。

4. 第三方物流企业

随着专业物流企业的兴起和成熟,将商品的配送工作甚至全部的配送工作交给专业物流企业,成为连锁企业的一种选择。还有一些原属于流通部门的运输和仓储部门,从整体业务中剥离出来独立经营,从事专业的物流服务。已经有一些物流企业介入连锁企业的物流业务。2002年北京物美与和黄天百签署协议,由后者承担前者的商品配送服务。物美在北京有便利店和便利超市300多家,和黄天百是一家专业第三方物流公司,在欧洲占有较大的市场份额。物美与和黄天百合作,让其为所属的200多家便利店进行配送。这一作法改变了国内连锁企业普遍采取配送自营的方式,是一个有益的尝试。

(二)零售企业物流管理组织模式的选择

零售企业由于其发展阶段不同,各有其自身的特点。那么对于物流管理组织的需求与能力要求就各有不同。采用何种物流管理组织模式应根据企业的实际情况做出选择。

1. 大型连锁零售企业配送模式应以自营配送为主

大型连锁零售企业规模大,物流管理组织量巨大,对物流控制的能力强,又具备开展物流管理组织所需要的人才、管理和庞大的资金,应采用自营配送模式,将配送中心作为物流管理组织系统的核心,既能较好地管理和监控企业的核心业务,又能巩固其自身在供应链上的主导地位。对于大型综合超市等形态的连锁零售企业而言,也可以发挥供应商配送模式的优势,或与供应商一起开展共同配送。目前我国许多大型生产企业都建立了自己的分销体系,能够将商品直接运送到连锁零售企业的配送中心或连锁分店中。所以,连锁零售企业若能够加强与大型供应商的战略联盟关系,将有助于提高企业物流系统的运作绩效,并获得相关的学习机会。如果选择与供应商共同配送,还可以解决物流设施严重浪费这一问题,也是完全符合"互利"这条商业原则的。

2. 大卖场和综合性的零售企业应考虑供应商的配送模式

由供应商直接进行商品配送,这种配送方式主要适用于店铺规模大、采购规模大的连锁零售企业。它们由总部确定统一的供应商,店铺向供应商订货,由供应商直接将商品配送到门店或直接按照销售票单,对终端消费者配送到门。这种由供应商直接配送的优点在于:大大降低连锁零售企业成本和运作的复杂性。目前在我国

大部分连锁零售企业没有完善物流体系的条件下,为不断加强其核心竞争力和核心业务,较快地圈地扩大店面数量和企业规模,大部分都采用了这种配送模式。

3. 中小型零售企业以第三方物流管理组织为主

目前,我国众多中小型连锁零售企业仍处于发展阶段,由于资金、人才、经验等方面的限制,在物流管理组织中心和配送系统的建立上无法实现稳定的投入,如果能够借助第三方物流实现本企业的配送活动,那么企业既可以减少在固定设施上的投资,降低经营风险,并把有限的资源投入到增强其核心竞争力上,壮大企业规模,又可以带动第三方物流企业扩大市场规模,降低物流平均成本,实现双方经济效益的同时增长。此外,还可以将分散的各中小型连锁零售企业,甚至包括其供应商的物流设施、设备集中起来进行共同配送,或者利用大型连锁零售企业先进的物流管理组织系统,发展共同配送。物流管理组织作为连锁经营实现利润来源的主要手段,连锁零售企业的竞争实际上也就成为配送能力之间的竞争。选择配送模式,要综合考虑很多因素,比如企业的配送力、配送成本、发展战略与阶段、资金实力与企业规模、门店的选址与数量以及配送商品的特点等,我们应该根据实际情况选择适合自己的配送模式。

第四节 零售业物流管理综合实训

任务 零售业物流管理认知

【任务引入】

请在任课教师的指导下,分别成立项目小组,以小组为单位,到就近的零售企业进行参观和调研,并撰写调研结果讲演报告,以演讲的形式说明零售企业的物流业务内容、管理环节、物流管理岗位工作内容与工作职责,并模仿设计相关的业务表格。

【知识要点】

5S 管理

"5S"是整理(Seiri)、整顿(Seiton)、清扫(Seiso)、清洁(Seikeetsu)和素养(Shit－suke)这5个词的缩写。因为这5个词日语中罗马拼音的第一个字母都是"S",所以简称为"5S",开展以整理、整顿、清扫、清洁和素养为内容的活动,称为"5S"活动。通常"5S"管理包括市场5S管理、客户5S管理、产品5S管理、营销代表5S管理。与零售物流相关的"5S"管理是产品"5S"管理。

产品5S管理

1. 整理

第一步:将产品按品质特点、获利能力、销量、服务需求分成四类。

第二步:按品质特点将产品分为品牌产品、品牌延伸产品、应时产品。

按获利能力将产品分为获利能力高、获利能力一般、获利能力低三类产品。

按销量将产品分为销量较大、销量一般、销量较小三类产品。

按服务需求将产品分为服务需求高、服务需求一般、服务需求低三类产品。

第三步:将应时产品中销量小、获利能力低、服务需求高的产品淘汰。

2. 整顿

第一步:对已经过淘汰的产品进行综合评定。

品牌产品:可以量小、利薄、服务需求高,若有多个品牌产品,进行综合评审后淘汰20%或更高。

品牌延伸产品:一定要销量适中以上、获利能力较强,达不到这两个要求的应予以调整。

应时产品:如果销量小则获利能力一定要高,否则淘汰;如果销量大则服务需求一定要低,否则将因服务跟不上而焦头烂额。

第二步:对存留产品根据品牌影响力、市场综合效益进行评审,并录入产品动态表。

3. 协调

对各产品的F.A.B(特征、功效、利益)进行详细分析,找出各自

的 U.S.P(卖点),以免自乱阵脚,顾此失彼。

4. 维护

定期(例如半年)或不定期根据成本竞争需求重复上述三个步骤,使企业产能结构得以最优化。

5. 卓越

好企业满足需求,伟大的企业创造市场。好的产品不应是单一体,而是一个产品团队,在这个团队里,每个产品都发挥了最大的作用。

【任务实施】

零售企业名称:

零售企业经营业态类型:

零售经营范围:

将物流业务调研结果填写入表1-18:

表1-18

物流业务调研结果				
物流业务内容				
物流管理环节				
物流管理岗位				
物流管理岗位对应工作职责				

物流管理表格:

(1)入库通知单。

(2)出库单。

(3)库存商品明细表。

(4)库存商品盘点报告。

【技能拓展】

将你小组所调研的零售企业各项数据和资料进行分析,按零售物流管理的组织形式对号入座,并尝试划出该零售企业的物流管理整体流程,流程中应涉及物流管理的各个要素与要素执行的相关当事人。

本章要点归纳

本章主要介绍了现代零售业的物流基础知识,围绕着现代零售业、零售业的物流活动、零售物流的管理三个基础方面,分别阐述了现代零售业的定义与产业特点、零售业的基本业态类型、物流管理在零售业中的地位、零售物流的概念及特征、零售物流的结构、零售物流的形式与分类、零售物流管理含义与特点、零售物流管理环节及零售物流管理组织形式。

综合演练与测试

一、简答题

1. 零售业的定义与产业特点。
2. 零售业的基本业态类型。
3. 零售物流的主要特征。
4. 零售物流的形式与分类。
5. 简述"7S"和"7R"。
6. 零售物流管理的一般组织形式。
7. 零售企业物流管理组织模式的选择。

二、综合演练

这里给出几个实战案例,要求以小组为单位进行讨论,提出解决问题方案,每个小组出一位代表,讲解你们的解决方案,并接受教师与其他同学的质疑。

演练1:

某学校的教师食堂,教师排成一队取饭就餐,基本顺序是教师把饭票和钢制的餐盘递给窗口里面的1号服务员,1号服务员接过餐盘后盛上米饭,然后把餐盘递给2号服务员盛第一个菜,接下来3号服务员盛第2个菜,按照接力的形式直到第五个菜。教师从另一个窗口把饭取出。因为速度太慢,队伍排得很长。学校领导看到后,要求承包食堂的老板再开一个窗口。老板说,那需要增加一倍的人手,就会出现亏损。学校领导说,再开一个窗口,人员不但不增

加,甚至可以减少一半,工作效率会大大提高,但需按照合理物流的原则重新进行流程设计。你能帮助食堂老板解决这个问题吗?

演练2:

现有九个车站,如图1-7,只用四条相接的直线公路(每条直线公路必须相连,而且不能相互重叠),有一辆汽车要经过这些公路,分别到达这九个车站,每个车站只能到达一次,请进行公路的连接设计。分析哪些习惯性的观点影响了我们?

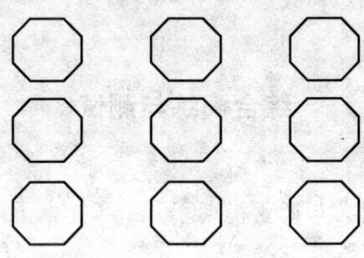

图1-7

第二章 零售业采购管理与订单处理

【知识目标】

了解零售业采购的含义、订单处理的含义与类型

熟悉采购管理内容、零售业采购原则与采购方式

掌握零售物流采购计划制定、零售业供应商的选择、零售业物流采购流程管理、零售业采购成本核算与控制、零售业订单处理流程

【技能目标】

能够模拟零售业采购活动

能够模拟实施订单处理的整个流程

能够对订单处理问题提出解决方案

【引导案例】

宜家的"经济采购"策略

除中国内地宜家的价格表现略为偏高外,在全球其他市场,宜家一直以优质低价的形象出现,这得益于其经济的采购策略。

宜家在为产品选择供货商时,从整体上考虑总体成本最低。即以计算产品运抵各中央仓库的成本作为基准,再根据每个销售区域的潜在销售量来选择供货商,同时参考质量、生产能力等其他因素。由于宜家绝大部分的销售额来自欧洲和美国,所以一般只参考产品运抵欧洲和美国中央仓库的成本。

宜家在全球拥有近2 000家供货商(其中包括宜家自有的工厂),供应商将各种材料由世界各地运抵宜家全球的中央仓库,然后从中央仓库运往各个商场进行销售。这种全球大批量集体采购方式可以取得较低的价格,挤压竞争者的生存空间。

同宜家的大批量相比,拷贝者无法以相同的低价获得原材料,产品要定位低于宜家的价格,只有偷工减料或者是降低生产费用,然而降低生产费用的空间不会太大,因为宜家供货厂订单数量大,其单位生产费用、管理费用已经相当低廉,且宜家在价格上所加的销售费用、管理费用也不会太高。如果没有足够的利润空间,拷贝也就没有了原动力,偷工减料的产品也无法长期同宜家竞争。

宜家亚太地区的中央仓库设在马来西亚,所有前往中国商场的产品必须先运往马来西亚,这种采购方式使宜家总体的成本降低。但是对于中国来说,成本较高。特别是对于家具这类体积较大的商品来说,运费在整个成本中会达到30%,直接影响到最终的定价。

随着亚洲市场特别是中国市场所占比重不断扩大,宜家正在把越来越多的产品或者是产品的部分放在亚洲地区生产,这将大大降低运费对成本的影响。目前,宜家正在实施零售选择计划,即从中国商场选择几个品种,由中国的供货商进行生产,然后直接运往商店销售。例如,尼克折叠椅原先由泰国生产,运往马来西亚后再转运中国。采购价相当于人民币34元一把,但运抵中国后成本已达到66元,再加上商场的运营成本,最后定价为99元,年销售额仅为每年1万多把。实施这项计划后,中国的采购价为人民币30元一把,运抵商店的成本增至34元,商场的零售价定为59元,比以前低了40元,年销售量猛增至12万把。

阅读案例并思考:

1. 请总结,宜家的采购策略主要体现在哪些方面?

2. 请思考,宜家的"经济采购策略"会为宜家带来怎样的经营优势?这与其市场定位有何关系?进一步分析,一个零售企业的采购物流行为会对企业的经营有哪些影响?

第一节 零售业采购概述

采购(Purchase)是最常见的一种经济活动,从人们的日常生活到企业的经营运作,从民间团体到政府组织都离不开它。传统的采购是指使用货币购买物品,其目的是以最低的价格购买到最符合需求的物品。

零售企业经营成功的关键在于销售,而销售成功的关键在于采购。消费品采购是一系列营销活动的前提和核心,在整个经营决策中占十分重要的地位。所以采购是零售业中一项非常重要的后勤管理活动,是零售企业降低成本提高经济效益的重要途径。

零售企业商品采购中每1元钱的节省都会转化为1元钱的利润。在其他条件不变的情况下,假设企业的利润为5%,要想靠增加销售来获取1元钱的利润则需要多销售20元的产品。通常情况下,从采购的角度节省1元钱远比从销售上多卖20元的产品要容易得多。据统计,世界范围内典型企业的采购成本要占企业总成本的60%,中国的工业企业,各种物料的采购成本要占到企业销售成本的70%以上。对于处在流通领域的零售业而言,商品采购是其经营活动的起点,零售行业的特点决定了采购成本必然会成为其所有成本的主体。采购是零售企业经营管理中"最有价值"的部分。

一、采购的含义

商品采购是指为保证销售需要,通过等价交换方式取得商品资源的一系列活动过程,包括:确定需求、发掘货源、选择供应商、交易条件谈判、签发购货合同、督促供应商、处理纠纷等。商品采购必须以市场需要和公司经济效益为依据,为此应做到:质量合适、数量合理、价格合理、货源合适、时间合适、交货合适。

零售业的采购可以从狭义和广义的角度来理解。狭义的采购即购买,指零售企业根据市场需求提出采购计划、审核计划,选择供应商,经过采购谈判确定价格、交货及相关条件,最终签好合同并按要求收货付款的全过程,这是最普通的采购途径。而广义的采购是指零售企业为了满足某种特定的需求,以购买、租赁、借贷、交换等各种途径,取得商品及劳务的使用权或者所有权的活动过程,包括国家专控商品采购与自购商品采购等。

二、采购管理的内容与层次

（一）采购管理的内容

采购管理（Procurement Management）是从计划下达、采购单生成、采购单执行、到货接收、检验入库、采购发票的收集到采购结算的全过程。采购管理对采购过程中物流运动的各个环节状态进行严密的跟踪、监督，以实现对企业采购活动执行过程的科学管理。

采购管理包括采购计划管理、采购订单处理及发票管理三个组件。

1. 采购计划管理

采购计划管理是对企业的采购计划进行制定和管理，为企业提供及时准确的采购计划和执行路线。采购计划包括定期采购计划（如周、月度、季度、年度）和非定期采购计划（如系统根据销售和生产需求产生的计划）。采购计划管理通过对多对象、多元素的采购计划的编制、分解，将企业的采购需求变为直接的采购任务，系统支持企业以销定购、以销定产、以产定购的多种采购应用模式，支持多种设置灵活的采购单生成流程。

2. 采购订单处理

采购订单处理以采购单为源头，对从供应商确认订单、发货、到货、检验、入库等采购订单流转的各个环节进行准确的跟踪，实现全过程管理。通过流程配置，可进行多种采购流程选择，如订单直接入库，或经过到货质检环节后检验入库等，在整个过程中，可以实现对采购存货的计划状态、订单在途状态、到货待检状态等的监控和管理。采购订单可以直接通过电子商务系统发向对应的供应商，进行在线采购。

3. 发票管理

发票管理是采购结算管理中重要的内容。采购货物的暂估、劳务采购、非库存的消耗性采购、直运采购业务、受托代销业务等均是在此进行处理。通过对流程进行配置，允许用户更改各种业务的处理规则，也可定义新的业务处理规则，以适应企业业务不断重组、流程不断优化的需要。

（二）采购管理的层次

从简单的采购行为管理到采购战略管理,采购管理可划分为交易管理(简单购买)、采购实施管理(采购活动和行为管理)、供应链管理(策略性采购)三个层次。如图 2-1 所示。

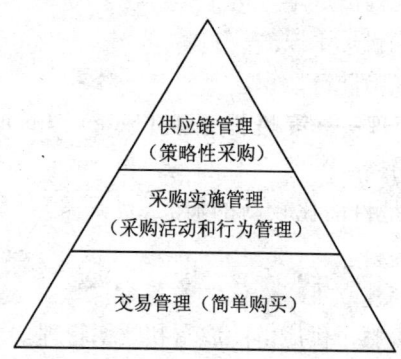

图 2-1　采购管理的三个层次

1. 交易管理(Transaction)

交易管理是采购管理的最低层次,是企业仅针对采购交易,即简单的购买行为所进行的管理。较初级的采购管理包括对各个交易的实施和监督。其特征为:

(1)围绕着采购订单进行。

(2)与供应商较容易地讨价还价。

(3)仅重视诸如价格、付款条件、具体交货日期等一般商务条件。

(4)被动地执行商品生产标准和技术标准。

2. 采购实施管理(Procurement)

采购实施管理是企业对采购活动和行为进行管理的一般层次,较交易管理要复杂得多。在这一管理层次上,随着对前期大量订单的经验总结和汇总以及管理技能的提高,管理人员意识到供应商管理的重要性;同时,根据企业自身业务量来分析整个物流系统的要求,从而合理分配企业内部资源,以开展多个采购活动的专项管理。这个阶段的特征为:

(1) 围绕着一定时间段的采购合同试图与供应商建立长久的关系。

(2) 对供应商其他条件更加重视,如订单采购周期、送货、经济批量、最小订单量和订单完成率。

(3) 重视供应商的成本分析。

(4) 开始采用投标手段。

(5) 加强了风险防范意识。

3. 供应链管理——策略性采购(Supply Chain management – Strategic Sourcing)

策略性采购是目前比较新的概念,也是采购管理的最高层次,其特征是:

(1) 与供应商建立策略性伙伴关系。

(2) 更加重视整个供应链的成本和效率管理。

(3) 与供应商共同研发产品,并研究其对消费者的影响。

(4) 寻求新的技术和材料替代物,采用贴牌生产方式的操作。

(5) 充分利用诸如跨地区、跨国家的公司(工厂)集团力量集中采购。

(6) 更为复杂、广泛的应用投标手段。

(三) 零售企业商品采购管理的具体内容

零售企业商品采购管理是零售企业商品销售实现的前提,其内容主要包括以下几方面。

1. 数据管理

数据管理内容主要包括:测定各商品的销售量及销售金额,并区分畅销品与滞销品;计算商品周转率、平均存货额;计算商品的交叉比率等。

$$商品周转率 = 平均销售额/平均存货额$$

$$平均存货额 = (期初存货额 + 期末存货额) \div 2$$

$$交叉比率 = 周转率 \times 毛利率(通常以月或季为计算周期)$$

2. 调查与分析

调查与分析主要内容包括:研究商品的市场价格走势及供求状况;价格及成本分析;开拓新货源,开发新产品;自制、定牌监制或买入的决断;总代理、总经销业务的可行性分析;竞争对手货源及渠道调查与分析等。

3. 采购业务

采购业务内容主要包括:查核零售店申购单;发出征集报价单;分析报价;选择供应商,决定采购量、交货期、运输方式、合约种类及细则;采购业务监控;收货及核查;查检发票及批准付款给保险公司或供货商索赔等。

4. 存货管理

存货管理内容主要包括:存货分类;决定各类商品的最高存货量、最低存货量及安全存货量;建立存货目录;处理过量及有问题存货。

5. 品质管理

品质管理内容主要包括:定期与不定期检查配送中心及门店商品的质量;向有关人员介绍商品知识;协同做好商品管理工作。

6. 滞销品淘汰

企业要淘汰的滞销品主要包括:零售企业为优化商品结构、增强商品的竞争优势、确保企业及广大消费者利益,对于在商品结构表以外不适合企业经营的商品;在小类商品销售业绩排行在末位,且可以找到其他替代品的商品;已过季的节日性商品。零售企业需要为这些商品办理退场手续,商品淘汰步骤包括申请、审批、实施及跟踪。

7. 新产品开发

新产品开发是指零售企业采购部在对新商品概况进行全面了解分析后,结合企业现有商品结构及新商品在试销期间的表现,最终决定是否引进新的商品。新商品开发工作流程包括计划、市调、谈判、审核、进场、跟踪、评估等环节。

8. 厂商(供应商)管理

厂商(供应商)管理内容主要包括:供应商的选择、供应商的评估、厂商合同管理以及供应商的战略合作等。

9. 制定标准及考核

制定标准及考核内容主要包括:制定及补充采购手册、协助有关部门对采购业绩及采购人员进行考评。

10. 向高层决策部门进行汇报等

三、零售业采购原则与采购方式

(一)零售业采购原则

1. 适宜的价格

作为零售企业采购商,获得适宜的价格尤其重要。"适宜"有三层含义:

(1)同样的商品,价格确比其他商店便宜。便宜价格是对采购渠道和交易条件的挑战。

(2)折扣,即生产加工企业因采购数量大或长期采购或因推广促销等原因给予采购方的优惠减让。折扣价是对产品开发的挑战。

(3)具有顾客容易支付的价格特性。无论商品具有多么突出的功能,其价格应为大多数消费者所接受。

2. 信赖性和持续性

信赖性和持续性包含售价、品质(功能)、日后也能买到这三层意义。售价的信赖性是指,销售价格在任何时候对于顾客都处于同一水平,这样,顾客不用看报价单就会决定购买;商品品质的信赖性是指商品质量性能的稳定,即顾客不用担心出现同样的商品质量下降或被假冒伪劣商品蒙骗的情况;日后也能买到,是指商店为顾客准备的商品和购物服务具有稳定连续的特征,顾客能够建立起信赖感来。三个方面综合起来就是信赖性和持续性的表现。

3. 大众化和实用化

大众品即在不考虑收入、趣味、性格、学历、职业等的前提下,约有八成以上的人经常购买的商品。实用品是在很长一段时间里使用频率较高的商品。大众品、实用品是多数人希望购买而且可以轻松购买的商品。

4. 产品符合保质期

产品符合保持期原则也被描述为"商品不古老",是指商品质量在储存期限的时限范围内,即我们通常所说的在保质期限内。超级市场使用公示的方法标志生产日期和保质期。在日本,商家通过"品质表示法"来标志生产日期。

在市场不景气、企业效益不高时,企业最大的问题就是如何控制库存量、提高商品周转率,以降低资金压力。有的企业采用公示生产日期和保质期的方式,通过变换价签文字和颜色对商品库存时限进行提示。如有的企业选用蓝、绿、黑三种颜色,每四个小时变换一次,12小时为一个储存周期,这样,只要看到颜色就知道哪些商品超过储存时限。若要实施这样的管理方法,零售企业则需在实施前对商品的储存期限进行全面的分类统计,以使各类保持期不同的商品都能如此有效标志和运转。

5. 建立完善的供应商评审体制

建立完善的供应商评审体制即对具体的供应商资格、评审程序、评审方法等都要作出明确的规定。

6. 流程化、标准化管理

流程化、标准化管理是建立采购流程、价格审核流程、验收流程、付款结算流程,并对每一流程的具体实施建立系统可行的严格标准,在每个岗位人员上岗前应对岗位流程与标准进行详尽的告知或培训。

7. 其他原则

在零售企业商品采购过程中,还应遵循勤进快销、以进促销、储存报销、文明经商、信守合同的原则。

链接

零售企业采购岗位职责

1. 采购计划的编制

负责根据生产、总务、设备及检验等各部室物品需求计划,编制与之相配套的采购计划,并组织具体的实施,保证经营过程中的物资供应。

2. 物资供应

➢ 负责商品、半成品、原料辅料、定制品、定牌品等性质商品的采购供应工作。

➢ 认真做好市场调查和预测,掌握商品供应情况。

➢ 及时执行采购计划,做到既要价格合理,又要保证

质量。

➢ 负责各类采购合同的签订与管理、落实工作,并制定相应的管理制度。

➢ 严格执行企业制定的采购管理制度,按照采购原则进行采购作业,实现采购物流的优化管理。

3. 采购物品的入库与结算

➢ 负责办理购进物资到货后的相关手续办理工作。

➢ 对不合格产品及时退货。

4. 供货单位的质量审核与评价

➢ 参加对供货单位进行质量管理体系的审核工作。

➢ 加强采购商品供应档案的管理,建立牢固可靠的商品供应网络,并不断开辟和优化商品供应渠道。

➢ 负责制定商品采购工作各项管理制度。

➢ 建立可靠的商品供应基地,包括定制商品和定牌商品,会同质量管理部等有关部门做好供应商评估、优化选择、关系处理等工作。使之按时、按质、按量进行生产和供应。

5. 与企业内各部门加强沟通配合

➢ 处理好生产经营过程中发生的各物流管理需求协调平衡事项和突发问题。

6. 完成企业交办的其他工作任务。

(二)零售业采购方式

根据不同的划分标准,零售企业商品采购方法有如下分类。

1. 按采购地区分类

(1) 国外采购。国外采购适用于价格比国内低廉的商品,及国内无法制造或供应数量不足的商品。像世界零售巨头沃尔玛的国外采购数量就非常巨大,仅在中国一年就采购几十亿美元的商品。

(2) 国内采购。国内采购适用于政府管制进口的商品,以及需求量、需求额都很小的外国制品;当国内、外采购品质与价格相同,因为国内采购的安全生存量较低,交易过程简单,售后服务比较迅速,就以国内采购优先。

2. 按采购进行的方式分类

(1)直接采购。这是指免去中间商的加价,直接向制造商进行采购。这是零售企业最主要的采购方式。

(2)间接采购。这是指通过中间商采购商品。

(3)委托采购。这是指零售企业委托中间商进行采购,如委托代理商采购。

(4)联合采购。这是中小零售企业为了取得规模采购的优势而进行的一种合作采购方法,是汇集同业零售企业向供应商订购。

3. 按与供应商交易的方式分类

(1)购销方式。购销又称经销、买断,即根据零售企业电脑系统中记录详细的供应商及商品信息,在结账时,在双方认可的购销合同上规定的账期(付款天数)到期后最近的一个付款日,准时按当初双方进货时所认可的商品进价及收货数量付款给供应商。

(2)代销方式。代销指按零售企业电脑系统中记录详细的供应商及商品信息,在每月的付款日准时按当期的销售数量及当初双方进货时所认可的商品价格付款给供应商。此时销售剩余的退货是交易条件之一。

(3)联营方式。联营是指按零售企业的电脑系统中记录详细的供应商信息(但不记录商品详细的进货信息),结账时,零售企业财务部于每月付款日在当期商品销售总金额上扣除当初双方认可的提成比例金额后,准时付款给供应商,联营商品的换退货及库存清点的差异均由供应商来承担。

4. 按采购订约方式分类

(1)订约采购。这是买卖双方通过订立合约的方式而进行的采购。

(2)口头、电话采购。这是买卖双方不经过订约的方式而是以口头或电话洽谈方式进行的采购。

(3)书信电报采购。这是双方以书信或电报的方式进行的采购。

(4)试探性订单采购。这是零售企业在进行采购事项时因某项

原因不下批量订单,而先以试探方式下少量订单,销售顺利时才大量下订单的方法。

5. 按采购价格方式分类

(1)招标采购。招标采购是指零售企业将商品采购的所有条件(如商品名称、规格、品质要求、数量、交货期、付款条件、处罚规则、投标押金、投标资格等)详细列明,刊登公告。招标采购按规定必须至少三家以上供应商从事报价,投标方可开标,开标后原则上报价最低的供应商得标,但是标的报价仍低于标底时,采购人员有权宣布废标,或征得监办人员的同意,以议价方式处理。

(2)询价现购。询价现购是指零售企业采购人员选取信用可靠的供应商,将采购条件讲明,并询问价格或寄出询价单并促请对方报价,比较后现价采购。

(3)比价采购。比价采购是指零售企业采购人员请数家供应商提供价格,加以比较后,选取供应商进行采购。

(4)议价采购。议价采购是指零售企业与供应商经过计价还价后,议定价格进行采购。一般来说,询价、比价和议价是结合使用权用的,很少单独进行。

(5)公开市场采购。公开市场采购是指零售企业采购人员在公开交易或拍卖时,随机进行的采购,对于大宗采购需求或价格变动频繁的商品常用此法采购。

第二节 采购管理实务

一、零售物流采购计划制定

(一)零售业商品采购计划的概念

零售企业的采购计划是指根据市场要求、零售企业的销售和采购环境容量等因素,确定采购时间、采购数量以及采购方式的作业活动。采购计划作为采购管理运作的第一步,是启动整个采购管理的开关,采购计划订得是否合理、完善,直接关系到整个采购运作的成效。采购计划应达到下列目的:

（1）预估商品/物料采购需用的数量与时间，防止供应中断，影响产销活动。

（2）避免采购商品/物料储存过多，积压资金，占用堆积的空间。

（3）配合零售企业计划与资金的调度。

（4）让采购部门事先准备，选择有利时机购入商品。

（5）确立商品采购与销售标准，以便控制采购商品的成本。

（二）编制采购计划的依据与程序

1. 编制采购计划的依据

商品采购计划的编制依据主要有销售计划、销售订单和商品存量卡。其中销售计划表明各种商品在不同时间的预期销售数量，一般零售企业的销售计划只是估计和预测商品需求数量，而不能表示实际需求数量。将销售订单上所需商品数量与实际商品需求数量相互比较，可作为零售企业采购计划管理的依据。但实际业务中，商品订购数量不一定等于销售数量，因此必须建立商品的存量卡，以表明某一商品目前的库存状况，再依据需求数量、需求时间和安全库存量算出采购数量，然后开具请购单，进行采购活动。

2. 编制商品采购计划的程序

（1）准备订单计划。这一阶段包括的主要工作内容有：了解市场需求；了解商品需求；准备订单背景资料，包括订单商品的供应商信息、订单比例信息、最小包装信息和订单周期；制定订单计划说明书。

（2）评估订单需求。这一阶段包括的主要工作内容有：分析市场需求；分析商品需求以及确定订单需求。

（3）计算订单容量。这一阶段包括的主要工作内容有：分析供应资料；计算总体订单容量；计算承接订单容量，即某供应商在指定时间内已经签下的订单；确定剩余订单容量。

商品剩余订单容量＝商品供应商群体总体订单容量－已承接订单量

（4）制定订单计划。该阶段包括的主要工作内容有：对比需求与容量间的关系，综合平衡市场、销售、订单容量等要素，确定余量计划。在对比需求与容量的时候，如果容量小于需求就会产生剩余需求，对于剩余需求，要提交计划制定者处理，并确定能否按照商品需求规定的时间及数量交货，最后制定订单计划。一份订单计划包

含下单数量和下单时间两个方面。

下单数量 = 商品需求量 – 计划入库量 – 现有库存量 + 安全库存量

下单时间 = 要求到货时间 – 认证周期 – 订单周期 – 缓冲时间

二、零售业供应商的选择

（一）供应商的分类

供应商可以按如下方法进行不同分类。

1. 按供应性质分为制造商、代理商、批发商。

2. 按区域分为全国性供应商、区域性供应商、本地供应商。

3. 按品牌分为知名品牌供应商、一般品牌供应商、自有品牌供应商。

（二）影响供应商选择的因素

影响供应商选择的因素有很多，具体有时间、质量、成本、服务、物流管理、创新能力、计算机与信息技术的应用水平、企业管理水平和文化等因素。

根据行业特点，零售业对供应商的选择与一般企业选择供应商相比有一定差别。

首先，零售业采购来的商品是直接销售给顾客的，因此考虑收入更甚于考虑成本，要追求毛利润的最大化，倾向于选择能够提供高毛利润商品的供应商。

其次，在进行采购时，零售企业必然会考虑到供应商提供的产品是否能有好的销量，并对供应商的销售历史进行考察。因为某种产品即使质量再好，如果不能迎合顾客的消费偏好，企业也不会选择提供这种产品的供应商。

再次，由于信息技术的发展，顾客能够掌握更多商品信息。为了抢占市场份额，迎合顾客的不同喜好，零售企业需提供多种类的产品以满足顾客需求，因此，在对供应商的选择问题上，会考虑供应商是否能够提供多样的产品。

最后，由于大多数顾客追求产品品牌，零售企业也会考虑供应商所提供商品的知名度、品牌效应、是否为广告产品等。

一般来说零售业企业在选择供应商时会重点关注毛利润、销售历史、所提供产品的多样化程度和所提供产品的知名度及品牌。其中,因为企业进行商品销售,追求的是总利润的最大化,而商品的总利润＝毛利润×销售量,因此对毛利润和销售历史两个因素应该综合考察,选择两者之积较大者。

链接

零售巨头沃尔玛眼中的最佳供应商

沃尔玛一般乐意与具备以下特征的供应商进行合作:

第一,有强烈的决心致力于提高效率和降低成本的供应商。

第二,愿意公开自己财务状况的供应商。

第三,愿意在与沃尔玛业务相关领域投资的供应商。

第四,对沃尔玛提供的产品服务具有创造性和排他性的供应商。

第五,能给沃尔玛带来增值服务的供应商。

第六,清楚零售商的库存水平、补货时机,拥有设计能力或很强改进能力,有很强的社会责任感。

(三)供应商选择策略

零售企业选择供应商应根据商品的品牌、类别、等级、价格等因素采取一定的选择策略,一般来说,零售企业选择供应商可参照以下几点策略:

一是全国品牌商品争取从制造商、地区总代理直接进货。

二是地方商品应向本地制造商直接进货。

三是同一品类应有至少两家供应商供货,以获取较为低廉的供货价格。

四是不引进只提供一种商品的供应商,除非特别情况,并经企业高层决策认定。

(四)供应商准入制度

供应商准入制度是对供应商进行资格管理所遵循的相关制度的总和,对供应商的资格要求涉及范围很广,包括法人资格、注册资

金大小、生产的能力、社会信誉、售后服务体系等。其中涉及资质要求的,供应商应当提供由有关行政主管部门颁发的资质证书;涉及业绩情况的,供应商应当提供以前在相关领域的业绩,包括项目名称、效果及用户意见等。供应商准入制度是供应商管理的基础,做好准入工作,可大大提升供应商管理工作的效率。建立供应商准入制度,获取供应商的初步信息,建立并健全供应商的资料库,对于提高采购效率、降低采购成本、避免采购过程中的重复工作有着重要作用,同时有利于客观、系统、科学地评价供应商,保证采购产品的质量,提高供应商的准入门槛,将达不到要求的供应商排除,从而达到优化供应链的作用。

供应商准入制度主要包括对供应商资格的准入要求和对供应商商品的准入要求两方面内容。

链接

选择供应商时应邀其提交的资料

(1)盖公章的企业营业执照复印件(并已办理当年度年检)。

(2)盖公章的企业税务登记证复印件(并已办理当年度年检)。

(3)企业法人代码证书。

(4)商标注册证明。

(5)代理、经销商的代理、经销许可(授权书)。

(6)企业开户行资料。

(7)盖公章的增值税发票复印件。

(8)盖公章的商品报价表。

(9)其他相关资料。

(10)食品类商品供应商还应提供:食品生产企业许可证、食品卫生许可证、新产品批准证书防疫检测报告、销售地当地的卫生防疫检测报告、进口商品卫生许可证。

(11)药字号保健品供应商应提供:药品生产企业许可证、药品生产企业合格证、药字号保健品批准证书等。

(五)供应商管理的指标体系

在选定供应商后,零售企业应在供需合同存续期间持续对供应商的合作情况予以评估与考核,这样为在合同期满后是否继续选择该供应商提供科学的依据,同时也为选择更好的供应商以及对良好供应商采取重点合作策略提供重要依据。有些企业统计80%的开支花在多少个供应商身上。其目的是减少供应商数量,增加规模效益。具体指标很难定,因为不同公司、行业,即使同一公司在不同市场环境下,最佳供应商数量也不同。例如,在买方市场下,供应商数量越少越好,这样规模效益好;但在供应商产能有限、原材料不足等情况下,供应商多,采购方的风险就相对低。

一般来说,零售企业对供应商的管理可从质量、成本等七大指标进行考核,具体指标有以下几方面。

1. 质量指标

质量指标是零售企业供应商考核指标中最重要的一项指标,也是决定零售企业能否享有良好市场声誉的重要因素。质量指标常用"百万次品率"表示,即一百万次服务中次品有多少。优点是简单易行,缺点是没有考虑商品或服务本身的价值,以及出现问题的性质。供应商可以通过操纵简单、低值产品的合格率来提高总体合格率。质量领域还有很多指标,例如样品首次通过率、质量问题重发率(对那些积习难改的供应商)等。不管什么指标,统计口径要一致,要有可对比性,这样才能增加公司内部对供应商的认可度。而且质量统计不是目的,统计的终极目标是通过表象(质量问题)发现供应商的系统、流程、员工培训、技术等方面的不足,督促整改,达到优质标准。

2. 成本指标

成本指标常用"年度降价指标"表示,即本年度较上一年度的降价情况。年度降价指标对内是衡量供应管理部门成绩的标准,对外是驱动供应商不断提高的动力。但不同的公司有不同的定义方法,如表2-1所示。

表2-1 年度降价指标方法类别

方法类别	注释
1.基于上一年的实际采购价	实际采购价可能是上一年某个时间点的价格,也可能是几个价格的平均值
2.基于具体采购产品	不同的产品,有着不同的降价目标
3.基于整个产品大类	整个产品大类有着共同或近似的规模效应,学习曲线等
4.基于目标成本	这更接近客户端的需求
5.基于预算价格	由公司成本会计设立的预算
6.基于市场价	一些物料,特别是初级原材料,都来自公开市场,比较透明也容易比较
7.基于产品生命周期	如对新产品年度降价幅度要大一些,量产期比较平稳,下线产品则又有大幅降低
8.基于销售额	对于实际降价额影响会大一些

在使用降价指标时要注意的是采购单价差与降价总量结合使用。例如,年度降价5%,总成本节省200万。在实际操作中采购价差的统计远比看上去复杂,例如新价格什么时候生效,采购方按交货期定,而供应商按下订单日期定,这样就产生了采购价差。

多采购回馈和付款条件也是产生采购价差的因素之一。多采购回馈是指当采购额超过一定额度,供应商给采购方一定比例的回扣。这个条款目的是鼓励买方增加采购额。付款条件是指在公司资金宽裕的情况下,鼓励供应商提前领取货款,但要给公司折扣,例如货到10天发款,给采购方2%的折扣等。这两个方面设立具体的指标也未必现实,因此很多公司把它算做年度采购差价的一部分。

3. 按时交货率

按时交货率与质量、成本并重。概念很简单,但计算方法很多。例如,以按件、按订单、按订单行计算出的按时交货率可能不同。对于供应商管理的库存,因为有最低与最高库存点,按时交货可通过相对库存水平来衡量。如果库存为零,风险很高;库存低于最低点,风险相当高;库存高于最高点,断货风险很小但过期库存风险升高。

这样,统计上述各种情况可以衡量供应商的交货表现。根据未来物料需求和供应商的供货计划,还可以预测库存点在未来的走势。

值得注意的是,成本、质量和按时交货应综合考虑。这些指标如果分归不同部门,部门间的扯皮现象可能发生。上述三大指标可客观统计。尽管没有一种完美的统计指标,但只要统计口径一致,不同供应商之间、同一供应商的不同时期之间就有可比性,就能很好反映供应商的总体表现。

在成本、质量和按时交货的指标之外,供应商管理还可参照服务、技术、资产、员工与流程等指标,虽然这些指标相对主观,统计上不是很直观,但却是衡量供应管理部门绩效的重要一环。

4. 服务指标

服务没法直观统计,但是,服务是供应商价值的重要体现。服务在价格上看不出,价值上却很明显。例如,同样的供应商,一个有设计能力,能对采购方的设计提出合理化建议,另一个则只能按图加工,那么供应商服务价值高低不言而喻。

服务是无形的,在不同的公司、行业侧重点也会有不同。但共性是,服务都涉及人,可调查用户满意度来统计。例如,公司期望供应商给设计人员提合理化建议、尽量缩短新产品的交货时间、主动配合质量人员的质量调查、积极配合采购人员的调度、催货,那么公司可发简短的问卷给相关人员,调查他们对上述各项的满意程度,以及哪些地方需要改进。统计样本大,统计结果便具有代表性。更重要的是,满意度调查统计可以使供应商得到这样的信号:公司在统计他们的服务质量,任何一个人的意见都很重要。这样就可尽量避免只有主管机构才能驱动供应商的现象。

5. 技术指标

对于技术要求高的行业,供应商增加价值的关键是其核心技术。供应管理部门的任务之一是协助开发部门制定技术发展蓝图,寻找合适的供应商。这项任务对企业未来发展与成功至关重要,应该成为供应管理部门的一项指标,定期评价。但很多企业的供应管理部门往往忙于日常的催货、质量、价格谈判,对公司的技术开发没精力或兴趣,而零售企业的客户都是终端消费者,是产品技术的直接体验者,当消费者对产品技术需求日益提高时,这就成为企业未来发展的重要"瓶颈"。

6. 资产管理

供应管理直接影响公司的资产管理,例如库存周转率、现金流等。供应管理部门可通过供应商管理库存转移库存给供应商,但更重要的是通过改善预测机制和采购流程,降低整条供应链的库存。

在供应商方面,资产管理体现供应商的总体管理水平。它包括固定资产、流动资产、长期负债、短期负债等,这些都有相应的比率。作为供应管理部门,定期(例如每季度)审阅供应商的资产负债表,是及早发现供应商经营问题的一个有效手段。现金流、库存水平、库存周转率、短期负债等都可能影响供应商今后的表现,也是采购方能否得到年度降价的保证。

很多企业往往忽视供应商的资产管理。普遍想法是,只要供应商能按时交货,才不管他建多少库存、欠多少钱。但问题是,供应商管理资产不善,成本必定上升,上升的成本要么转嫁给客户,要么就自己亏本而没法保证绩效。两种结果都影响到采购方的经营效益。

7. 员工与流程

对供应管理部门来说,员工素质直接影响整个部门的绩效,也是获得其他部门尊重的关键。学校教育、专业培训、工作经历、岗位轮换等都是提高员工素质的方法。

流程管理是优化与供应商有关的业务流程,比如预测、补货、计划、签约、库存控制、信息沟通等。供应商的绩效很大程度上受采购方的流程制约。例如,预测流程中,如何确定最低库存、最高库存,按照什么频率更新、传递给供应商,直接影响供应商的产能规划和按时交货能力。再如补货,不同种类的产品,按照什么频率补货,补货点是多少,采购前置期是多少,不但影响到公司的库存管理,也影响到供应商的生产规划。

(六)供应商的激励机制

对供应商实施有效的激励,有利于增强供应商之间的适度竞争,保持对供应商的动态管理,提高供应商的服务水平,降低公司采购的风险。对供应商实施有效的激励应从以下几方面入手。

1. 建立供应商业绩评价体系

建立供应商业绩评价体系是进行供应商激励的基础,它为供应商激励的实施提供信息支持。供应商业绩评价体系包括供应商信息的收集、业绩评价方法、评价及分析工具、评价组织与人员等方面的内容。其中供应商信息的收集主要是收集供应商在为企业提供物资供应的过程中所产生的各种信息,包括质量、价格、交货及时性、包装符合性、服务与工作配合等;业绩评价方法是指在对供应商的各种信息进行评价时采用何种评价的方法,一般有定性评价和定量评价两种(定量评价被较多地采用);分析和评价的工具包括数学模型的采用、权变理论的应用、加权平均法的应用等;评价组织与人员是指企业应建立对供应商进行业绩评价和管理的组织/部门,并配置适宜的、拥有专业技能的人员。另外对供应商进行业绩评价的周期选择也是非常重要的。周期太短,信息有限,评价的结果不能说明供应商的实际业绩水平;周期太长,又会使供应商对业绩评价失去兴趣,难于发挥评价的作用。

2. 建立供应商激励标准

激励标准是对供应商实施激励的依据,制定对供应商的激励标准需要考虑如下因素:

(1)本企业采购物资的种类、数量、采购频率、采购政策、货款的结算政策等。

(2)供应商的供货能力、可以提供的物资种类、数量。

(3)供应商所属行业的进入壁垒。

(4)供应商的需求,重点是现阶段供应商最迫切的需求。

(5)竞争对手的采购政策、采购规模。

(6)是否有替代品。

考虑上述因素的主要目的是针对不同的供应商,为其提供量身定做激励方案,以达到良好激励效果,为企业采购工作创造更加有利的条件。

3. 激励的方式

按照实施激励的手段不同,可以把激励分为两大类:正激励和负激励。所谓正激励,就是根据供应商的业绩评价结果,为供应商提供的奖励性激励,目的是使供应商受到这样的激励后,能够"百尺竿头,更进一步"。而负激励则是为那些业绩评价较差的供应商提供的惩罚性激励,目的是通过这种激励措施,使供应商能够"痛定思痛",迎头赶上,或者将该供应商清除出去。

(1)正激励的方式。常见的正激励有如下七种表现形式:

➢延长合作期限:把公司与供应商的合作期限延长,可以增强供应商业务的稳定性,降低其经营风险。

➢增加合作份额:提高供应物资的数量,可以增加供应商的营业额,提高其获利能力。

➢增加物资类别:把合作的物资种类增加,可以使供应商一次送货的成本降低。

➢供应商级别提升:能够增强供应商的美誉度和市场影响力,增加其市场机会。

➢书面表扬:能够增强供应商的美誉度和市场影响力。

➢颁发证书或锦旗:为供应商颁发的优秀合作证书或者锦旗。有助于提升其美誉度。

➢现金或实物奖励。

(2)负激励的方式。与此相对应,常见的负激励也有七种表现形式:

➢缩短合作期限:单方面强行缩短合作期限。

➢减少合作份额:减少送货物资的数量。

➢减少物资种类。

➢业务扣款:在其货款总额中扣除部分或全部款项的处罚性行为。

➢供应商级别降低。

➢法律诉讼:依照法定程序对供应商提起诉讼,要求法律解决争议或提出赔偿。

➢淘汰:即终止与供应商的合作。

在供应商业绩评价的基础上,按照得分多少对供应商进行分级,对于同类供应商按照供应商数量的多少,可以选择正数排名第一至三名的给予正激励,排名倒数第一至三名的给予负激励(一般被激励的供应商不超过同类供应商总数的30%)。

由于负激励是一种惩罚性激励手段,一般用于业绩不佳的供应商。实施负激励的目标在于提高供应商的积极性,改进合作效果,维护公司利益不受损失。

4. 激励时机的确定

对供应商的激励一般在对供应商业绩进行一次或多次评价之后,以评价结论为实施依据。激励时机一般为以下几种:

(1)市场上同类供应商的竞争较为激烈,而现有供应商的业绩不见提升时。

(2)现有供应商之间缺乏竞争,物资供应相对稳定时。

(3)现有供应商缺乏危机感时。

(4)供应商对公司利益缺乏高度关注时。

(5)供应商业绩明显有很大提高,对公司效益增长贡献显著时。

(6)供应商的行为出现对公司利益损害时。

(7)按照协议或合同规定,公司利益将受到影响时。

(8)出现经济纠纷时。

(9)其他需要对供应商实施激励时。

特别需要注意的是,在对供应商实施负激励之前,要查看该供应商是否有款项尚未结清,是否存在法律上的风险,是否会对公司的生产经营造成重大影响,是否会对大部分供应商产生负面影响,以避免因负激励而给公司带来麻烦。

对供应商的激励实施之后,要高度关注供应商的行为,尤其是受到正激励和受到负激励的供应商,观察他们在激励实施前后的变化,作为对供应商激励方案的评价和改进依据,以防出现各种对企业不利的问题。

三、零售业物流采购流程管理

每个零售企业都有自己的采购工作流程,但其工作方法与原理是大体一致的。一般来说,一个完整的采购流程包括选择商品及供应商、供应商谈判、签约订购、跟进执行四个阶段。

(一)选择商品及供应商

1.选择商品

选择商品是零售企业最重要的决策内容之一,商品类别选择的优劣决定了零售店是否能够拥有良好的销量和业绩。很多成功的零售店正是因为所售商品类别选择得好,适合其目标客户,且品质优良,服务周到,所以获得了更多的市场份额,从而也获得更多与供应商谈判的砝码。一般选择商品时应考虑的因素有商品的特色、商品的计划能力、商标与宣传能力、商品以往销售业绩等。零售店采购商品时,在保证商品符合销售质量和销售标准的前提下,其采购的具体影响因素和指标如表2-2所示。

表2-2 影响采购商品选择的因素及其指标

影响商品选择的因素	具体指标描述
商品的特色	➢是否适应本零售店的风格 ➢是否与目标客户的定位相一致
商品计划的能力	➢零售店是否能依据客户需求水平计划采购数量 ➢供应商能否根据零售店的采购需求计划商品生产与供应
商品以往销售业绩 (经营状况与财务内容)	➢该商品是否得到本零售店顾客群的青睐 ➢根据以往业绩决定商品采购水平上升、持平、下降或下架
商标与宣传能力	➢该商品的商标是否具有一定品牌价值,能吸引更多相关客户群体,带来相关产品销售额的上升 ➢该商品供应商的宣传能力是否能带来销售份额的上升,从而节省零售店的宣传成本
商品的生产能力	➢商品生产能力是否能适应变化的商品需求水平 ➢商品的生产能力是否能应对紧急订单和旺季暴增的需求
原材料的进货对象 (商社、批发店)	➢进货对象不同意味着价格水平和谈判能力的差异 ➢进货对象不同意味着供货周期和供应链效率的差异
商品的组织和运输能力	➢商品组织和运输能力能否满足零售店的销售需求 ➢商品组织和运输能力能否应对紧急订单和大批量送货 ➢商品组织和运输能力能否适应零售店不同时期、不同类别的供应模式

续表

影响商品选择的因素	具体指标描述
情报的收集与分析能力	➤零售店能否在采购该商品前具有充分的情报收集与分析能力,从而预测采购后的销售情况
在流通业中的交易关系	➤该商品在流通业中的交易关系与交易形式,其供应链的构成情况
企业规模	➤意味着其商品生产企业是否具有一定的质量控制能力,生产控制能力,规模扩展和发展能力

2. 选择供应商

选择供应商是零售企业进行采购时的又一重要决策内容,一般会考虑其可靠性、性价比、订单处理能力、提供的服务等。影响零售企业选择供应商的具体因素和指标如表2-3所示。

表2-3 影响供应商选择的因素及其指标

影响供应商选择的因素	具体指标描述
可靠性	➤供应商能否始终如一地履行所有书面承诺
性价比	➤谁能以最低的价格提供最好的商品
订单处理能力	➤多久能收到送货 ➤能否处理紧急订单和旺季订单
独占权	➤供应商是否能给予零售企业独家经销权
提供的服务	➤如果需要,供应商是否能提供运输、储存和其他服务
信息	➤供应商是否提供一些重要的产品/服务数据
道德	➤供应商是否履行所有口头承诺
保证	➤供应商是否对自己的产品提供担保
长期关系	➤能否与该供应商保持长期关系
记录	➤供应商是否会很快地填写交易记录
毛利	➤毛利(差价)是否足够
创新	➤供应商的产品是创新的还是守旧的

续表

影响供应商选择的因素	具体指标描述
地方广告	➢供应商是否在当地媒体做广告
投资	➢供应商的总投资成本有多大
风险	➢与供应商交往的风险有多大

零售企业在考虑上述因素、划定采购的商品及其供应商范围后,在采购之前应审查供应商的报价与相关证件。一般来说,审查供应商的报价是在接受了供应商的产品报价以后,亲自到市场上了解同类产品的价格,与供应商的报价进行比较后进行审查。即所谓"货比三家",在同等质量、品牌相近、信誉良好的前提下,选择报价低的商品。所比较的商品与供应商的商品应是一种竞争关系,即相同类型、相同品项,否则就没有可比性。通过报价审订后可以进入供应商相关证件、各种证明表格材料的审查环节,以便对其各种情况进行调查、评估。

(二)供应商谈判

零售企业与供应商谈判主要是谈采购的交易条件和交易价格。充分的谈判准备工作、优秀的谈判团队、完整严谨的谈判内容和有效的谈判策略是谈判取胜的重要基础。

1. 准备工作

(1)谈判前应对采购项目做全面评估,对采购内容、采购预算、采购标准以及是否涉及知识产权、技术指标等均应做系统掌握,这样才能在采购任务完成后既能满足企业需求又能保证品质标准。

(2)谈判前应对市场进行调查和分析,对采购内容的价格水平、供需状况做全面的掌握,以便在谈判时有的放矢。

(3)谈判前应对同类供应商做全面、细致的调查研究,然后依据调查数据对同类供应商在关键采购指标上做严格的比对,筛选出重点供应商进行联系和谈判。同时调研数据还可作为谈判现场的依据。

2. 谈判团队

谈判团队的组合对谈判是否能够成功起到十分关键的作用。

一般来说,谈判团队中应由谈判核心人物负责项目主谈;此外,谈判团队中还应安排技术专家负责把握技术标准;财务人员负责采购预算的把关;公关人员负责谈判公关等。

3. 谈判内容

在与供应商谈判过程中,比较重要的谈判条款包括质量、包装、价格、订购量、折扣等,具体来说一般谈判中涉及的条款及目标如表2-4所示。

表2-4 供应商谈判内容与目标

内容	目标
质量	满足销售、符合国际或国家相应的质量标准
包装	外包装坚固、内包装精美的商品
价格	高质量,低价格,符合采购预算,符合目标客户的消费水平
订购量	能够满足零售企业的日常销售量,以及淡季、旺季的需求量波动
折扣	折扣通常有新产品引进折扣、数量折扣、付款折扣、促销折扣、无退货折扣、季节性折扣、经销折扣等,有经验的采购人员会引述各种形态折扣,要求供应商让步
付款天数	经销的商品采取"货到的##天付款"的方式结款;代销、联营的商品采取"月结##天"的方式付款
交货期	交货期愈短愈好。因为交货期短,所以订货频率增加,订购的数量就相对减少,故存货的压力也大为降低,存储空间需求相对减少。对于有长期承诺的订购数量,采购人员应要求供应商分批送货,减少库存压力。非食品的订单一般在开业前40天向供应商下达,商品实物必须在开业前30天到达门店,综合到货率必须达到90%(DM商品为100%);食品的订单必须在开业前30天向供应商下达,商品实物必须在开业前20天到达门店,综合到货率必须达到95%(DM商品为100%);生鲜食品比较特殊(果蔬、水产、肉品为开业前的1天;熟食、面包为提前10天,并进行试制)
送货条件	送货条件包括:按指定日期及时间送货、免费送货到指定地点、负责装卸货并整齐地将商品码放在栈板上,以及在指定包装位置上编好零售企业店内码(或印国际条码)等
售后服务保证	提供一定年限的免费售后服务;并将保修卡放在包装盒内
退换货	因供应商产品质量问题、残损以及销售剩余等情况可要求退换货

续表

内容	目标
促销活动	零售企业与供应商之间的促销活动多种多样,例如降价、地堆、端架、搭赠、抽奖、文艺表演等。采购人员必须了解一般供应商的营销费用预算通常占营业额的10%~25%,因此采购人员应将20%的时间放在与供应商洽谈促销活动上,以提升彼此的销售业绩
广告赞助	零售企业采购人员应积极与供应商争取更多的广告赞助,这也是采购人员业务考核指标之一。零售企业所指的广告赞助包括:零售企业快讯、室内灯箱、室外灯箱或户外看板、地板广告、购物车广告、购物袋广告、电视墙广告、店内广播广告等
进货奖励	进货奖励是指一段时间完成一定的进货金额后供应商给予的奖励,分有条件的及无条件的进货奖励,或称"账扣"。通常可要求供应商给予进货金额1%~10%的进货奖励,供应商因销售份额的需求很乐意提供此种奖励,而此种奖励对提升零售企业经营利润有很大帮助
季节性销售计划	提前30~60天准备。供应商应备足货源。超市与供应商配合实施促销计划
货品种类发展潜质	同一品类应增加的品种。不同规格、不同包装产品的开发。根据顾客的要求进行新产品的开发
其他赞助费用	如新入市的开业赞助费、新店赞助费、新品上架费、集中陈列赞助费、周年庆赞助费、各种节庆的赞助费、端架/地堆/地笼陈列赞助费等

4. 谈判策略

谈判策略是指谈判人员为取得预期的谈判目标而采取的措施和手段的总和。它对谈判成败有直接影响,关系到双方当事人的利益和企业的经济效益。恰当地运用谈判策略是商务谈判成功的重要前提。

谈判小·贴士

- 谈判前要有充分的准备。
- 谈判时要精神焕发,有朝气。
- 尽量与有权决定的人谈判。
- 尽量在本企业办公室内谈判。

- 本方应掌握主动。
- 必要时转移话题。
- 尽量以肯定的语气与对方谈话。
- 尽量成为一个倾听者。
- 尽量站在对方的角度，为对方着想。
- 必要时以退为进。
- 不要草率做出决定。
- 谈判时要避免谈判破裂。

（1）按对手的态度制定策略。合作型谈判对手具有强烈的合作意识，谈判时注意谈判双方的共同利益，渴求达成双方满意的结果。对于这类谈判对手的策略是因势利导，在互利互惠的基础上尽快达成协议。

对待不合作的谈判对手，只有采取恰当的对策，才能引导其从观点争论转向双方共同获利。

（2）按对手的实力制定策略。面对实力强于己方的谈判对手，己方一方面要加强自我保护，不在对方的压力下达成不利于己方的协议；另一方面，要充分发挥自身的优势，以己之长击"敌"之短，争取最佳的谈判结果。

当对手实力较弱时，对己方而言能够具有较大的回旋余地和主动权，但也可能使我方疏忽大意，犯不应有的错误，痛失机遇，不能够实现预定的谈判目标。因此，在有利条件下，谈判人员仍应精于谋略，抓住时机，争取最佳结局。

（3）按对手的谈判风格制定策略。不同国家民族和文化背景下的商人谈判风格会有所不同，有的风格强硬，有的风格含蓄，应对前者可采取"以退为进，步步为营"的策略；应对后者可采取"主动进攻，强占先机"的策略。

链接一

谈判桌上的基本技巧

➢首先开价。大多数人等待对方开价，然后再尝试磋

商。在绝大多数案例中,这是个巨大的错误(尤其当你是买方时)。通过首先开价,你为谈判定下了"调子",迫使对方对你所开出的条件做出任何修改都要提供理由。

➢永远不要同意他们的第一次开价。当你同意他们的第一次开价时,你自然而然地触发了对方大脑中的两个反应。反应一:我们本可以要价更高;反应二:接受高价的背后肯定有什么我们不知道的东西。

➢设计妙局。我们知道人们在面对潜在损失时,比面对潜在收益更有可能做出决定和采取行动。一定要向供应商指出,如果他们不同你做生意,他们肯定会遭受损失;同时,指出同你的公司做生意的好处。

➢威胁时刻准备离开。谈判中的头号压力点是你说明如果你不能得到希望的条件就准备离开。

➢别撒谎——永远不要。撒谎使你的名誉受到严重的损害,给你人身和财务上造成的损失远远高于你最初撒谎带来的好处。撒谎永远是不值得的。

➢耐心是谈判者的美德。你能够将对手留在谈判桌上的时间越长,你得到想要的东西的可能性就越大。

危险之处:你在谈判桌前坐得越久,就越有可能做出让步。因为你下意识对自己说:"我已经用了这么多时间,我可不能空手而归。"

解决办法:当最后还面临向对方让步时,忘记走到这步你所投入的时间和精力。不管你做什么都不能补偿你所付出的一切。你唯一考虑的应当是:"继续坐下去明智吗?"

➢沉默是金。在谈判中,常常出现的情况是:你没有说出口的东西产生最大的影响。

链接二

谈判桌上的高级技巧

➢设定目标。比如假设能得到双方开价的中间价格,尽管并不总能成功,但做出这样假设非常有利于你达到目标。

➤多种选择获取主动。这项原则是成为谈判中获取主动权的基础。拥有最多选择的一方具有最大的主动权,所以要设法让对方知道你拥有多种选择。

➤对对方的报价表现出退缩的样子。不对对方的报价表现出退缩的样子,是低劣的谈判者犯下的头号错误。永远对他们竟敢让你做出让步的要求,做出震惊的反应。

➤主动权是主观的。如果你认为自己有主动权,你就有,没有也有。如果你认为自己没有主动权,你就没有,有也没有。真实性在谈判中并不重要。

➤询问那些通常被认为是忌讳的问题。收集信息对于谈判的成功至关重要。不要怕问忌讳的问题,即使对方拒绝回答,你仍将通过评估他们对询问的反应,收集到信息。

➤提前做好准备。时间压力是始终影响谈判结果的因素之一。当人们面临时间压力时,会变得灵活,并会做出让步。设法在最后期限之前,解决所有的问题。

➤给个台阶。有时,谈判会在最后一刻陷入僵局。这时可以做出非常小的让步,给他们提供下台的台阶。

➤拿上级当挡箭牌。不要让另一方的人员知道你可以在谈判中做出决定。告诉他们批准最终交易的决定必须由上级做出,这样一来你可以向对方施加很大的压力,同时通过责怪自己的上司,不与供应商发生正面的冲突。

(三)签约订购

在所有交易条件都谈妥后,采购人员报采购部门批准后,就可以签订购合同,对于新供应商,一般先签署3个月的试销合同,如三个月内销售状况良好再续约。签订采购合同一般遵循下述六点原则。

1. 签订合同的供应商必须具备法人资格
2. 采购合同必须合法
3. 签订合同必须坚持平等互利、充分协商的原则

4. 签订合同必须坚持等价、有偿的原则
5. 采购合同应当采用书面形式
6. 采购合同应该由双方加盖合同公章后方才有效

采购合同条款及内容具体如表2-5所示。

表2-5 采购合同条款及内容

条款	内容
采购商品	质量、品种、规格、包装、商品的条形码(此项数据一般附在价格表上)。采购合同上必须注明价格表为合同附件,商品的品种应具体,避免使用综合品名,商品的规格应规定具体颜色、式样、尺码和牌号等,必须注明商品的包装方式,应有具体的质量保证条款
采购数量	采购总量、采购批量(单次采购的最高订量与最低订量)。采购商品的数量必须以零售店实际销售的单位为最小单位
送货	交货时间、频率、交货地点、最高与最低送货量、保证期、验收方式。合同上必须明确注明交货的时间、地点,有配送中心的可注明送货至配送中心
退货	退货条件、退货时间、退货地点、退货方式、退货数量、退货费用分摊,合同上有明确的包换、包修、包退的条款
促销	促销保证、促销组织配合、促销费用承担
价格及价格折扣优惠	不论以何种方式报价,价格表上必须注明确切的商品进价。价格折扣类别有:新商品价格折扣、单次订货数量折扣、累计进货数量折扣、年底退佣、不退货折扣(买断折扣)、提前付款折扣等
付款条件	付款期限、付款方式,合同上必须规定明确的商品结算方式和程序
商品验收方法	合同上必须注明验收的标准、方法、期限和地点
售后服务保证	保换、退保、保修、安装
违约责任	合同中还应约定违约内容、违约金等。通常以下三种行为为违约行为:① 不按合同规定的商品数量、品种、规格供应商品。② 不按合同中规定的商品质量标准交货。③ 逾期发送商品
合同变更与解除	合同变更与解除条件、方法,变更与解除的责任
其他合同必备格式内容	约首、约尾等

(四) 跟进执行

采购合同签订完毕后,应对已签订的采购合同进行归档管理,一般合同归档按照商品种类分类进行,同时,采购合同复印件与供应商档案归档,采购合同原件单独归档、统一管理。

进入合同跟进执行阶段时,零售企业应对合同商品的交货质量进行监控。对进货商品进行质量监控是零售企业一项重要工作,质量监控通过验收工作来实现,由于验收是零售企业经营的关键一环,其人员的选任除了需要良好的忠诚度外,还要对商品的特性、品质及相关法规等有充分认识才能胜任。采购验收程序如图2-2所示。

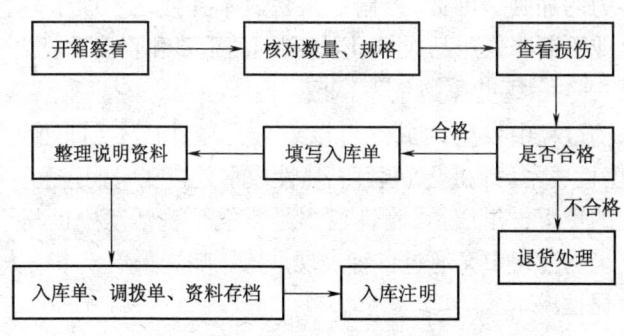

图2-2 采购验收程序示意图

验收的权责如下。

1. 商品数量的检查事项

2. 商品质量、规格的检查事项

3. 商品内容、成分的检查事项

4. 商品制造商、进口商、地址及电话的检查事项

5. 进货厂商送货车辆的温度、卫生情况的检查事项

6. 进货厂商发票与送货内容的检查事项

7. 退换货的检查事项

8. 送货人员的检查事项

9. 其他有关验收业务的处理事项

同时,零售企业应设定采购合同期限的预警,在采购合同期限前一个月对供应商的表现做综合评估以确定是否续约和付款。

四、零售业的采购成本控制

采购成本一般指采购价格和货物运达指定地点所发生的费用（包装费、装卸费、运费等）。在零售企业,采购成本在整个物流成本中占有很大的比重,特别是 20 世纪以来,零售行业激烈的市场竞争和消费者对产品多样化的需求,促使零售业通过降低成本、提供高质量和个性化的产品来吸引顾客。在此形势下,控制采购成本对零售企业的经营业绩至关重要。采购成本下降不仅体现在企业现金流出的减少,而且直接体现在产品成本的下降、利润的增加,以及企业竞争力的加强。因此,控制好采购成本并使之不断下降,是一个零售企业不断降低产品成本、增加利润的重要和直接手段之一。

(一)零售业采购成本构成

采购过程中发生的成本可以划分为显性成本(即可计算的成本)和隐性成本(即机会成本)。显性成本是指在采购过程中实际可能发生的货币支出成本,隐性成本是指在采购活动中的机会成本。它们在采购过程中又通过各种表现形式影响着采购成本的大小。

1.显性成本

显性成本包括以下几方面：

(1)采购价格。采购价格即零售企业以各种方式得到的采购报价,它直接进入到采购成本的核算,是衡量采购过程成本高低的最重要指标。供应商提供的价格,采购目标的指导方式以及供应商与采购者的内在关系,均可影响最终的采购价格。

(2)直接交易成本。这是指为采购商品而进行的检验、传达需求以及为处理物资流时,所要付出的费用,这些环节所形成的成本将直接计入采购成本中。这些活动环节包括检验存货需求、发出订货请求、准备向供应商传递订单、接受回执、处理货运单据和接受关于存货控制的信息等,如果不能有效地控制这些过程中的直接交易费用,采购成本将大大提高。

(3)供应商关系成本。采购者为了保证得到质量可靠的货源,常常与主要供应商保持良好的合作伙伴关系,这种关系的维持费用也直接进入采购费用成本。这些费用包括差旅费、供应商培训费和与供应商建立关系和运作联系费以及其他的一些交往沟通费用等，例如双方在交通、工程技术、产品研发和开发上的联系费用等。

（4）运输成本。采购计划确定后，就进入采购的实施阶段，这必然会涉及采购的运输问题。运输条款中规定供需双方以及承运人之间的付款方式、损失和毁损索赔权等内容，其间产生的费用构成运输的费用成本，列入采购成本总额中。运输成本的伸缩弹性较大，人为的因素较多，这一环节控制得恰当，可有效降低采购成本。

（5）质量成本。质量要求是采购商品与采购者预期要求的一致性。它包括一致性成本、不一致性成本和最终使用成本。为使采购方要求的质量标准能与供应商所提供的质量状况相一致，采购方需付出相关的代价，如对采购商品抽查所投入的人力物力、支付给鉴定方的鉴定费用、保证采购质量的调研费等均构成质量成本，而这一成本是必需的。

（6）运营和物流成本。企业在采购过程中对各种形态的采购存货进行有效协调、管理需要付出相关的费用，如采购中的运输装卸、仓储、加工包装、产品入库发运业务等等。采购的货物和包装材料可以直接影响随后的加工成本，采购的运营与物流费用的支出也是采购成本的重要组成部分，通过对其加强管理可以进行有效的控制。

（7）库存持有成本。库存持有成本与库存保管数量、保管时间、货物特性等因素有关，是指为保管存储物资而发生的费用，包括存储设施的成本、搬运费、保险费、折旧费、税金以及资金的机会成本等。每次订货数量越大，库存量也越大，保管费用也就越多。显然，这些费用将随库存量的增加而增加。

（8）订货费用。这是指进行每次订货时所发生的各种费用，主要包括差旅费、通信费、运输费以及有关跟踪订单系统的成本。它与每次订货量的多少无关，在需求量一定的情况下，订货次数越多，则每次订货量越小，而全年费用越大，分摊每次订货费用也越大。

2. 隐性成本

每一个企业的直接采购成本都是由以上的几个或者全部环节构成的，因此每一个环节降低的费用都可以成为利润的来源，而且

可以很明确地计算出节约的费用。从另外一个角度来讲,当企业做了选择,就一定存在机会成本,这个机会成本,称为采购的隐性成本。通过这个隐性成本的分析可以得到降低成本的途径。

隐性成本主要包括人力资源带来的成本、资金周转带来的成本、信息利用带来的成本和再订货成本等。

以上两个方面都在不同程度上影响着采购成本的变化,实践中若忽视其中一个因素,将对企业经营构成极大的潜在危机。

(二)零售企业采购成本的影响因素

1. 运输对零售企业采购成本的影响

零售企业配送中心的建立是运输中很重要的一个环节。配送中心是根据用户的订单和销售预测,进行规模化采购、进货、保管,然后按客户订单所需商品及其数量,在规定的时间准时送达客户的物流场所。通过对内外运输环境的分析,可以使运输渠道更加合理化,降低运输装卸费用。

同时,根据运输渠道和运送方式选择不同的采购方法,利用先进的运输管理对运输资源、运输方式和运输线路进行优化管理,对运输任务进行有效的组织调度,可以降低运输成本,实现对运输事项和货物的有效跟踪管理,从而降低采购成本。

2. 库存对零售企业采购成本的影响

对零售企业而言,采购与库存是具有互为因果关系的一组活动,不同的库存策略可以决定企业的不同采购方式;反之,采购策略方式不同,也直接影响企业库存。所以在零售业中,对产品的采购和库存存在一个最佳批量问题。从某种程度上来说,最优点的确定是采购价格和库存费用两因素博弈的结果。通过供应商管理库存,零售企业可以使供应商成为本企业的"虚拟库存",以减少自有库存量,从而降低其采购成本。

3. 销售对零售企业采购成本的影响

在以最大化客户满意度为目标的市场环境下,销售由客户需求驱动,商品采购由销售驱动,以订单统领企业销售。零售业采用的采购方式会直接影响到零售企业的采购成本,根据消费者需求,运用科学的采购手段,如电子商务的方式,通过网上采购满足某些用户的定制要求,这样做就可以不经过库存直接进入到销售过程,以降低采购成本。

4. 售后服务对零售企业采购成本的影响

在零售企业中,售后服务是供应链管理的最后一个环节,它不仅直接影响终端消费者的满意度和忠诚度,也影响到起始产品的采购。不同的售后服务对零售企业采购成本的影响不同,因此,在千变万化的市场需求面前,零售企业应从最终满足客户需求出发,以销定采,尽量取消中间库存,施行适时化采购,使产品尽量在靠近最终顾客的时间点采购,并根据产品特性和客户要求,采用定货采购、定货装配等不同模式,以节约采购成本。

(三) 零售企业控制采购成本的途径

零售企业供应链管理系统包含了消费品的采购、运输、库存、销售和售后服务等功能,而信息流和物流则贯穿于其中。其主要目的是减少浪费和无附加价值的作业,增加给予客户的服务,改善供应链之间的沟通,减少作业周期,改进协调工作。在零售企业供应链管理下,可以采用以下新型的零售业采购方法来控制成本。

1. 实施战略采购策略

所谓战略采购就是企业在自身资源有限的情况下,确切了解外部供应市场状况及内部需求,了解供应商生产能力及市场条件,对供应商进行有效的关系管理,致力于与供应商建立长期的战略合作关系。

通过战略采购,零售企业可以更加明晰内部需求模式,从而能有效地控制其需求。通过深入有力的价值分析,企业甚至能比供应商自己更清楚其生产过程和成本结构。这样,企业在供应商选择、谈判及关系维持管理等方面就能够获得重大支持,从而可以不断剔除一些现有表现不佳的供应商,寻找新的替代者以提高整体的供应商绩效。实施战略采购策略也就是说战略性地将竞争引入供应机制和体系以降低采购费用。实施战略采购要从以下几个方面入手:

(1)加强对市场采购信息的收集和分析。市场采购信息是多方面的,主要有:货源信息,包括货源的分布、结构、供应能力;流通渠道的竞争信息、价格信息;运输信息、管理信息等。由于市场信息具有社会性、有效性、连续性和流动性,因此借助于计算机建立一套完整的信息分析和管理系统可以对市场信息进行收集、整理、分析,提供各种决策方案供决策者参考。

(2)确定适宜的采购时机与合理的采购批量。采购过早、库存过多都会增加库存费用;采购过晚、库存过少,会引起缺货损失。采购批量过大,有可能产生积压;采购批量过小又会增加采购次数及采购的固定费用。所以企业应根据库存和销售情况确定适宜的采购时机与合理的采购批量。

(3)筛选和圈定上游供应商。由于供应商对企业表现出不同的重要性,因此零售企业采购时要对不同供应商加以区别。发展战略采购的关键是零售商和其关键供应商之间的力量平衡,力量平衡有利于零售商,反之零售商可能因某一商品过于依赖一个特定的供应商而遭受损失。通过扩大供应商的选择范围,引入更多的竞争,寻找上游供应商等来降低采购成本是非常有效的战略采购方法,它不仅可以帮助零售企业寻找到最优的资源,还能保证资源的最大化利用,提升企业的水准。

(4)集中采购。现代零售业具有小批量、多品种的特点,也就是说每一个零售店一次要货的品种可能比较多,但每个品种的要货量不会太大,因此对于一个零售店而言不能享受价格折扣。在这种情况下集中各零售店的订货进行统一采购,零售企业将会由于采购批量大而享受价格方面的折扣。

通过采购量的集中来提高议价能力,降低单位采购成本,这是一种基本的战略采购方式。目前已有不少零售企业建立了集中采购部门,进行集中采购规划和管理,以期减少采购物品的差异性,提高采购服务的标准化,减少后期管理的工作量。

(5)优化采购组合。通过对每种商品的分析,基于采购金额和其供应商数量可把商品分为一般商品、杠杆商品、战略商品和瓶颈商品;同时把供应商分为一般供应商、杠杆供应商、战略供应商和瓶颈供应商。

一般商品从采购的角度看,很少会造成技术和商业问题。这种商品价值通常较低并存在大量的可选择供应商。瓶颈商品,主要是在金额上只占相对有限的一部分,而在供应上风险大,不得不面临着高昂的价格、较长的交货期和劣质的服务。杠杆商品供应商数量很多,转换成本很低。战略商品对财务的影响很大,同时又依赖于供应商。对于零售业应依据不同地域和不同时间动态地调整采购组合和商品分类。某种意义上,零售业所面对的采购组合和商品分类严格来讲是阶段性的,往往比一般意义上生产企业的周期短。

(6)产品、服务的统一。零售企业在采购时就充分考虑未来储运、维护、消耗品补充、产品更新换代等环节的运作成本,致力于提高产品和服务的统一程度,减少差异性带来的后续成本,这是技术含量更高的一种战略采购,是整体采购优化的充分体现。采购产品差异性所造成的无形成本往往为企业所忽略,这需要企业战略规划以及采购部门的决策执行具有连贯性。

2.实施电子商务采购策略

电子商务采购是指在整个采购活动的过程中,实现各阶段的采购活动的电子化,其过程主要包括订单跟踪、资金转账、产品计划、进度安排和收据确认等,以最终加速企业运作,缩短前置时间,同时把大量的人力资源从繁琐的事务性工作中解放出来,全面降低企业采购管理的成本。电子商务采购能蓬勃发展,还在于它具有快速、低成本整合上下游资源和信息的能力。

在电子商务采购方式下,可以克服因信息渠道不通畅造成的地域上的局限,扩大了供应商选择的范围和数量,能吸引到足够多具备相应资质的供应商参与竞争,使真正有实力和优势的供应商参与竞标;可以实现网上询价和网上比价的功能,实现真正意义上的竞价交易,获得最优价格;可以使采购过程透明化,规范采购人员,克服采购中吃"回扣"等顽症;还可以简化工作流程,缩短订货周期,与传统的文档、表格等材料相比,以电子邮件方式进行的信息传递,只要几秒钟就足够了。电子商务采购大大节省了订货时间,缩短了订货周期,使采购工作更加便捷和有效。这样最直接的效果就是有利于零售企业采购到质优价廉的产品,使零售企业直接受益。

电子商务采购虽然有诸多的优越性,但并不适用于所有的零售企业。企业应按照自己的情况来确定,不可盲目攀比。正像传统采购一样,电子商务采购也可以有公开招标、邀请招标、询价采购和单一来源等具体方式。电子商务采购是一个新工具的运用,即利用因特网采购,网上招标采购是电子商务采购的主要形式。一般来讲,适合于招标采购的商品也适合于电子商务采购,即采购批量大、社会资源丰富、呈现买方市场状态的商品宜选用网上采购方式。而需求数量少、生产厂家多在本地的商品可以在本地由采购员直接采购。

3. 实施采购外包策略

采购外包是将一些传统上由零售企业内部采购部门负责的非核心采购业务外包给专业的、高效的产品与服务供应商,以充分利用企业外部最优秀的专业化资源,从而降低采购成本、提高采购效率、增强自身竞争优势的一种经营策略。采购外包结束了自给自足的采购组织模式,把非核心采购业务全部或大部分外包给别人,从而在核心采购业务上增强了竞争优势。供应链管理模式下的采购应尽可能地利用第三方物流,利用专业物流企业的优势,以最低的成本、最优的服务帮助零售业完成采购。实施采购外包需要注意以下两点:

(1) 评估采购外包需求。零售企业高层管理者要确定采购外包的需求,制定可供实施的采购外包策略。要清楚企业是否能从采购外包中获得效益。企业最高决策层必须采取主动的态度,因为只有最高决策层才具有外包成功所必需的视角和推动改革的力量。同时,与企业员工进行开诚布公地沟通,取得员工的支持对顺利实施采购外包策略至关重要。

(2) 选择"外包"采购的供应商。企业高层管理者根据市场调研,听取内部和外部专家意见之后,写出详细的"外包"采购文件,其中包括:供应商的商业信誉、质量要求、交货期、服务等级、需要解决的问题、价格以及详尽的需求等;"外包"供应商选择方式;"外包"供应商选择方法;还应考虑企业环境变化和问题,及处理这些变化和问题的程序。然后按照企业的需求去寻找最合适的"外包"供应商并签订合同。

成功的采购外包策略可以利用企业不具备的社会资源,帮助企业降低采购成本、提高零售企业竞争力、改善采购质量和提高采购利润率。但在应用前要做好职工的工作,以免由于职工担心失掉工作而情绪低落,对现有的工作失去积极性。

4. 其他采购管理方法

要降低零售企业的采购成本,在采购过程中还可以采取以下方法:

(1) 建立价格监控体系,实行价格审批制度。在激烈的市场竞争中,商品供应商为了打开产品销路,占领企业的采购市场,往往会靠送红包、回扣、请吃喝等手段来拉拢采购人员,更有甚者,一些采购人员与供应商同流合污,有意让对力提高采购价格,从中牟取暴利。这样不仅无形中增大企业的采购成本,而且质次价高的伪劣产品也会进入企业销售环节中去,使零售企业蒙受巨大的经济损失。所以,很多零售企业加大了对采购价格的监管力度,建立、健全与自身企业相适应的价格管理体系,并成立了统一的价格管理委员会,以此负责采购价格的事前市场询价、事中价格审批、事后考核工作,从而达到降低采购成本的目的。

(2) 加强采购成本支出预算管理。采购部门根据编制的资金需求计划书来编制采购计划,确定资金支出需求。同时,对每月采购预算支出与实际采购完成情况要进行系统分析,重点分析预算支出与实际支出偏离的主要原因,不断加以修正,做到以预算指导控制采购支出,从而降低采购成本。

(3) 减少中间环节采购,降低物资到货成本。在商品流转过程中,每增加一道流转环节,其到货成本就会相应提高。所以,在市场货源充足的前提下,大多零售企业会以商品生产厂商作为采购的首选对象,能与供货厂家直接签订供货协议,就不会通过中间商进行采购,实现降低企业采购成本的目的。

(4) 加强商品验收管理,盘活内部存量资产。零售企业具有商品品种繁多的特点,一般中型企业的商品就多达上万种,要充分管理好这些商品确实存在一定的困难。长期以来,零售企业严把商品入库关,防止短斤少两、掺杂使假,严禁质量不合格商品进入销售环节。商品出库要逐级审批,领料手续要健全,保管人员要做好商品

进、出的台账登记,同时要加大对相关责任人的考核力度,对于未按管理制度办理商品入库、出库手续的责任人,一经发现将严格进行处理。存货要及时盘点、及时清理。对于积压商品及时采取促销或处理等方式来控制库存成本,以实现降低采购成本的目的。

五、零售业采购的控制考核

对零售企业采购的控制除了采购计划的控制外,还有与供应商进行交易的制度计划控制、采购组织机构控制和采购程序控制。在日常具体的采购业务活动中,还必须建立考核采购人员的指标体系以对采购进行细化的控制。采购考核指标体系一般可由以下指标所组成。

(一)销售额指标

销售额指标要细分为大类商品指标、中类商品指标、小类商品指标及一些特别的单品项商品指标。应根据不同的业态模式中商品销售的特点来制定分类的商品销售额指标比例。

(二)商品结构指标

商品结构指标是为了体现业态特征和满足目标顾客需求度的考核指标。如根据对一些便利店的商品结构观察发现,反映便利店业态特征的便利性商品只占8%,公司自有品牌商品占2%,其他商品则高达80%。为了改变这种商品结构,就要从指标上提高便利性商品和自有商品的比重,并进行考核,通过指标的制定和考核可同时达到两个效果:第一,在经营的商品上业态特征更明显;第二,高毛利的自有品牌商品比重上升,从而增强了竞争力和赢利能力。

(三)毛利率指标

根据零售企业定价的特征,毛利率指标首先是确定一个综合毛利率,这个指标反映零售企业的业态特征;然后分解综合毛利率指标,制定比例不同的类别商品的毛利率指标并进行考核。

应用毛利率指标对采购业务人员考核的出发点是,让低毛利商品类采购人员通过合理控制订单量加快商品周转,扩大毛利率,并通过与供应商谈判加大促销力度以扩大销售量,增大供应商给予的"折扣率",扩大毛利额率。对高毛利率商品类的采购人员,促使其优化商品品牌结构,做大品牌商品销售量,或通过促销做大销售量,扩大毛利率。

一般来说,零售企业毛利率的增加,很重要的途径就是通过促销做大销售量,然后从供应商手中取得能提高毛利率的"折扣率"。

(四)库存商品周转天数指标

这一指标主要是考核配送中心库存商品和门店存货的平均周转天数。通过这一指标可以考核采购业务人员是否根据店铺商品的营销情况,合理地控制库存,及是否合理地确定了订货数量。

(五)门店订货商品到位率指标

这个指标一般不能低于98%,最好是100%。这个指标考核的是门店向总部配送中心订货的商品与配送中心库存商品可供配送商品的匹配情况。这个指标的考核在排除总部其他部门的工作因素或特殊原因外,主要落实在商品采购人员身上。到位率低就意味着门店缺货率高,必须严格考核。

(六)配送商品的销售率指标

门店的商品结构、布局与陈列量都是由采购业务部制定的,如果配送到门店的商品销售率没有达到目标,可能是商品结构、商品布局和陈列量不合理。对一些实行总部自动配送的公司来说,如果配送商品销售率低,可能还关系到对商品最高与最低陈列量的上下限是否合理。

(七)商品有效销售发生率指标

在零售企业市场中有的商品周转率很低,但为了满足消费者一次性购足的需要和选择性需要,这些商品又不得不备,但如果库存准备得不合理损失就很大。商品有效销售发生率就是考核配送中心档案目录中的商品在门店销售终端机中的销售发生率。如低于一定的发生率,说明一些商品为无效备货,必须从目录中删除出去并进行库存清理。

(八)新商品引进率指标

为了保证各种业态零售企业的竞争力,必须在商品经营结构上进行调整和创新。使用新商品引进率指标就是考核采购人员的创新能力、对新的供应商和新商品的开发能力,这个指标一般可根据

业态的不同而分别设计。如便利店的顾客是新的消费潮流的创造者和追随者,其新商品的引进力度就要大,一般一年可达60%~70%。当一年的引进比例确定后,就要落实到每一个月,当月完不成下一个月必须补上。如,年引进新商品比率为60%,每月则为5%,如当月完成3%,则下月必须达到7%。

(九)商品淘汰率指标

由于门店的卖场面积有限,且必须不断更新结构,当新商品按照考核指标不断引进时,就必须制定商品的淘汰率指标,一般商品淘汰率指标可比新商品引进率指标低10%左右,即每月低1%左右。

(十)通道利润指标

在实际业务中,零售企业可以向供应商收取合理的通道费用,但不能超过一定限度,以免破坏了供需关系,偏离了零售经营的正确方向。客观而言,在零售企业间的价格竞争下,商品毛利率越来越低,在消化了营运费用之后,利润往往趋向于零,由此,通道利润就成为一些零售企业的主要利润来源,这种状况在一些零售业竞争激烈的地区已经发生。一般通道利润可表现为进场费、上架费、专架费、促销费等。对采购人员考核的通道利润指标不应在整个考核指标体系中占很大比例,否则会把方向领偏,通道利润指标应更多体现在采购合同与交易条件之中。

第三节 零售业订单处理

一、零售业订单处理的含义与类型

获得更多消费者的购买订单是零售企业经营的目的所在,也是其经营收入的主要来源。同时,根据库房存货状况和市场需求情况向供应商或物流中心下订单也是保障其店面正常销售运转的重要工作。所以,零售业订单处理作业包括处理客户购买订单和向供应商下采购订单两部分。

(一)订单处理的含义

零售业订单处理,一方面是根据客户的需求和实际情况来组织货源实现合理配置、销售商品,以市场为导向,最大化满足客户的合理性需求的有效途径;另一方面,是零售企业根据市场、销售和库存情况制定合理采购计划,快速向供应商下达采购订单,保障店面销售顺利进行的重要环节。以满足消费者需求为核心的订单处理是零售企业在分析和研究整个零售市场、零售信息、价格行情后进行企业经营决策的重要依据。

订单处理的目的是确切了解客户的需求,提供客户满意的服务,以提高销售业绩,以及做好采购计划和货源调配。

订单处理的内容,一方面是面向终端消费者,管理包括客户信息、销售商品信息、销售金额或订金金额、提货时间及其他订单约定的内容;另一方面,是立足本店需求面向供应商,管理采购订单的内容、订单数量、到货时间、订单应付账款等。

(二)订单的类型

1. 按照订单的产生方式分类

(1)一般订单,即正常发生的订单,就是接单后按正常的作业程序拣货、出货、配送、收款结账的订单。

(2)现销式订单,即与客户当场直接交易、直接给货的订单。如,业务员直接到客户处推销所取得的订单或客户直接到店取得商品而产生的订单。

(3)间接订单,即客户从物流中心订货,但由零售商直接配送给客户的订单。

(4)合约式订单,即与客户签订配送契约而产生的订单,例如在一定时期内定时配送给客户物品的订单。

(5)寄存式订单,即客户因促销、降价等市场因素预先订购某种物品,然后视需要再决定出货时所下的订单。

(6)兑换券订单,即客户用兑换券兑换商品所产生的订单。

2. 按订单的容量分类

(1)零散订单,即零散客户小批量采购的订单。

(2)大客户订单,即客户大批量采购的订单。

3. 按订单的紧急程度分类

(1)普通订单,即不紧急需求的订单。

(2)紧急订单,即交货时间要求比较紧急的订单。

(三)零售业订单处理的关键问题

随着各种技术手段的出现,传统零售业向现代零售业转变的过程中,应用先进技术来提高订货计划作业效率、提高订货资料的正确率以及如何快速下单是如今零售业订单处理的关键问题。

1. 提高订货计划作业效率

传统订货作业为巡视货架寻找缺货商品、填写缺货商品订货资料、将订货资料以电话、人工等方式传给供货商。然而随着销售商品增加,传统的订货方式将占用店员许多时间,有时供货商来巡货、补货更会影响卖场作业,占用店员时间,影响店员在卖场管理、客户服务的主要工作。因此,零售企业应用订单管理系统等技术手段来提高订货作业效率。

2. 提高订货资料正确性

随着商品的多元化,同一种商品可能有多种品质、多种包装、多种规格,面临如此多元化的商品组合,订货时常会弄错商品资料,尤其货架上已无商品时。那么,条形码技术是解决这一问题的有效手段,同时有零售店经营管理系统的支撑,才能更好地保证订货资料的正确性。

3. 如何快速下单

传统下单方式是由电话、传真、人员取单,这些方式费时、费力,且资料重复输入撰写容易出错,目前很多大型零售企业采用订单管理系统与供应商的信息管理系统进行对接来提高下单速度。有些零售企业由物流中心进行订货配送,与物流中心信息共享,物流中心随时掌握零售店面的存货情况,进行批量采购,统一配送,这样也大大提高了下达订单和订单处理的效率。

二、零售业订单处理方式与流程

"以订单驱动物流"是提高我国零售业采购水平及配送物流企业运营水平的当务之急。零售业的订单需求多种多样,各类订单的处理流程也不尽相同,但不论什么样的订单处理流程都起始于接单,经由接单所取得的订货信息,经过处理和输出,开启各项处理活动。

从处理客户购买订单的角度讲,订单处理方式与流程一般分为以下几种情况。

(一)一般订单或现销式订单

这种方式即零售店的客户订单与商品交货同时发生。如便利商店或连锁超市等,客户在卖场选购完毕,即会到收银台结账,这时对于零售店来说,接受订单、交货、收取货款一并完成。商店在出售商品后,出售信息应及时反馈给信息系统,每日盘点时应核对订单与库存情况。此种方式对出入库货品的检查、核对非常重要。

订单库存 = 原库存 − 订单总数

订单总数 = 已订未交 + 已交商品 + 退购 + 遗失

(二)合约式订单或寄存式订单

这种方式即零售店的客户订单先于交货和付款进行。合约式订单到约定的送货日时,该笔业务的资料将输入系统处理一般出货配送;或在最初便输入合约内容的订货资料,并设定各批次的送货时间,以便在约定日期系统自动产生需要送货的订单资料。当客户要求配送寄存商品时,系统应核实客户是否有此项物品寄存,若有,则进行此项物品的出库作业,并且相应扣除该物品的库存量。而物品的交易价格是依据客户当初订购时所定的单价来计算。

如销售汽车的 4S 店,客户往往根据样车选购好自己想要购买的车型后即支付订金,4S 店将订单传递给生产厂家,厂家如有现货即将现货发往 4S 店,而有些生产厂家是根据订单拉动生产的,那么要待厂家生产完毕才能将车辆送往 4S 店,这时客户才能到店提车。这个过程即考验零售店的订单处理能力,同时也考验生产企业的订单处理能力。有些定制商品的订单也是这样处理的。此类订单处理流程如图 2−3 所示。

零售店一般按照全年的销售计划,作为零售商订货及订单的依据,常规商品订单需收订金的要符合订金金额,零售商每日汇总订单后,应在当日输入信息管理系统,订单的准确率可作为员工考核依据,以保证各种信息数据的准确性。零售商按订单依约交货,交货必须依据"先定先交"原则处理,并及时反馈客户信息至信息系统。

在这一连串的订单处理作业里,订单是否有异动、订单进度是

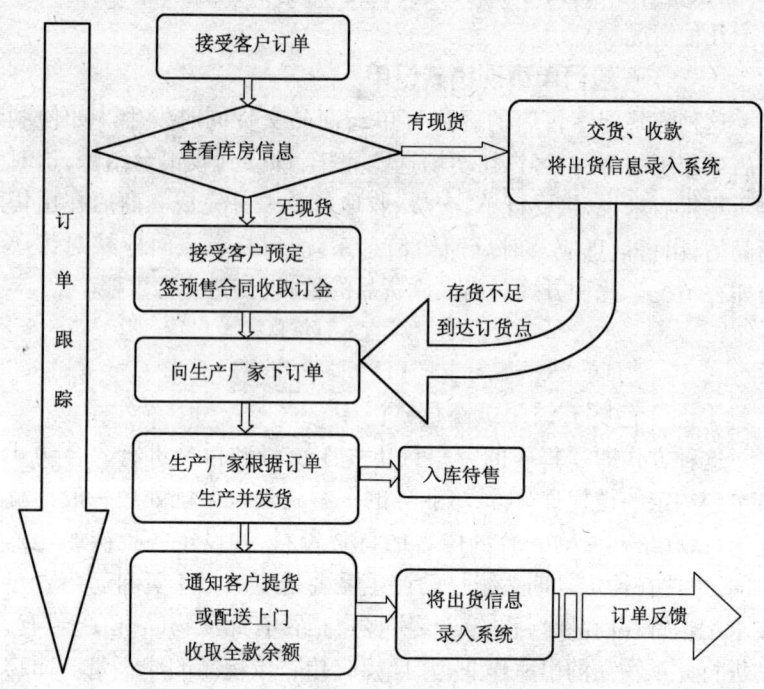

图2-3 零售企业订单处理流程图

否如期进行亦是订单处理范围,即使配送出货,订单处理并未结束,其配送时的订单异动,如客户拒收、配送错误等,将这些异动状况处理完毕确定实际的配送内容,则订单处理才算结束。

(三)预约订单

预约订单即客户订单尚未发生,根据市场状况预测及库存情况需向供应商订货。如,季节性商品在没有到达销售期及没有客户订购的时候,相关零售店就需要预测市场需求,向供应商提前订货。

(四)间接订单

接单后,将客户的出货资料传给供应商,由供应商负责按订单出货,当今很多网上零售店采取这样的订单处理方式。其中需要注意的是,客户的送货单是自行制作或委托供应商制作的,零售企业管理信息系统要记录所有相关单据的信息。其流程如图2-4所示。

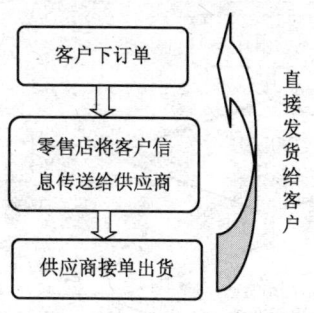

图 2-4　间接订单处理流程

(五) 兑换券订单

将客户兑换券的商品配送给客户时,系统应该核查客户是否确实有此兑换券回收资料,若有,依据兑换券的商品及兑换条件予以出货,并应扣除客户的兑换券回收资料。

(六) 订单异动

如客户退订、客户增订、拣货时发生缺货,配送前发生缺货,送货时客户拒收或短缺等。其处理方式有以下几种。

1. 退订

当发生客户退订时,应首先由客服人员了解退订原因,作挽回订单的努力,如是商品本身质量问题,应为客户更换商品,如无法获得客户谅解仍需致谢。现在很多大型零售卖场都可以向客户承诺出售商品 15 天内没有使用和破坏的,可以无条件退换货,这是取得客户信任和忠诚度的有效方法。退订回店的商品应做全面检查,如无法再销售应退回厂家或做残次品销毁,如可以继续销售,应发回库房并录入信息系统。其流程如图 2-5 所示。

2. 增订

当客户在原订单基础上增订时,特别是预售订单或网上零售的订单,零售店应立即合并前后两订单,通知库房或物流中心在分拣和配送时合并拣货、配送,这样可以有效节约物流成本。

3. 缺货

在拣货和配送前发生缺货时,应及时将缺货信息录入信息系

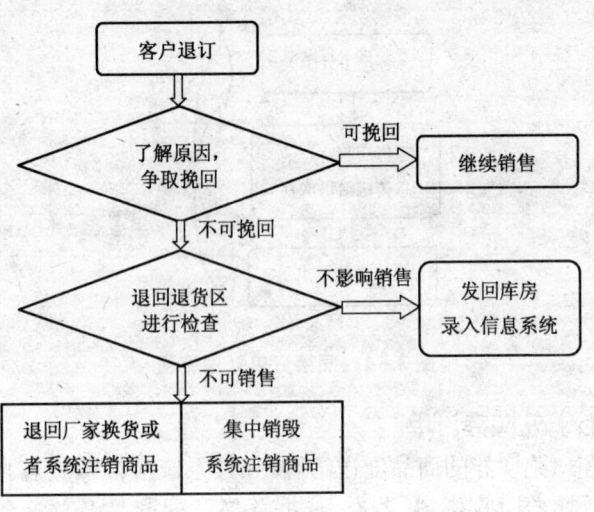

图2-5 退订订单处理流程

统,然后立即向供货商补订商品,并告知客户,争取最快速度履行订单。在配送至客户处发现缺货时,应首先取得客户谅解,然后将缺货信息发回库房核查商品是否有存货,如有存货应立即发给客户,如没有也应立即向厂商订货。对于零售企业来说,应尽量避免发生缺货,缺货会给企业带来经营成本的上升,如增加紧急订货的订货费、二次配送的配送成本等。因此,零售企业应提前做好核查库存和订单的工作,一方面及时对库存不足的货品补货,另一方面在履行订单时要严谨认真。

第四节 零售业采购物流与订单处理综合实训

任务一 零售业采购物流管理实训

【任务引入】

小张联合他的同学们结成团队申请在学院开一家便利店,经过前期的调研和向院方申请,终于获得院方批准在学生宿舍区开一家以学生勤工助学和社会实践为目的的便利店,小店经过精心的布置后很快要开张了,前期调研的结果将他们出售的商品锁定在学生生活和学习用品方面,生活用品包括生活日用品和娱乐消费品,学习用品包括文具和学习资料书籍等。

你能否也结成团队为小张他们拟一个采购方案。

【知识要点】

卡拉杰克模型

1. 卡拉杰克模型简介

卡拉杰克矩阵(Kraljic Matrix)最早由彼得·卡拉杰克将此组合概念引入采购领域。该矩阵被用做公司采购组合的分析工具。如图 2-6 所示。

图 2-6 卡拉杰克矩阵(Purchasing Portfolio Management)

收益影响(Profit Impact):包括采购项目对产品增值、原材料在总成本所占比例及产品收益等方面的战略影响。

供应风险(Supply Risk):包括供应市场的复杂性、技术创新及原材料更替的步伐、市场进入的门槛、物流成本及复杂性以及供给垄断或短缺等市场条件。

据此,卡拉杰克模型将采购项目分为以下四个类别。

(1)杠杆项目(Leverage Items)。所谓杠杆项目就是可选供应商较多、能够为下游企业带来较高利润的采购项目。替换供应商较为容易。具有标准化的产品质量标准。

买卖双方地位:买方主动,相互依赖性一般。

采购战略推荐:采购招标,供应商选择,目标定价,与首选供应商达成一揽子协议,最后按正常供应程序执行、处理分订单(Call-Off Order)。

(2)战略项目(Strategic Items)。所谓战略项目就是对下游企业的产品或生产流程至关重要的采购项目。这些项目往往由于供给稀缺或运输困难而具有较高的供应风险。

买卖双方地位:力量均衡,相互依赖性较高。

采购战略推荐:战略联盟,紧密联系,供应商尽早介入,共同创造,并充分考虑垂直整合,关注长期价值。

(3)非关键性项目(Non-Critical Items)。所谓非关键性项目就是指供给丰富、采购容易、财务影响较低的采购项目,具有标准化的产品质量标准。

买卖双方地位:力量均衡,相互依赖性较低。

采购战略推荐:通过提高产品标准和改进生产流程,减少对此类项目的采购投入。

(4)瓶颈项目(Bottleneck Items)。所谓瓶颈项目就是指只能由某一特定供应商提供、运输不便、财务影响较低的采购项目。

买卖双方地位:卖方主动,相互依赖性一般。

采购战略推荐:数量保险合同,供应商管理库存,确保额外库存,寻找潜在供应商。

2. 卡拉杰克模型应用的步骤

(1)采购组合分析准备。

(2)确定收益影响及供应风险的具体原则。

(3)决定采购组合分析的层次(分析深入至单体项目,还是以组为单位进行;分析是以部门、事业单元还是公司整体为单位进行)。

(4)将掌握的数据信息输入卡拉杰克矩阵。

(5) 对结果进行分析讨论。
(6) 为矩阵各象限制定采购战略和执行措施。
(7) 战略执行和监督。

3. 卡拉杰克模型的运用

卡拉杰克模型可以应用于采购组合分析,促使采购部门关注最为重要的采购项目以及外包非关键性项目及杠杆项目。

【任务实施】

采购方案的制订应包含采购计划、供应商、采购方式和采购策略的选择等。实施此任务时可以首先填写下列表格(见表2-6)。将基本的采购框架搭建完毕。

表 2-6

序号	采购商品	采购数量	采购标准	采购周期	采购方式	供应商
1						
2						
3						

采购商品的确定可以通过调查,在生活用品和学习用品中需求比较集中的如日用品和文具中等进行选择,同时也可以将一些需求不集中但是利润较丰厚的商品列入采购计划试探市场反应。

采购数量应在市场需求、订货成本、供货成本间进行权衡。

采购标准是对于有特殊标准要求的商品列出标准内容,如奶制品应符合我国乳品安全标准,电器产品应有 CCC 认证等。

采购周期是按照商品的保质期或使用期限以及观测市场和其他便利商店的销售周期初步拟定的,在正式销售中还会不断调整。

采购方式是根据商品的类别和特征,确定采购是国内采购还是国外采购,是直接采购、间接采购、委托采购还是联合采购,是购销方式采购还是代销方式采购,是询价采购、比价或议价采购还是公开市场采购等等。

供应商的选择应经过询价和调查最终确定,在此可提出供应商

遴选和确定的方法。

需要注意的是,在开店前要采购的不仅仅是销售商品,还有经营中需使用的收银机、零售经营的信息系统、用于仓库保管的条形码设备和搬运设备等,这些物品设备的采购也应列入采购计划。

请各小组根据上述提示制定采购方案,并进行竞标式汇报,由任课教师进行点评。

【技能拓展】

请通过电话、实地调研或网络等方式进行采购商品和设备的询价工作,并进行采购成本核算。在此应注意,采购成本应包括显性成本和隐形成本,显性成本包括采购价格、直接交易成本、供应商关系成本、运输成本、质量成本、运营和物流成本、库存持有成本和订货费等。

任务二 零售业大客户订单处理实训

【任务引入】

经过第一阶段的策划和实施,小张团队的小店开张了,并经营得很好,现在小张团队接到一个大订单,就是在即将到来的圣诞节前,物流管理系的师生们订购600套圣诞老人帽子和手套,以及1000件圣诞画贴和铃铛,用于圣诞化装舞会。在接到这个大订单后,小张感到非常兴奋,但面临的问题是,小店开业后还没有销售过季节性商品,而他们也正打算以此为契机尝试在各类节日和纪念日销售一些季节性商品,如何处理好这个订单可以为以后的季节性销售积累经验、奠定基础,那么如何在有限的时间内采购到足量的商品,同时又能保证商品的品质和合理的价格是他们面临的首要问题。

请你的团队为小张出谋划策,找出实施这个任务的难点及解决办法。

【知识要点】

1. 采购信息收集方法

采购信息收集方法见表2-7。

表2-7 采购信息收集方法说明表

方法	使用说明
观察法	通过观察所购买物品的市场供应状况、竞争状况和供应商对市场变化的反应来收集所需要的信息
询问法	以调查员的身份询问供应商采购物品的价格、品种、规格以及市场对采购物品的反应来收集信息
调查法	通过对所购买物品所属产业、供应商、营销渠道以及购买者的调查来收集有关信息
交谈法	与供应商、营销渠道成员以及同类物品购买者进行针对性交谈,了解所需要的信息
第二手资料法	通过收集所购买物品、供应商、市场发展状况、竞争状况、历史销售业绩等的相关资料了解所需要的信息

2. 订单处理常用表格示范

在处理采购订单的时候可以使用信息系统处理订单数据信息,同时也可记录一些每日台账表格,使订单信息更加直观,处理起来也更简单方便。

(1)询价单。询价单见表2-8。

表2-8 询价单

项次	品名	规格	单位	数量	单价	总价	现货或最早交货期限	厂牌	交货地点	备注

(2)采购比较表。采购比较表见表2-9。

表2-9 采购比较表

编号:　　　　　　　　　　　　　　　　　　　　日期:　年　月　日

供应厂商	品名	本月			上月			备注
		单价	数量	金额	单价	数量	金额	

(3)订购单。订购单见表2-10。

表2-10 订购单

供应商名称:　　　　　　　订单号码:　　　　　订购日期:　年　月　日

物料编号	品名	规格	单位	数量	单价	总价
厂商签章		经理		采购部长		采购员

(4)订单确认表。订单确认表如表2-11所示。

表2-11 订单确认表

合同单位		联系方式			
合同方式		记录人		日期	
订单内容	(品名、规格、质量要求、数量及其他要求):				

续表

合同单位		联系方式				
合同方式		记录人		日期		
评审结论						
客户确认	联系人：		地址：			
	电话：		传真：	邮编：		日期：

(5) 进货单。进货单如表2-12所示。

表2-12 进货单

进货单号		进货日期		供应商			
商品名称	编号/规格	单价	数量	折扣	金额	账户类型	

(6) 采购管理月报表。采购管理月报表见表2-13。

表2-13 采购管理月报表

编号： 　　　　　　　　　　　　　　　　　　　　　月份：

日期	预定					实际							
	请购部门	品名	数量	单价	总价	订购日期	传票编号	数量	单价	金额	交货期	检验结果	采购处	付款	备注

(7) 采购进度控制表。采购进度控制表见表2-14。

表2-14 采购进度控制表

请购日期	请购单号	厂商名称	负责人	电话	订购				付款条件	需要日期	交货记录
					日期	数量	单价	总价			

(8) 零售物流信息系统中的采购单与进货单。零售物流信息系统中的采购单与进货单如图2-7、图2-8所示。

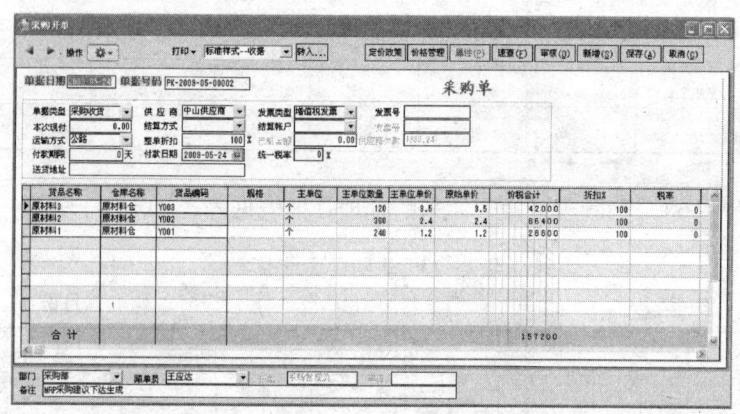

图2-7 零售物流信息系统中的采购单

【任务实施】

可以说,零售企业获得大客户订单比处理大客户订单更困难,当已经取得大客户订单时就意味着效益的增加、业绩的拓展。大客户对于企业来说是ABC管理中的A类资源,应重点处理,针对本案例,大客户订单的处理主要面临几大问题:一是供货商的确定;二是采购订货的谈判;三是货品物流问题。

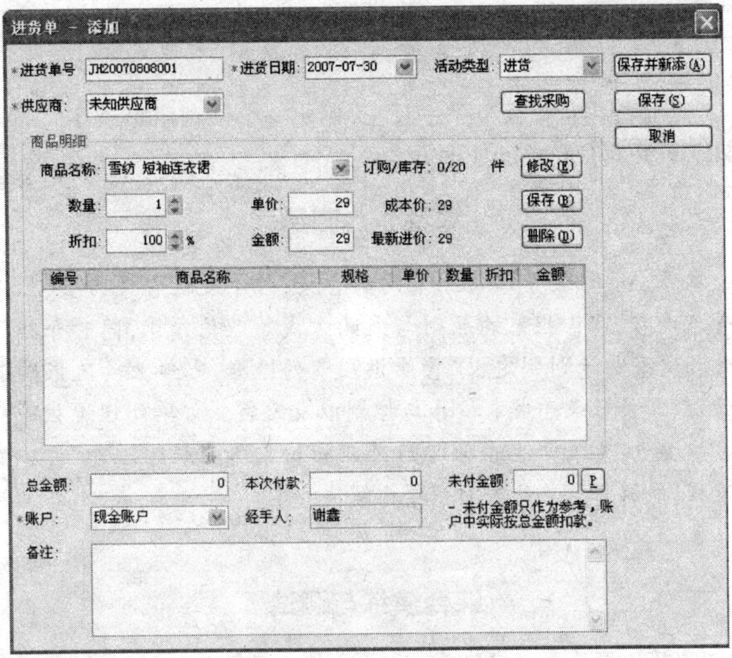

图2-8 零售物流信息系统中的进货单

供货商的选择应根据市场反应寻找合适的供货商,在网络发达的现在,供货商的联络信息十分好找,但是要找到一个适于合作的并不容易,请各团队根据本章第二节第二点的知识内容对供货商的选择制定一个小的方案和标准,并在班级进行介绍和讨论。

由于本任务订单是预订式的订单,因此订单处理流程类似图2-3所示。所不同的是,由于是第一次订货,涉及订货条款的谈判问题,谈判方式和策略可参照本章第二节第三点的知识内容。

在向供货商下订单前应先询问大订单是否有额外折扣或订货费方面的优惠,同时还应处理好货品配送的问题,由于本次采购是一类商品的集中采购,运输也是批量运输,到货后还会短暂入库储存,这类问题要有具体的规划,并尽量争取供货商送货,并卸货到门,这样入库问题就变得比较容易了。

【技能拓展】

（1）根据本任务和知识要点，修订一套适用本便利店的采购、订货及进货用表格。

（2）请根据这个任务举一反三，制定一个便利店季节性商品采购和大客户紧急订单的处理方案。

本章要点归纳

本章主要讲述了零售业采购的含义、订单处理含义与类型、采购管理内容、零售业采购原则与采购方式等理论知识，同时介绍了零售物流采购计划制定、零售业供应商的选择、零售业物流采购流程管理、零售业采购成本核算与控制以及零售业订单处理流程等一些技能要点，要求学生在学习后可以模拟零售业采购活动，订单处理流程，能够对订单处理问题提出解决方案。

综合演练与测试

一、简答题

1. 采购管理的内容。
2. 零售企业商品采购管理的具体内容。
3. 按采购进行的方式如何对采购进行分类。
4. 什么是招标采购？
5. 供应商管理的指标体系包括什么内容？
6. 零售业采购成本的构成是什么？
7. 零售企业采购成本的影响因素包括哪些？
8. 零售业采购的控制考核指标有哪些？
9. 订单处理的内容是什么？
10. 零售业订单处理的关键问题有哪些？

二、综合演练

演练目的：

了解零售店在经营过程中如何根据市场状况和销售情况制定和调整采购计划。

演练内容：

实地调研，以小组为单位到当地不同类型的零售店，如便利店、超市、药店、汽车4S店或网上零售店等进行实地调研，了解其采购计划如何确定，以及如何调整采购商品品种和数量。

演练成果：

以一类零售店为例，将其采购计划制定及调整方案撰写成调研报告。

第三章 零售物流配送管理

【知识目标】
了解零售业物流配送模式
理解物流配送功能
理解零售业物流联盟的模式

【技能目标】
能够为特定零售业态制定配送模式和配送方法

【引导案例】

天惠超市的配送模式和方法

无锡天惠超市股份有限公司是朝阳集团战略框架的有机组成部分,是彰显"基地+市场+连锁超市+保险"朝阳模式功能的农产品流通终端"窗口",是商务部"万村千乡市场工程"、"双百市场工程"和市政府"百千万连锁放心工程"试点企业。超市是以蔬菜、水果等生鲜食品经营为主要特色的股份制连锁超市公司,确立了以放心生鲜食品为主题的"天惠超市,天天实惠,天惠食品,天天放心"的企业口号。

天惠超市积极探索和实践"从田头到餐桌"的全程质量安全监管模式和放心农产品经营保障模式,充分发挥"丰富供应、传送放心、平抑价格、实惠百姓"的作用,已成为市政府"放心工程"和"菜篮子工程"中越来越重要的载体。所有门店全部与朝阳集团公司配送中心的电脑联网,实行商品单品管理。近年来,天惠超市的网点和效益均保持良好的发展势头,居无锡连锁超市行业之首。

无锡天惠超市从业态、商品的销售种类、店铺选址、配送模式、配送频率等方面等呈现出一定的特点,如表3-1所示。

表 3-1

主要业态	便利店、直营店
遍布地区	江苏无锡、常州
店铺个数	64
店铺平均面积	800 平方米
商品总数和组合	2 万种商品,更换效率高,75% 蔬菜水果类 95% 食品
店铺选址	在消费者日常生活行动范围内分区域集中设店
配送模式	集团总部统一配送,超市没有独立权
配送中心	无锡 2 万平方米
配送中心辐射半径	40 000 多平方米一个配送中心
配送频率	每日一次(鲜活产品每日两次)
配送中心信息系统	HDPOS 管理系统
配送中心信息化程度	80% 人工操作
财务核算	各门店独立核算

阅读案例并思考:

1. 根据案例介绍,总结该零售企业的特点有哪些,提出改进意见。
2. 在所处地区内,你知道有哪些企业与其类似?

第一节 零售物流配送概述

一、物流配送的含义与功能要素

(一)物流配送的含义

物流配送处于物流末端的运输,具有提高物流经济效益、优化、完善物流系统,改善和提高服务,降低成本的功能,在物流系统中占有重要的地位。所谓配送,在实施过程中包括"配"和"送"两个方面的活动,"配"是对货物进行集中、分拣和组配,"送"是以各种不同的方式将货物送达至指定地点或用户手中。

配送与传统运输有很大不同,主要归纳为以下几点:

第一,配送不只是送货,也不是生产企业推销产品时直接从事的销售性送货,而是从物流结点至用户的一种特殊送货形式。这种特殊主要表现在:从事送货行为的是流通企业;属于"中转"型的送货模式;配送对象以客户需求为导向,需要什么送什么。

第二,配送不是一般的运输和输送,而是运输与其他活动共同构成的结合体。虽然整个过程也是以运输为主,但是它处于"二次运输"、"支线运输"、"末端运输"的位置,也就是直接面对用户的行为。

第三,配送不是供应和供给,它不是概念上的物资分配供应,而是以供应者送货到用户的形式,进行"门到门"的服务。

第四,配送不是消极地送货发货,而是在全面配货的基础上,充分按照用户的要求进行服务,它是将"配"和"送"有机结合起来,完成用户要求的数量、品种、时间的分货、配货和配装等工作。

第五,配送是一项有计划的活动,以满足客户预定的需要而进行的有计划送货活动。

(二) 物流配送的功能要素

物流配送是根据客户的订货要求,在配送中心或物流结点进行货物的集结和组配,以最适合的方式将货物送达客户的全过程。物流配送功能要素主要包括以下几点。

1. 集货

集货是将分散的或小批量的物品集中起来,以便进行运输、配送作业。集货是配送活动的准备工作或基础性工作,主要完成制订进货计划、组织货源、储存保管等基本业务。

2. 分拣

分拣是将物品按品名、规格、出入库先后顺序分门别类进行作业。它不同于配送过程中的其他功能,是一项支持性工作,具有完善与提升配送水平的作用。

3. 配货

配货是指使用各种拣选设备和传输装置,将存放的物品按客户的要求分拣出来,配备齐全并进行必要的组合和集合,送入指定发货区。它与分拣作业不可分割,二者一起构成了一项完整的作业。

4. 配装

在单个客户配送数量不能达到有效运载负荷时,就存在如何集中不同客户的配送货物,进行搭配装载以便充分利用运能、运力的问题,这就需要配装。配装大大提高送货水平降低送货成本,减少了运次并缓解了交通压力,降低了空气污染,所以它是配送系统中具有现代功能特色的要素。

5. 配送运输

配送运输属于运输中的末端运输、支线运输,它是较短距离、较高频度的运输形式,一般使用中小型汽车作为运输工具。

6. 送达服务

将配好的货物不仅运输到客户,还要圆满实现运到之后的货物移交,并有效地、方便地处理相关手续,完成结算。

7. 配送加工

配送加工是流通加工的一种,是按照客户的要求所进行的流通加工,主要完成用户要求的简单组装、分装、贴标、包装等加工活动,有时是为提高配送效率而进行的加工。

二、零售物流配送模式比较

零售企业配送模式分为自营配送模式、供应商配送模式、共同配送模式和第三方配送模式,这四种模式的比较如表3-2所示。

表3-2

模式	内容	优点	缺点	适用范围
自营配送模式	企业物流配送的各个环节由企业本身筹建并组织管理,实现对企业内部和外部货物配送的模式	便于各环节的协调配合,加强了零售商在整个供应链上的主导地位;能够更为迅速地响应各连锁店铺的需求,提高顾客服务质量,可以降低交易成本,减少交易费用;采取此模式可以避免商业秘密外泄	企业须有强大的资金实力和规模支持,否则容易造成资源配置不合理,忙闲不均等现象	适用于那些实力比较强、资金比较雄厚,已达到一定规模的零售企业,例如零售业巨头沃尔玛

续表

模式	内容	优点	缺点	适用范围
供应商配送模式	由供应商直接进行商品配送，各连锁门店向供应商发出订单，由供应商直接将零售企业采购的商品在指定的时间范围内送到各个门店甚至货架的一种方式	送货快速、方便，便于逆向物流，可大大降低连锁企业成本和运作的复杂性，有助于企业集中精力做自己的主营业务	配送对店铺的响应速度不仅受到供应商物流服务能力的限制，还依赖于店铺和供应商信息交流的效率高低。同时，采用这个模式需要一个前提，即连锁门店与众多供应商同处于一个城市或一个经济区域	主要适用于店铺规模大、采购规模大的大卖场和综合超市。比如法国的家乐福超市等
共同配送模式	多家零售企业为实现整体的物流配送合理化，以互惠互利为原则，对不同商品优化组合后进行配送	可以对零售企业、物流企业的功能和设施设备、信息、网络等资源进行整合，实现物流资源的优化配置；可以减轻连锁零售企业的投资负担，基于自身主营业务的比较优势，在供应链上选择最适合自身、能使自己获得最大价值的业务环节，节约了资源投入，同时提升了企业的核心竞争力，促进企业成长；可以通过混合装载，将多家企业的零散货物整合成一次性运输，优化配送路线，达到配送的经济规模，提高物流作业效率，降低企业的运营成本	当共同配送模式中的合作企业经营情况发生变化时，共同配送的实施，特别是商品的优化组织配送方案会因此处于波动状态	适合于经营状况稳定良好，经营水平相似的零售企业合作实施

续表

模式	内容	优点	缺点	适用范围
第三方物流配送模式	连锁零售企业将其物流配送业务部分或全部委托给专业的物流企业来运营的一种运作模式	使用第三方物流可以使连锁零售企业减少固定资产投资,规避经营风险,集中于核心业务,提高核心竞争力;第三方物流借助自身优势,降低物流复杂性,有效解决零售企业物流配送时间和空间上管理的难度;第三方物流能够降低企业物流成本,减少企业间的交易成本	要实现零售企业与第三方物流企业信息对接的零距离和零时差较大,配送信息传递容易滞后导致缺货等现象发生	适用于能长期战略合作的零售企业与第三方物流企业,特别是可以在零售企业与第三方企业间建立资源和数据共享的物流信息系统的企业间实施

三、零售物流配送结构模式

零售企业直接面向客户的配送业务,主要根据客户订单内容进行统一安排配送工作。配送的结构模式基本分为两种。

(一)商流、物流一体化的配送模式

这种配送结构模式又称为配销模式,其模型结构图如3-1所示。

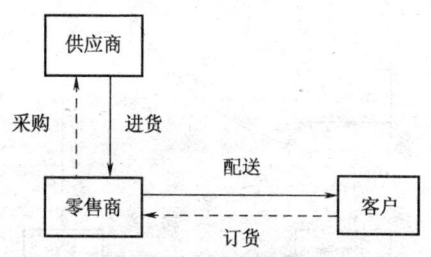

图3-1 商流、物流一体化的配送模式

这种配送模式下,配送的主体是零售商,也可以是零售商的专

门配送机构。零售商不仅参与物流过程同时还参与商流过程,而且将"送货"服务作为其商流活动的一种手段和策略,在此基础上向客户提供高水平的配送服务。其主要经营行为是商品销售,配送是实现其营销策略的具体实施手段,主要目的是通过提供高水平的配送服务来促进商品销售和提高市场占有率。在我国物流实践中,许多零售商城在销售大件商品过程中,经常采用这种配送模式。

商流、物流一体化的配送模式对于零售商来说,由于直接组织货源及商品销售,因而配送活动中能够形成资源优势,扩大业务范围和服务对象,同时也便于向客户提供特殊的物流服务,满足客户不同需求。但这种模式对于零售商的要求较高,需要大量的资金和管理技术的支持。

(二)商流、物流相分离的配送模式

商流、物流相分离的配送模式如图3-2所示,这种模式下,零售商在交易中仅参与商流的过程,而将物流过程交由供应商自行完成配送工作。供应商接到零售商的出库指令后,则会安排分拣、配装、送货等作业,并根据零售商的客户信息送到指定地点,完成客户的送达安装服务。该过程中,零售商完成了供应商与客户间的商流和信息流的交流,而供应商完成了物流过程,形成了商流与物流相分离的配送模式。在我国许多中小型零售店面,由于资金有限,管理水平不高,仅能完成销售环节,因此适宜采用这种模式完成送货的活动。

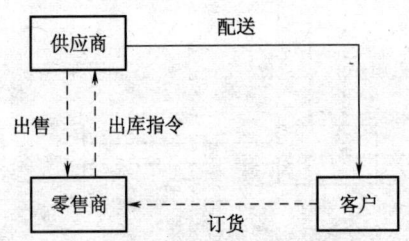

图3-2 商流、物流相分离的配送模式

第二节 零售物流配送中心

一、零售物流配送中心的功能与作用

零售物流配送中心就是从事零售店面配送业务的物流场所和组织,它主要面向特定的客户服务。零售物流配送中心配送功能健全,有完善的网络系统,辐射范围小,完成小批量、多品种的运作能力强,以配送为主,储存为辅,能完成特定零售连锁店面的各商品的派送业务。

(一)配送中心的功能

配送中心是集加工、理货、送货等多种职能于一体的物流结点。也可以说,配送中心是集货中心、分货中心、加工中心功能的综合。因此,配送中心具有以下一些功能。

1. 存储功能

配送中心的服务对象是生产企业和商业网点,如连锁店和超市,其主要职能就是按照用户的要求及时将各种配装好的货物送交到用户手中,满足生产的需要和消费需要。为了顺利有序地完成向用户配送商品(或货物)的任务,通常配送中心都建有现代化的仓储设备,如仓库、堆场等,存储一定量的商品,形成对配送的资源保障。

2. 分拣功能

作为物流结点的配送中心,其客户是为数众多的企业或零售商。这些众多的客户之间存在着很大的差异,它们不仅经营性质、产业性质不同,而且经营规模和经营管理水平也不一样。面对这样一个复杂的用户群,为满足不同用户的不同需求,有效组织配送活动,配送中心必须采取适当的方式对组织来的货物进行分拣,然后按照配送计划组织配货和分装。强大的分拣能力是配送中心实现客户需要的基础,是配送中心重要功能之一。

3. 集散功能

在一个大的物流系统中,配送中心凭借其特殊的地位和其拥有的各种先进设备、完善的物流管理信息系统能够将分散在各个生产企业的产品集中在一起,通过分拣、配货、配装等环节向多家用户进

行发送。同时,配送中心也可以把各个用户所需要的多种货物有效地组合或配装在一起,形成经济、合理的批量,来实现高效率、低成本的商品流通。

4. 流通加工功能

配送加工可以大大提高客户的满意程度,是根据客户对商品的特殊需要而产生的加工作业。

5. 信息处理功能

配送中心连接着物流干线运输和配送,直接面对产品的供需双方,因而不仅是实物的连接,更重要的是信息的传递和处理,包括在配送中心的信息生成和交换。

(二)配送中心的作用

零售商业领域建立和发展自己的配送中心,是零售门店经营的客观需要,配送中心的根本作用在于通过高度集中的采购与配送行为,使流通规模扩大,实现理想的经济效益。具体来说,零售配送中心有以下几点作用。

1. 实现配送作业的经济规模,使流通费用降低

零售店经营商品具有品种繁杂、批量小的特点。零售配送中心统一进货,能够集中汇总商品的规格、品种、质量,实现批量购入得到价格优惠。同时,面对零散的订购需求,零售配送中心集中统一送货,选择经济合理的运输方式和运输路线,可以降低商品损耗。货物统一检验,对商品编号入库,减少了各门店的采购、检验、入库费用,从而促进物流成本的降低。随着进货量的增加,物流的规模效益将更加突出。

2. 减少零售店面库存,加快商品周转

在"工厂——批发——零售"这种传统流通过程中,零售商基本上不可能从一个批发商那里得到所有需要的商品,批发商的所有商品也并不仅供零售商。由于批发商和零售商分别处于两个系统,信息交流不通畅,致使商品流通会出现时滞,影响流通速度。而零售专业配送中心和相关门店属于一个系统,商品的储存和运输功能都由专业配送中心承担,零售门店只需根据销售情况向零售配送中心提出要货计划,就可保证商品的供应及时、适销,也因此使零售门店

的库存量很小,商品的周转速度大大加快。

3. 促进业务的发展和扩散

批发仓库通常需要零售商亲自上门采购,而零售配送中心解除了门店的后顾之忧,使其专心于店面的销售额和利润的成长,不断开发外部市场、拓展业务。

4. 加强了零售门店与供方的关系

零售门店的大批量进货,可使店面得到价格折扣;零售门店销售网络庞大,进货量大,对供方举足轻重。因此,两者易于结成利益共同体,保证长期、稳定的合作关系。更为重要的是,零售门店还从供方手中取得了对产品制造的影响力,即门店有足够的影响力向供方表明以某种价格供应某类商品,或者提出产品设计的方案。

二、零售物流配送中心的类型

零售行业的赢利模式是零售企业根据对消费者需求的准确把握,将优质、价廉的商品批量采购并通过企业的物流系统、销售终端提供给消费者,供其选择,消费者为这种服务支付相应费用。因此,零售行业本质是以其广泛、专业的商品知识,庞大的采购、物流、销售、服务体系,帮助消费者从成百上千种同类商品中选择能够满足特定消费需要的商品。零售企业需要建立一个高效的物流管理体系,从整体供应链角度来分析整个服务过程,提高效率,降低成本。那么,零售配送中心的合理利用是不可或缺的,并日益成为零售企业供应链中一个关键环节。

零售配送中心按照形态定位,可分为常温物流配送中心及生鲜加工配送中心;按照功能可细分为在库型(DC 型)、通过型(TC 型)和复合型(DC + TC 型),具体见表 3 - 3。

表 3 - 3　零售配送中心的分类

	在库型(DC 型)	通过型(TC 型)	复合型(DC + TC 型)
进货形态	所有商品在库补充	所有商品按店铺拣货完毕	A 类商品在库补充其他商品拣货完毕
在库	ABC 所有商品在库	无在库	只有 A 类商品在库

续表

	在库型(DC型)	通过型(TC型)	复合型(DC+TC型)
拣货	所有商品拣选	无拣选	所有商品按通道拣选
分拣和集货	所有商品按店铺拣选	所有商品按店铺分拣、集货	A类商品按店铺、通道分拣 其他商品按店铺分拣
处理品种数	品种数需要控制（10 000以下）	品种数多（10 000~20 000）	品种数多（20 000以上）
日配品(生鲜品)	不能处理	可以处理	可以处理
交货精度(验货)	有验货、精度高	依赖交货者	有验货、精度高

三、零售物流配送中心的建设与管理

由于处于起步阶段，我国的零售企业不论规模大小，大部分还都停留在探索建设自己的配送中心的层面上，发展过程中暴露出不少问题。

（一）配送效率低下

我国零售企业的配送中心有很多都是由原来的仓库改建而成，或者只是换了个名字，缺乏与物流运作配套的技术与管理。目前，没有一家零售企业的配送中心能够对零售门店经营的商品达到100%的配送，平均配送效率只有60%~70%，且这一配送效率仅局限于中心城市或某一个地区，如果市场范围扩大，其配送效率会明显降低。而发达国家无论在什么情况下其配送效率一般都在80%~90%，足见差距所在。

零售企业建立配送中心的目的就是要通过提高配送水平来降低整个系统的物流总成本，实现销售利润的最大化。因而，它不是传统的仓库和运输方式所能实现的。不能实现统一配送就意味着没有统一进货，不能统一进货就没有了零售门店经营坚实的根基。许多零售企业还没有系统的经营理念，给零售门店的经营也带来不利影响。

（二）硬件设施落后、自动化水平偏低

我国零售企业配送中心在仓库、车辆、装卸搬运设备等方面投

入明显不足,导致物流配送作业仍以人工操作为主,运作效率很低,既影响了配送质量,又影响了配送速度。但是要改造现有的硬件设施,建立自动化的物流配送体系成本过高,投资周期较长,因此,我国零售企业配送的自动化水平偏低。随着高科技的发展,国外的零售企业配送中心普遍采用了机械化和自动化作业,装卸搬运由吊车、电动叉车和传送带完成,设有高层货架的立体仓库,充分利用储存空间。而且各种先进的电子信息系统也分别应用于配送中心的各个方面。

（三）经营理念落后,缺乏有效的合作机制

多数零售企业宁可增加投入成本,构建自己完善的物流配送体系,也不愿与其他同行合作。我国大型连锁零售企业一般都建有自己的配送中心,专门负责为门店进行商品配送,有些建立的配送中心离供应商的配送中心只有几百米的距离,造成了商品的重复装卸运输、运输成本增加。

三、零售物流配送中心的流程与作业管理

（一）零售物流配送中心的流程

零售物流配送中心的作业流程具体来说包括订单处理、采购进货、库存管理、补货拣货、流通加工和出库配送等环节,如图3－3所示。

（二）零售物流配送中心的作业管理

零售物流配送中心的作业管理系统通常包括进货作业、搬运作业、储存作业、盘点作业、订单处理作业、拣选作业、补货作业、出货作业和配送作业等九项作业,即从采购货物开始到货物上架以及从接到客户订单到将货物送到顾客手中之间的所有作业。零售企业的配送中心作业管理系统十分复杂,可将其流程概括为进货、储存和配送三大部分。

1. 进货

零售企业配送中心进货主要包括订货、接货、验收入库三个环节。

（1）订货。配送中心收到和汇总零售企业的订单后,首先要确

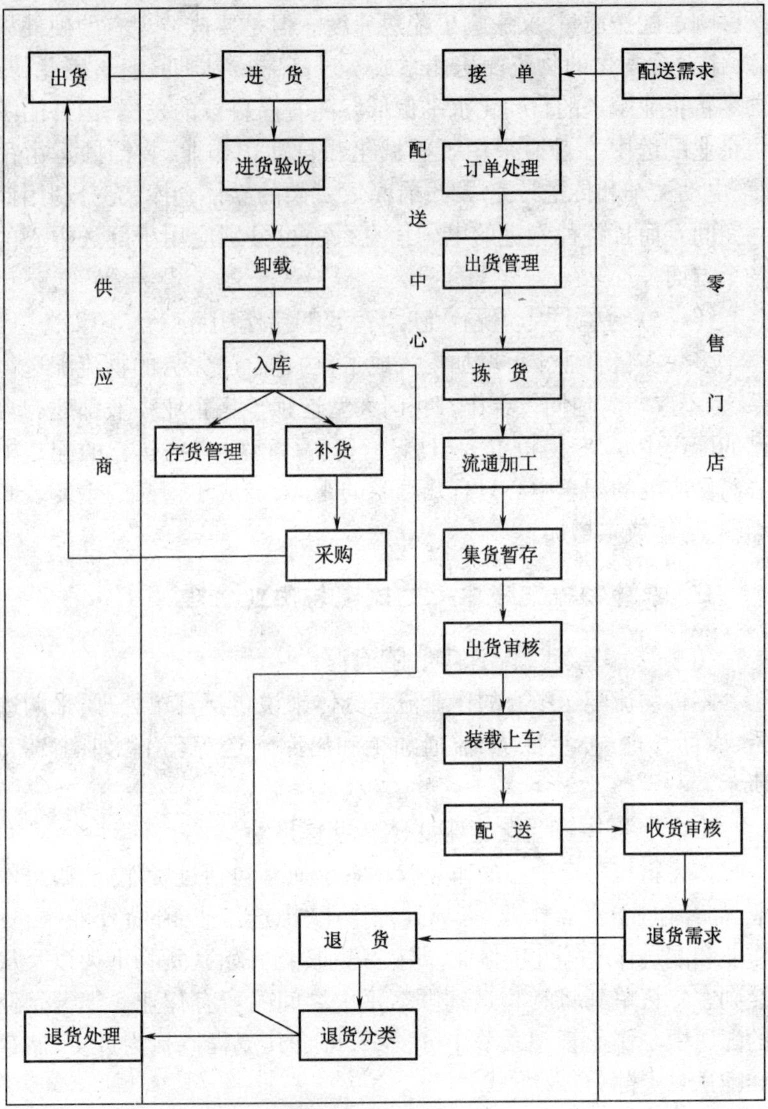

图 3-3 配送中心作业流程

定配送商品的种类和数量,然后查询现有存货数量是否满足配送需要。如果存货数量低于某一水平,则必须向供货商发出订单、进行订货。配送中心也可以根据需求情况提前订货,以备发货。

(2)接货。当供货商(生产企业)接到配送中心或用户发出的订单后,会根据订单的要求组织供货,配送中心则必须及时组织人力、物力接收货物,有时还必须到站(港)、码头接运货物。

(3)验收入库。当所订货物到达配送中心,即由配送中心负责对货物进行验收,验收的内容包括商品条形码、质量、数量、包装等方面,确保与订单内容相符。验收工作是一项细致复杂的工作,一定要仔细核对才能做到准确无误。从目前实际情况来看,有两种核对方法,即"三核对"和"全核对"。"三核对"即核对商品条形码,核对商品的件数,核对商品包装的品名、规格、数量。只有做到"三核对",才能达到品类相符、件数准确。有的商品即使进行了"三核对",仍会出现一些规格和等级上的差错,如品种繁多的小商品,对这类商品则要采取"全核对"的方法,要以单对货,核对所有项目,即品名、规格、颜色、等级、标准等,只有这样才能保证单货相符,准确无误。

2. 储存

零售企业配送中心货物储存主要包括货物保管、盘点作业、货物拣选及流通加工四个环节。

(1)货物保管。货物保管要求:掌握不同商品的保管位置和数量以及入库日,使在库数据与实际商品保持一致;从不同商品的接收订货开始到做出出库指示,保证商品的先进先出,以便充分有效地利用空间;尽可能提高人力资源及设备的利用率,有效地保护好商品的质量和数量,维持良好的储存环境,使所有在储货物处于随存随取状态。

保管位置分为固定货位和随机货位两种方式。固定货位是事先确定了每一种商品的保管货位,用掌握的入库商品预定数计算出商品所占用的体积,再计算出所需要的货位数。这种方式是不管什么商品入库,都能保证按商品的编码找到它的保管货位并易于管理,对于没有经验的人员也能完成作业。随机货位是通过计算机信息系统进行商品保管货位的安排,作业人员只要按照所指示的位置进行商品的存放就可以了。这种方式存放作业简单,从存放方便的近距离货位开始存放,存放效率较高,由于出库货位附近可能有入

库商品的运送,容易造成交叉作业。这种方式管理比较复杂,货位更新频繁。

保管的方式有托盘堆垛方式和货架保管方式两种。托盘堆垛方式即用叉车将满载商品的托盘直接放置到储存的位置,再将第二个托盘、第三个托盘的商品用叉车依次提升叠放,这种堆垛的方式完全采用叉车作业,不需要人力,但托盘上的商品必须堆码平整,让上面的托盘能平稳放置。货架保管方式分为固定货架系统和旋转货架系统两种。高层固定货架一般分为几排,排与排之间设有一条巷道,供巷道堆垛机或叉车行驶作业。每排货架分为若干纵列和横排,构成货格或存货位,用于存放托盘或货箱。巷道堆垛起重机自动对准货位存取货物,配合周围出入库搬运系统完成自动存取作业。旋转货架由若干层圆形可水平旋转的货架及一个或多个拣选台组成。拣选台固定在靠近出货台的一端,可上下升降。

(2)盘点作业。由于出库时的差错以及损耗等原因,可能造成信息系统数据和实际保管的商品数量不一致的情况发生,因此必须找出盘点差错的发生原因,并对长期在库商品进行处理以及对欠缺商品进行修改和补充。为了有效掌握货物数量和品质,加强货物在库管理,核实企业损益,必须定期对库存货物和存放区域进行盘点作业。有必要将所保管的商品在库数和在库金额进行更正。盘点在配送中心存储管理环节中起着非常重要的作用。盘点作业流程如图3-4所示。

物流配送中心人员在作业过程中,可能因为操作不当或失误等,出现货物信息资料不全、不准,或者货物损坏、丢失、件数不准,使单货不符,因此必须定期盘点,准确核实现有库存量。其作用主要包括:第一,确认企业损益。由于货物库存量一定程度上反映了企业的损益,因此准确的盘点有助于精确核实企业损益的多少。第二,加强货物在库管理水平。通过盘点,准确掌握库存量,发现呆货、坏货等情况及时处理,对现有库存潜在的一些不足之处进行改良完善。

出于及时、准确掌握库存量的目的,盘点次数应该是越频繁越好,但是每次盘点都需要投入一定的人力、物力和财力,会产生一定

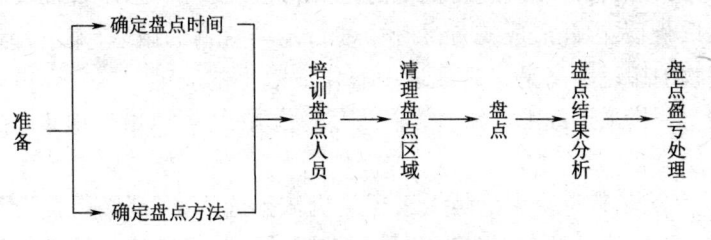

图 3-4 盘点作业流程图

的成本消耗,所以必须合理安排盘点次数和时间,既要考虑物流配送中心的资源配备,也要考虑物流配送中心货物的特性。通常,对于实行货物类别 ABC 管理的物流配送中心来说,盘点次数安排为 A 类主要货物,盘点频率最高,通常情况下需要每天进行盘点;C 类货物,盘点频率最低;B 类货物,介于 A 类货物和 B 类货物之间。对于未实施货物类别 ABC 管理的物流配送中心来说,一般是着重增加周转率高、价值高、损耗较大的货物的盘点次数。

(3)货物拣选。货物拣选作业是依据顾客的订货要求或配送中心的送货计划,尽可能迅速、准确地将商品从其储位或其他区域拣选出来,并按一定的方式进行分类、集中,等待配送的作业过程。货物拣选作业是配送中心的核心环节,因为货物拣选作业必须满足配送在有限的时间内为顾客提供最佳服务的要求。从实际的运作过程来看,货物拣选作业是在拣货信息的指导下,通过行走和搬运拣选货物,再按一定的方式将货物分类、集中,因此,货物拣选作业主要过程包括以下四个环节。

第一,拣货信息的产生。拣货作业必须在拣货信息的指导下才能完成。拣货信息来源于客户的订单或配送中心的送货单,因此,有些配送中心直接利用顾客的订单或配送中心的送货单作为人工拣货指示,即拣货人员直接凭订单或送货单拣选货物。这种信息传递方式无法准确标示所拣货物的储位,使拣货人员延长寻找货物的时间和拣货行走路线。在国外大多数配送中心一般先将订单等原始拣货信息经过处理后,转换成"拣货单"或电子拣货信号,指导拣货人员或自动拣货设备进行拣货作业,以提高作业效率和作业准确性。

第二,行走和搬运。拣货时,拣货人员或机器必须直接接触并拿取货物,因此形成拣货过程中的行走与货物的搬运,缩短行走和货物的搬运距离是提高配送中心作业效率的关键。拣货人员可以步行或搭乘运载工具到达货物储存的位置,也可以由自动储存分拣系统完成。

第三,拣选。无论是人工还是机械拣选货物,都必须首先确认被拣选货物的品名、规格、数量等内容是否与拣货信息传递的指示一致。这种确认既可以通过人工目视读取信息,也可以利用无线传输终端机读取条形码并由计算机进行对比。后一种方式往往可以大幅度降低拣货的错误率。拣货信息被确认后,拣取的过程可以由人工或自动化设备完成。通常体积小、少批量、搬运重量在人力范围内且出货频率不是特别高时,可以采取手工方式拣取。对于体积大、重量大的货物可以利用升降叉车等搬运机械辅助作业。对于出货频率很高的货物可以采用自动分拣系统。

第四,分类与集中。配送中心在收到多个客户的订单后,可以形成批量拣取,然后再根据不同的客户或送货路线分类集中,有些需要流通加工的商品还需根据加工方法进行分类,加工完毕再按一定的方式分类出货。多品种分货的工艺过程较复杂,难度也大,容易发生错误,必须在统筹安排形成规模效应的基础上,提高作业的精确性。在物品体积小、重量轻的情况下,可以采取人力分货,也可采取机械辅助作业,或利用自动分货机自动将拣选出来的货物进行分类与集中。分类完成后,货物经过查对、包装,便可以出货、装运、送货了。

(4)流通加工。流通加工是商品从生产领域向消费领域流动的过程中,为了促进销售、维护产品质量和提高物流效率而对物品进行的加工。配送中心所进行的加工作业主要有:辅助性加工活动,如给商品加贴条形码、拴标签、简单包装等;深加工活动,如把蔬菜、水果等食品进行冲洗、切割、过称、分级和装袋。加工作业不仅是一种增值性活动,而且完善了配送中心的服务功能。

3. 配送

配送运输是指将被订购的货物使用汽车或者其他运输工具从

供应点送至顾客手中的活动。配送运输通常是一种短距离、小批量、高频率的运输形式。如果单从运输的角度看,它是对干线运输的一种补充和完善,属于末端运输、支线运输。它以服务为目标,以尽可能满足客户要求为先。配送是"配"和"送"的有机结合。它与一般送货的重要区别在于,配送通过集合、分拣、配货等环节,使配送达到一定的规模,以利用规模优势取得较低的送货成本。如果不进行分拣、配货,有一件运一件,需要一点送一点,就会大大增加运力的消耗。因此,在单个用户配送数量不能达到车辆的有效载运负荷时,应集中不同用户的配送货物进行搭配装载以充分利用运能运力,即进行有效的装配以提高配送效率,降低配送成本。

在配送阶段,制定配送计划是非常重要的。配送计划是零售企业物流部根据各零售门店的要货通知,制定出的一个货物拼装、车辆选择与路线选择的具体方案。它直接影响到整个配送过程的服务质量和成本。配送计划的目的是在规定的时间内把指定的货物从供应商处运抵指定的配送中心,再从指定的配送中心运抵指定的销售终端。在制定配送计划时,应从以下几个方面考虑:

(1)划分基本配送区域。为使整个配送有一个可循的基本依据,首先将客户所在地的具体位置进行系统统计,并将其作为区域上的整体划分,将每一客户囊括在不同的基本配送区域之中,以作为下一步决策的基本参考。如,按行政区域或交通条件划分不同的配送区域,在这一区域划分的基础上再作弹性调整来安排配送。

(2)配车计划。为追求效率化的配送作业目标,就必须提高每一辆车的装载率。当可运行车辆较多时,并确定了出库的货物量时,提高装载效率的同时决定配车的路线是主要考虑的问题。在可运行车辆少的情况下,应事先设定好配车时刻表,按照时刻表进行出库货物的安排。前者是根据货物的量来安排车辆的方法,而后者是根据车辆来安排货物的方法。货物装车的时候,由于包装的体积各有不同,如何有效地利用车辆的空间是比较困难的事情,需要熟练的知识。许多配车计划业务是需要在经验的基础上结合实际数据来分析制定的。

配车计划系统的内容是从算出车辆的台数开始到进行实际的

配车业务,分配各个出库货物所对应的车辆代号等。配车计划系统有以下的功能:设定配车时刻表;对照配车时刻表;配车时刻表变更;出库信息汇总;配送路线试算;车辆安排;确定配车出库内容;打印装车清单等。

(3)车辆配载。由于配送货物品种、特性各异,为提高配送效率,确保货物质量,必须首先对特性差异大的货物进行分类。在接到订单后,将货物依特性进行分类,以分别采取不同的配送方式和运输工具,如按冷冻食品、快餐品、散装货物、箱装货物等分类配载。其次,配送货物也有轻重缓急之分,必须初步确定哪些货物可以配于同一辆车,以做好车辆的初步配装工作。

(4)暂定配送先后顺序。在考虑其他影响因素,做出确定的配送方案前,应先根据客户订单要求的送货时间将配送的先后作业次序作以概括的预定,对所需车辆数目作以预算,为后面车辆积载做好准备工作。计划工作的目的是为了保证达到既定的目标,所以预先确定基本配送顺序可以既有效地保证送货时间,又尽可能提高运作效率。

(5)选择配送路线。所需车辆的大体数量确定以后,如何以最快的速度完成对这些货物的配送,及如何选择配送距离短、配送时间短、配送成本低的路线,这需根据客户的具体位置、沿途的交通情况等做出优先选择和判断。除此之外,还必须考虑有些客户或其所在地点环境对送货时间、车型等方面的特殊要求。

(6)完成车辆积载。明确了客户的配送顺序后,接下来就是如何将货物装车、以什么次序装车的问题,即车辆的积载问题。原则上,知道了客户的配送顺序先后,只要将货物依"后送先装"的顺序装车即可。但有时为了有效利用空间,可能还要求考虑货物的性质(怕震、怕压、怕撞、怕湿)、形状、体积及重量等做出弹性调整。此外,对于货物的装卸方法也必须依照货物的性质、形状、重量、体积等来做具体决定。

以上各阶段的操作过程中,需要注意的要点有:明确订单内容;掌握货物的性质;确定具体配送地点;选择配供车辆;选择最优的配送组合。

四、零售物流配送合理化

零售物流配送合理与否的判断,是配送决策系统的重要内容,目前国内外尚无一定的技术经济指标体系和判断方法,一般来说按以下若干标志进行评判。

(一)库存标志

库存是判断配送合理与否的重要标志。具体指标有以下两方面。

1. 库存总量

在一个配送系统中,配送中心库存数量加上各用户在实行配送后库存量之和应低于实行配送前各用户库存量之和。

此外,从各个用户角度判断,各用户在实行配送前后的库存量比较,也是判断合理与否的标准,某个用户库存量上升而总量下降,也属于一种不合理。

库存总量是一个动态的量,上述比较应当是在一定经营量前提下。在用户生产有发展之后,库存总量的上升则反映了经营的发展,必须扣除这一因素,才能对总量是否下降做出正确判断。

2. 库存周转

如采用物流中心配送方式,因为配送企业的调剂作用,可以低库存保持高供应能力,库存周转一般总是快于原来各店面的库存周转。

为取得共同比较基准,以上库存标志都以库存储备资金计算,而不以实际物资数量计算。

(二)资金标志

总体来讲,实行配送应有利于资金占用率的降低及资金运用的科学化。具体判断标志有以下几个。

1. 资金总量

用于资源筹措所占用流动资金总量随储备总量的下降及供应方式的改变必然有一个较大的降低。

2. 资金周转

从资金运用角度来讲,由于整个节奏加快,资金充分发挥作用,

同样数量资金,过去需要较长时期才能满足一定供应要求,配送之后,在较短时期内就能达此目的。所以资金周转是否加快,是衡量配送合理与否的标志。

3. 资金投向的改变

资金分散投入还是集中投入,是资金调控能力的重要反映。实行配送后,奖金必然从分散投入改为集中投入,以增加调控作用。

(三)成本和效益标志

总效益、宏观效益、微观效益、资源筹措成本都是判断配送合理化的重要标志。对于不同的配送方式,可以有不同的判断侧重点。例如,配送企业、用户都是各自独立的以利润为中心的企业,那么不但要看配送的总效益,而且还要看对社会的宏观效益及两个企业的微观效益,不顾及任何一方,都必然出现不合理。又例如,如果配送是由用户集团自己组织的,配送主要强调保证能力和服务性,那么,效益主要从总效益、宏观效益和用户集团企业的微观效益来判断,不必过多顾及配送企业的微观效益。

由于总效益及宏观效益难以计量,在实际判断时,常按国家政策进行,以完成国家税收及配送企业和用户的微观效益来判断。

对于配送企业而言(投入确定的情况下),则企业利润反映配送合理化程度。

对于用户企业而言,在保证供应水平或提高供应水平(产出一定)的前提下,供应成本的降低,反映了配送的合理化程度。

成本及效益对合理化的衡量,还可以具体到储存、运输等具体配送环节,使判断更为精细。

(四)供应保证标志

实行配送,各用户的最大担心是害怕供应保证程度降低,这是个心态问题,也是承担风险的实际问题。

配送的要点是必须提高而不是降低对用户的供应保证能力才算合理。供应保证能力可以从以下方面判断。

1. 缺货次数

实行配送后,对各用户来讲,该到货而未到货以致影响用户生产及经营的次数必须下降才算合理。

2. 配送企业集中库存量

对每一个用户来讲,只有其数量所形成的保证供应能力高于配送前单个企业保证程度,从供应保证来看才算合理。

3. 即时配送的能力及速度

这是用户出现特殊情况的特殊供应保障方式,这一能力必须高于未实行配送前用户紧急进货能力及速度才算合理。

特别需要强调一点,配送企业的供应保障能力,是一个科学、合理的概念,而不是无限的概念。具体来讲,如果供应保障能力过高,超过了实际的需要,则属于不合理。所以追求供应保障能力的合理化也是有限度的。

(五)社会运力节约标志

末端运输是目前运能、运力使用不合理,浪费较大的领域,因而人们寄希望于配送来解决这个问题。这也成了配送合理化的重要标志。

运力使用的合理化是依靠送货运力的规划和整个配送系统的合理流程及其与社会运输系统合理衔接实现的。送货运力的规划是任何配送中心都需要花力气解决的问题,而其他问题则有赖于配送及物流系统的合理化,具体判断起来比较复杂。可以简化判断如下:

(1)社会车辆总数减少,而承运量增加为合理。

(2)社会车辆空驶减少为合理。

(3)一家一户自提自运减少,社会化运输增加为合理。

(六)用户企业仓库、供应、进货人力物力节约标志

配送的重要观念是以配送代劳用户,因此,实行配送后,各用户库存量、仓库面积、仓库管理人员减少为合理,用于订货、接货、供应的人应减少才为合理。真正解除了用户的后顾之忧,是配送的合理化程度达到高水平的标志。

(七)物流合理化标志

1. 物流合理化的判断

配送必须有利于物流合理。这可以从以下几方面判断:

(1)是否降低了物流费用。

(2)是否减少了物流损失。

(3)是否加快了物流速度。

(4)是否发挥了各种物流方式的最优效果。

(5)是否有效衔接了干线运输和末端运输。

(6)是否不增加实际的物流中转次数。

(7)是否采用了先进的技术手段。

物流合理化的问题是配送要解决的大问题,也是衡量配送本身的重要标志。

2. 物流合理化的模式

根据配送中心不同的目标,合理化物流有三种模式:

(1)服务水平提高,同时降低成本。随着物流服务水平的提高,物流成本的一部分会随着服务水平的提高而上升,但也有一部分不受服务水平提高的影响,可以使后一部分成本的降低额不小于服务水平提高而增加的成本,这样达到物流合理化的目的。

(2)提高服务水平,使增加的销售额远远大于增加的物流成本。合理化物流很大一部分是在成本和销售额之间进行的平衡,原则是保证零售企业最大限度的利润。

(3)保持原服务水平和适当降低服务,使成本下降的程度远远大于销售额的下降。

3. 物流合理化的有效方法

物流合理化比较有效的方法主要有以下几种:

(1)联合配送。多家零售企业为实现整体的物流配送合理化,以互惠互利为原则,对不同商品优化组合后进行配送。

(2)对最小定货量做出限制。各门店要求交货期短、定时配送、品种多、批量小,对于物流配送来说是比较困难的,而且浪费运输量,使物流成本上升,因此需对最小定货量做出限制,以节约物流资源。

(3)进行商流、物流的合理化分离。根据商品周转、销售对象的不同,将保管场所和配送方式差别化,作业、订货标准化,以及物流计划化等。

第三节 零售物流联盟

一、物流联盟含义与作用

（一）物流联盟的含义

物流联盟是以物流为合作基础的企业战略联盟，它是指为了取得比单独从事物流活动更好的效果，两个或多个企业之间重新整合各成员企业的物流资源，结合成相互信任、共担风险、共享收益的组织。联盟中成员企业不完全以自身利益最大化为行为指南，也不完全以共同利益最大化为目标，而是为了在物流方面形成优势互补、要素双向或多项流动的中间组织。

物流联盟应包括以下一些主要内容：

（1）联盟的建立有相对明确的战略目标，双方的合作更多是出于战略层面上的考虑，也就是说合作的基础是建立在双方共同的背景上，而不是仅仅为了谋求眼前的短期或局部利益。

（2）联盟企业之间是一种合作伙伴关系，超越一般的交易关系，同时也不存在控制和被控制的隶属关系。双方在密切合作的同时，仍保持各自的独立性和平等地位。

（3）联盟关系的建立和维持主要有两种方式：股权参与或契约联结。股权参与就是通过相互持股或共同出资建立一家新企业（如合资）的方式，使联盟各方紧密结合在一起；契约联结则是通过签订各种协议来保护各成员企业间的利益或约束彼此的行为，双方虽不一定签署正式协议，但在承诺和信任的基础上通过"默契合约"的方式来维系双方的合作行为，这种方式也可视为契约联结。

（4）联盟企业之间的合作并不一定是全方位的，可能在某些领域进行合作，而在其他领域又进行竞争，即联盟双方的合作在大多数情况下是在有限的领域内进行的。

（5）联盟的出发点是为了"双赢"，需要通过合作获取大于各自"独立"或"对立"行动所获取的利益。

(二)物流联盟的作用

组建物流联盟对企业经营起到非常重要的作用。

1. 发展物流联盟形式,有助于降低企业的风险

单个企业的力量是有限的,如果其对一个领域的探索失败了损失会很大。如果几个企业联合起来,在不同的领域分头行动,就会减少风险。联盟企业在行动上也有一定协同性,因此对于突如其来的风险能够共同分担,这样便减少了各个企业的风险,提高了抵抗风险的能力。

2. 物流联盟的商品配送,既提高了企业的规模效益,也降低了流通费用

由于我国物流业存在着诸多不利因素,企业进行联盟能够在物流设备、技术、信息、管理、资金等各方面互通有无、优势互补,减少重复劳动、降低成本,达到共同提高、逐步完善的目的,从而使物流业朝着专业化、集约化方向发展,提高整个行业的竞争能力。

3. 物流联盟有助于物流合作伙伴之间在交易过程中减少相关交易成本

物流合作伙伴之间经常沟通与合作,互通信息,建立起来相互信任和承诺,减少了履约风险。即使在服务过程中产生冲突,也可通过协商加以解决,从而避免无休止讨价还价,甚至法律诉讼产生的费用。

4. 有利于提高服务水平

第三方物流公司通过联盟有利于弥补在业务范围内服务能力的不足。如:联邦快递(Fedex)公司发现自己在航空运输方面存在明显的不足,于是决定把一些不是自己核心竞争力的业务外包给Fritz 公司,与 Fritz 公司联盟,让 Fritz 作为自己的第三方物流提供商。

二、零售物流联盟的形式

对于零售物流联盟的方式,根据日本、美国、欧洲三种不同的模式分析,其内容略有不同,具体如表 3-4 所示。

表3-4 物流联盟的模式对比表

联盟模式	横向物流联盟	纵向物流联盟
日本模式	中小型零售企业参与共同配送	中小型零售企业联合配送
		批发商与零售企业之间共同配送
		零售企业和第三方物流企业的社会化配送
美国模式	自建配送中心配送	零售企业和第三方物流企业的社会化配送
	小型零售企业联合配送	
	与供应商共建配送中心配送	
欧洲模式	中小型零售企业参与共同配送	零售企业和第三方物流企业的社会化配送

根据上表物流联盟方式的不同,简单介绍几种方式的主要含义。

(一)横向物流联盟

1. 中小型零售企业参与共同配送

共同配送是将多个零售企业处理的同种或异种的商品的功能"统合"起来,促使它们共同利用仓库、车辆等设施设备来有效整合物流配送资源,将小批量货物转换成商品集运,形成大批量配送,以实现低成本、高水平的物流服务。共同配送是对整个物流网络系统的统筹安排,寻求一种更大更广范围的合作,一般需要考虑多个货主的配送需求,在配送时间、数量、次数、路线等方面进行系统的优化运筹,在满足客户要求的条件下实行全面规划和合理计划。

零售企业参与的横向共同配送模式,是指中小型零售企业联合开展共同配送。中小型零售企业为了形成规模优势与大型零售企业抗衡,联合起来共同建立配送中心实行共同配送或成立第三方物流公司,通过联合组织配送系统、共同采购、共同配送,以节约配送成本,增强自身竞争力。

2. 自建配送中心配送

美国很多实力雄厚的大型连锁零售企业为了追求物流的高效率,都建立了自己的配送中心,为各自门店进行配送,支持连锁零售企业的发展。这些配送中心在配送能力有余的情况下,还为其他零售经营企业提供配送服务。如,沃尔玛的物流配送便是采取此

模式。

3. 与供应商建立共同配送中心

建立共同配送中心是零售企业的物流配送向供应链方向整合的标志。共同配送中心是指零售商委托某一特定供应商统一在某一地区建立配送中心,收集各个供应商生产的同类产品,并向自己辖区的门店进行集中配送的方式。

(二)纵向物流联盟

1. 零售企业和第三方物流企业的社会化配送

社会化配送是指零售企业把相关的物流活动都由专业的物流公司来完成的一种配送服务模式。在运作过程中,物流公司对订单信息统一处理后,按照各个订单的要求,把货物配送到各个分店。物流社会化、组织化、网络化程度都很高的国家,社会化配送程度高表现在零售企业不一定自己自建配送中心,而是将物流业务交给专业物流企业去做,以达到减少投资、降低成本的目的。

2. 中小型连锁经营企业联合配送

联合配送是指由多家企业联合共同划分配送区域,共同利用配送设施(如配送中心等)进行配送分工。日本的连锁零售企业为了降低物流过程中的运输费用,联合起来共同和专业的第三方物流企业通过契约的方式组建流动的配送中心,节约物流成本。如,日本东京A运输公司的14辆面包车和2辆卡车每晚7点陆续驶入"江东流通中心",这是6家照相机公司在东京都内的联合配送中心。6家公司采用联合配送,即A运输公司每天从各家公司的仓库提货,然后集中到"江东流通中心",再根据东京都会17个销售区把货物分开,随后送至300家零售店或二级批发店,返程时顺便捎回各店的返修商品。显然,在上述配送区域内,若6家公司各行其是,则每天要动用40辆卡车。照相机体积小,仅是一家公司的货,运载率低,相应的运费就高。这种联合配送方式极大地降低了运费,提高了作业效率。虽然不如企业自有配送来得灵活、方便,但是对于照相机这种每日各门店销售量和运输量小,而且没有什么生命时限的商品来说,联合配送可以保证定时配送,对于其销售量的影响不会很大,但其运输成本却能显著下降,从而减少物流费用。

3. 批发商与零售企业之间的共同配送

这种方式的一种模式是由大型连锁零售企业建立自己的物流配送中心,由指定批发商将经销的商品运到总部配送中心,经由该中心向各连锁零售店铺进行配送,如7-11便利店就按照不同的地区和商品群划分,建立共同配送中心,由窗口批发商向中心发货,由中心统一集货后,再向各个零售门店配送。这种配送模式是由7-11便利店创立和发展的。还有另一种模式是由一批小型连锁经营企业加盟合作,自愿组合,接受批发商投资建设配送中心的进货与配送。

三、零售物流联盟建设要点

物流联盟是一种优越的物流模式,它不但有利于零售企业集中精力发展主业,加强自己的核心竞争力,更是降低成本、提高效益的有效途径,因此它具有综合的优越性。但是零售企业与第三方物流企业构建的决策却是一个复杂的过程,必须综合考虑和分析自己企业的发展战略和内部整体实力,并与之相适应。所以企业应该在慎重考虑的基础上,做出物流决策,而不是盲目地去赶物流联盟的时髦。具体而言,我国零售经营企业在选择组建物流联盟时,应注意以下几个方面。

(一)零售企业必须转变观念

要逐步改变"大而全"、"小而全"的运作模式,利用有限的资源来发展本企业的核心竞争力。企业必须清楚地认识组建物流联盟对本企业的利弊所在,要根据自身的条件来确定本企业组建何种物流联盟模式,并具有一定的能力识别和评估组建的物流联盟。

(二)零售企业必须树立正确的合作观念

零售企业组建物流联盟,签订了物流联盟合同之后,双方必须相互尊重、相互信任,这样合作才能有效地进行下去。这就要求组建物流联盟的零售企业的领导层首先要具有战略性的眼光、追求变革的决心和相互信任的胸怀,树立"双赢"的企业合作观念,克服传统的"肥水不流外人田"的观念,建立起务实的合作观念,与合作伙伴坦诚合作、共同发展,盟友间应为战略合作伙伴关系,而非交易关系,交易关系注重短期利益,战略伙伴关系则追求长远的发展;其次要建立友好的协商机制,对于联盟中出现的各种问题,采取友好协

商的解决方式并达成共识。

（三）零售企业必须选择适当的时机

目前,我国连锁零售企业大体上可以分为三大类型:一是以沃尔玛、家乐福等外资零售企业为代表的规模大、经营模式成熟、管理模式基本固化的大型企业;二是以华联、物美、新一佳、华润等内资企业为代表的规模较大但经营管理模式尚未真正成型的大型企业;三是其他规模小、经营管理还比较落后的企业。不同企业对物流服务的要求千差万别,同一企业在不同发展阶段对物流服务的要求也不相同,因而零售经营企业在组建物流联盟时应根据各自的实际情况选择适合本企业发展的物流联盟模式。

第四节 零售业物流配送综合实训与案例分析

任务 商店自营配送综合实训

【任务引入】

天惠超市依托朝阳农产品大市场优势建立总部(配送中心)系统,将各门店系统联系起来。所有门店全部实现与集团公司配送中心的电脑联网,实行商品单品管理、条码管理、统一进货管理、统一配货管理等。为了适应零售企业快速发展的需求,配送中心实行24小时全天候工作制。车队20多辆货运卡车随时待命,库区员工除了接货、配货、发货之外,还要将一些零散的货物重新包扎、装箱,工作相当繁重。尤其是每逢春节、国庆等销售旺季,中心的日均发货量超过5万箱,除了近百名固定搬运工人之外,还要临时招聘近200位"钟点工"。

天惠超市配送中心是直接从产地进货,供应商环节少,可以有效地控制采购资源并取得相对稳定的价格,能提高生鲜商品的鲜度、促进销售,并能保证货源充足,通过统一采购、统一配送保证了货源的质量。对天惠超市来说,由于侧重于新鲜蔬菜和水果的经营,一些副食品、日常用品的销售量和销售频率不高,所以在配送的过程中模式各有不同,具体如下:

(1)农产品配送。天惠超市配送中心在对农产品实施配送时,为了保持产品的新鲜,流程尽可能地缩短,由配供中心在凌晨2点左右直接从产地采购,分拣人员根据天惠门店订单需求进行商品分拣,然后配送中心安排配送车辆进行配送。

(2)鲜活产品配送。天惠超市配送中心在对鲜活产品进行配送时具有时段性,一般是配送中心在早上3点到水产品批发市场采购商品,然后由分拣人员根据门店的销售情况进行鲜活产品的分拣,配供中心的配送车辆在早上5点对各门店进行第一次配送,下午2点左右实施第二次采购,4点实施第二次配送。

(3)日用品配送。天惠超市配送中心从生产厂家采购并进行货物验收,对于部分日用品是可以进行存储的,由于配送中心与各天惠超市门店都是联网的,所以每一个门店店长会根据其销售情况向配供中心发出要货通知,然后由配送中心组织车辆进行配送。另外,天惠超市也可以直接向生产厂家进行订货,但必须告知其配供中心,最后还是由配供中心与生产厂家进行结算。

请根据天惠超市配送中心农产品、鲜活产品和日用品三类商品的配送过程,绘制出配送流程图。

【知识要点】

天惠超市配送中心的作业流程包括进货入库、商品拣选和配送车辆出库等三个部分。

1. 进货入库

进货后,立即由仓库管理系统(warehouse Management System,简称 WMS)进行登记处理,生成入库指示单,工作人员进行编号记录并将其记录录入计算机。在此过程中货物的搬运、堆放等工作完全是由人工完成。

2. 商品拣选

当根据订单进行配货时,仓库管理系统会发出出库指示,各层平台上设置的激光打印机根据指示打印出货单。在出库单上,货物根据拣选路径依次打印。这时显示器显示出需要配送的商店号码,数据显示器显示出需要拣选的数量,同时工作人员在空笼车上的塑料袋里插好出库单,在黑板上写上楼层号和商店号,并将空笼车送到仓库。做好以上准备后,方可进行商品拣选工作。根据货位上数码显示器显示拣选的数量,依次进行拣选。拣选完一张订单,方可

进行下一张订单的拣选工作。

3. 配送车辆出库

当全部区域拣选结束后,由搬运工人将需要配送的货物装上配送车辆,按照合适的配送路线和配送原则进行装卸搬运,将装载好的货物实施配送。

【任务实施】

1. 农产品配送流程图见图3-5

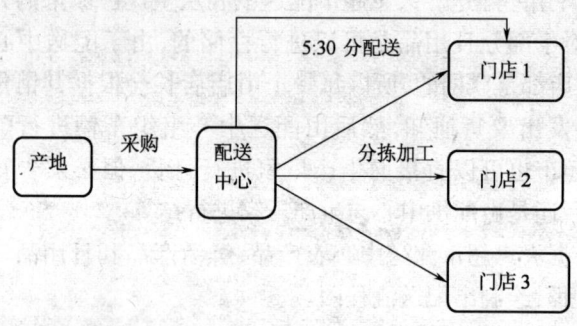

图3-5

2. 水产品配送流程图见图3-6

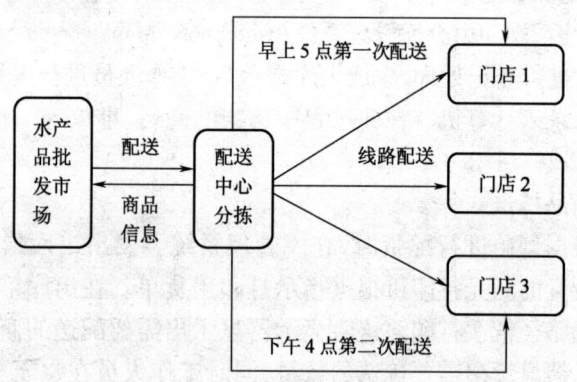

图3-6

3. 日用品配送流程图,见图3-7

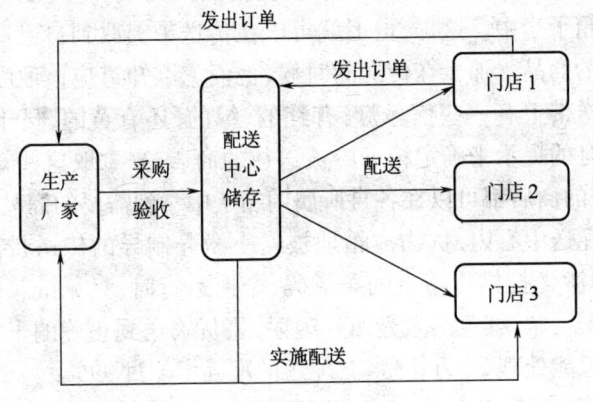

图 3-7

【技能拓展】

根据以上不同商品的配送业务流程图,结合实际,分析某些商店商品的配送业务流程。

案例一 沃尔玛的物流配送

【案例引入】

沃尔玛诞生于 1945 年的美国。在它创立之初,由于地处偏僻小镇,几乎没有哪个分销商愿意为它送货,于是沃尔玛不得不自己向制造商订货,然后再联系货车送货,效率非常低。在这种情况下,沃尔玛的创始人山姆·沃尔顿决定建立自己的配送组织。1970 年,沃尔玛的第一家配送中心在美国阿肯色州的一个小城市本顿维尔建立,这个配送中心供货给 4 个州的 32 个商场,集中处理公司所销商品的 40%。

沃尔玛配送中心的运作流程是:供应商将商品的价格标签和 UPC 条形码(统一产品码)贴好,运到沃尔玛的配送中心。配送中心根据每个商店的需要,对商品就地筛选,重新打包,从"配区"运到"送区"。

由于沃尔玛的商店众多,每个商店的需求各不相同,这个商店也许需要这样一些种类的商品,那个商店则有可能又需要另外一些

种类的商品,沃尔玛的配送中心根据商店的需要,把产品分类放入不同的箱子当中。这样,员工就可以在传送带上取到自己所负责商店所需的商品。那么在传送的时候,他们怎么知道应该取哪个箱子呢？传送带上有一些信号灯,有红的、绿的,还有黄的,员工可以根据信号灯的提示来确定箱子应被送往的商店,来拿取这些箱子。这样,所有的商店都可以在各自所属的箱子中拿到需要的商品。

在配送中心内,货物成箱地被送上激光制导的传送带,在传送过程中,激光扫描货箱上的条形码,全速运行时,只见纸箱、木箱在传送带上飞驰,红色的激光四处闪射,将货物送到正确的卡车上,传送带每天能处理20万箱货物,配送的准确率超过99%。

20世纪80年代初,沃尔玛配送中心的电子数据交换系统已经逐渐成熟。到了20世纪90年代初,它购买了一颗专用卫星,用来传送公司的数据及其信息。这种以卫星技术为基础的数据交换系统,将自己与供应商及各个店面实现了有效连接,沃尔玛总部及配送中心任何时间都可以知道,每一个商店现在有多少存货,有多少货物正在运输过程当中,有多少货物存放在配送中心等。同时还可以了解某种货品上周卖了多少、去年卖了多少,并能够预测将来能卖多少。沃尔玛的供应商也可以利用这个系统直接了解自己昨天、今天、上周、上个月和去年的销售情况,并根据这些信息来安排组织生产,保证产品的市场供应,同时使库存降低到最低限度。

由于沃尔玛采用了这项先进技术,配送成本只占其销售额的3%,其竞争对手的配送成本则占到销售额的5%,仅此一项,沃尔玛每年就可以比竞争对手节省下近8亿美元的商品配送成本。20世纪80年代后期,沃尔玛从下订单到货物到达各个店面需要30天,现在由于采用了这项先进技术,这个时间只需要2~3天,大大提高了物流的速度和效益。

从配送中心的设计上看,沃尔玛的每个配送中心都非常大,平均占地面积大约有11万平方米,相当于23个足球场。一个配送中心负责一定区域内多家商场的送货,从配送中心到各家商场的路程一般不会超过一定行程,以保证送货的及时性。配送中心一般不设在城市里,而是在郊区,这样有利于降低用地成本。

沃尔玛的配送中心虽然面积很大,但它只有一层,之所以这样设计,主要是考虑到货物流通的顺畅性。有了这样的设计,沃尔玛就能让产品从一个门进,从另一个门出。如果产品不在同一层就会出现许多障碍,如电梯或其他物体的阻碍,产品流通就无法顺利进行。

沃尔玛配送中心的一端是装货月台,可供30辆卡车同时装货,另一端是卸货月台,可同时停放135辆大卡车。每个配送中心有600~800名员工,24小时连续作业;每天有160辆货车开来卸货,150辆车装好货物开出。

在沃尔玛的配送中心,大多数商品停留的时间不会超过48小时,但某些产品也有一定数量的库存,这些产品包括化妆品、软饮料、尿布等各种日用品,配送中心根据这些商品库存量的多少进行自动补货。到现在,沃尔玛在美国已有30多家配送中心,分别供货给美国18个州的3 000多家商场。

沃尔玛的供应商可以把产品直接送到众多的商店中,也可以把产品集中送到配送中心,两相比较,显然集中送到配送中心可以使供应商节省很多钱。所以在沃尔玛销售的商品中,有87%左右是经过配送中心的,而沃尔玛的竞争对手仅能达到50%的水平。由于配送中心能降低物流成本50%左右,使得沃尔玛能比其他零售商向顾客提供更廉价的商品,这正是沃尔玛迅速成长的关键所在。

【思考问题】

描述一下沃尔玛的物流配送中心的配送模式?并说明具体的特点。

案例二　7-11的物流配送

【案例引入】

每一个成功的零售企业背后都有一个完善的配送系统支撑。

7-11这个名字来自于遍布全球的便利名店7-11,名字来自这家便利店在建立初期的营业时间是从早上7点到晚上11点,后来这家便利店改成了一星期七天全天候营业,但原来的店名却沿用了下来。这家70多年前发源于美国成立于日本的商店是全球最大的便利连锁店,在全球20多个国家拥有2.1万家左右的连锁店。到

2008年1月底,在中国台湾地区就有2 690家7-11店,美国有5 756家,泰国1 521家,日本是最多的,有8 478家。

一家成功的便利店背后一定有一个高效的物流配送系统,7-11从一开始就采用在特定区域高密度集中开店的策略,在物流管理上也采用集中的物流配送方案,这一方案每年大概能为7-11节约相当于商品原价10%的费用。

一间普通的7-11连锁店,一般只有100~200平方米大小,却要供应23 000种食品,不同的食品有可能来自不同的供应商,运送和保存的要求也各有不同,每一种食品又不能短缺或过剩,而且还要根据顾客的不同需要随时调整货物的品种,这给连锁店的物流配送提出了很高的要求。一家便利店的成功,很大程度上取决于配送系统的成功。

7-11的物流共同配送系统是成功的关键,共同配送中心代替了特定批发商,分别在不同的区域统一集货、统一配送。配送中心有一个电脑网络配送系统,分别与供应商及7-11店铺相连。为了保证不断货,配送中心一般会根据以往的经验保留4天左右的库存,同时,中心的电脑系统每天都会定期收到各个店铺发来的库存报告和要货报告,配送中心把这些报告集中分析,最后形成一张张向不同供应商发出的订单,由电脑网络传给供应商,而供应商则会在预定时间之内向中心派送货物。7-11配送中心在收到所有货物后,对各个店铺所需要的货物分别打包,等待发送。第二天一早,派送车就会从配送中心鱼贯而出,择路向自己区域内的店铺送货。整个配送过程就这样每天循环往复,为7-11连锁店的顺利运行铺石铺路。

7-11的物流配送越来越复杂,配送时间和配送种类的细分势在必行。以台湾地区的7-11为例,全省的物流配送就细分为出版物、常温食品、低温食品和鲜食食品四个类别,各区域的配送中心需要根据不同商品的特征和需求量每天作出不同频率的配送,确保食品的新鲜度,以此来吸引顾客。新鲜、即时、便利和不缺货是7-11配送管理的最大特点,也是各家7-11店铺的最大卖点。

和台湾地区的配送方式一样,日本7-11也是根据食品的保存温度来建立配送体系的。日本7-11对食品的分类是:冷冻型(零下20度),如冰淇淋等;微冷型(5摄氏度),如牛奶、生菜等;恒温型,如罐头、饮料等;暖温型(20摄氏度),如面包、饭食等。不同类型的食品会用不同的方法和设备配送,如各种保温车和冷藏车。由于冷藏车在上下货时经常开关门,容易引起车厢温度的变化和冷藏食品的变质,7-11还专门用一种两仓式货运车来解决这个问题,一个仓中温度的变化不会影响到另一个仓,需冷藏的食品就能始终在需要的低温下配送了。

除了配送设备,不同食品对配送时间和频率也会有不同要求。对于有特殊要求的食品,如冰淇淋,7-11会绕过配送中心,由配送车早中晚三次直接从生产商门口拉到各个店铺。对于一般的商品,7-11实行的是一日三次的配送制度,早上3点到7点配送前一天晚上生产的一般食品,早上8点到11点配送前一天晚上生产的特殊食品如牛奶,新鲜蔬菜也属于其中,下午3点到6点配送当天上午生产的食品,这样一日三次的配送频率在保证了商店不缺货的同时,也保证了食品的新鲜度。为了确保各店铺供货的万无一失,配送中心还有一个特别配送制度来和一日三次的配送相搭配。每个店铺都会随时碰到一些特殊情况造成缺货,这时只能向配送中心打电话告急,配送中心则会以安全库存向店铺紧急配送,如果安全库存也已告罄,中心就转而向供应商紧急要货,并且在第一时间送到缺货的店铺手中。

【思考问题】
7-11的共同配送中心,为7-11的发展提供哪些好处?

案例三　苏宁电器的物流配送
【案例引入】
作为国内家电零售巨头,苏宁如何运作物流配送?对于家电零售这样利润被日趋摊薄的行业,库存和物流成本的控制十分重要。没有现代的物流配送,就谈不上真正的连锁经营。物流配送的水平,在一定程度上决定着连锁经营的成功与否。进货每多占用一天仓库,都会造成资源浪费,并提高运营成本。

苏宁的物流配送流程以财务为中心,将营销、物流和采购等统一在一个平台之下。在这个平台下,POS机的收款信息能立刻传到

第三章　零售物流配送管理

配送中心,由配送中心作出反应,产生配送指令。无论是苏宁电器的自备车辆,还是外包车辆,在完成一项任务前,都要先到信息大厅办理出库手续,领取出库单,然后去库房提货、送货。完成该项指令后,还要到信息大厅核销该项任务。

苏宁电器物流管理中心副经理称,在先进的信息系统支撑下,苏宁对商品的流向进行了精准的控制。在仓库,配送单经过仓管员的仔细核对后,家电产品由库房搬运、装卸至车辆上,由于全程机械化,装运的效率非常高,装满一辆车只需十几分钟。

家电零售业的运力需求淡旺季差别很大,如果匹配适应平时销售需求的车辆,旺季时就很难有足够的配送队伍供使用;如果配够旺季的运力,在平时又是一种浪费。针对这一问题,苏宁采取了自备车和外包车相互补充的模式。

两年前,苏宁电器大张旗鼓地采购了200辆轻卡,宣布自建物流体系。之后,送货的及时率有了很大提高,不及时率由原来的0.8%左右降为现在的0.2%。同时,管理成本费用也有大幅度降低。中心副经理介绍说:"目前,苏宁北京配送中心有自备车辆40辆。在旺季,配送中心会随时根据需求状况增减外包车辆。"

在选择区域物流服务商以及开拓三、四级城市上,苏宁电器各地的配送中心拥有相对较大的自主权,在总公司制定的统一的选择标准下,进行对各地第三方物流服务商的选择。中心副经理说,在选择第三方物流服务商方面,他们的要求是很高的。在签订服务合同以前,要进行详细的考察。在服务中,一旦第三方物流服务商的服务出现问题,就会有相应的条款加以惩罚。不过,去年由于油价的上涨,货运企业的运营成本上升,苏宁对物流服务商的服务费用也相应提高。

"在这些方面,我们沟通得非常顺畅,因为苏宁本身也有自备车辆,对成本的上升非常清楚。"中心副经理告诉记者,"正像我们和供应商的合作关系一样,我们和第三方物流服务商也保持着良好的合作态势。我们希望双方都能获利并发展壮大,这本身也对苏宁的发展有利。"

在苏宁电器股份有限公司2007年年度报告中,对2008年物流做出了展望,在产品采购方面,苏宁准备继续深化采购合作模式,借助B2B系统和SAP系统优势,结合商品特点,加强商品品类分析和商品规划研究,尝试新品类引进。报告指出,苏宁要继续加大与各品类较大品牌制造商的战略合作,通过大单采购、包销、定制等手段,获得优势品牌的ODM、OEM资源支持,力争在两年内实现定制、买断、包销产品占比达到20%。同时,多渠道销售方面,通过B2C网站升级、大客户开发和异业合作等措施,进一步拓展团购、网上销售等销售渠道。报告也同时说明,随着苏宁在二、三级市场连锁发展速度的进一步加快,物流平台建设的相对滞后对公司在区域范围内的资源整合、采购及配套服务的能力带来一定的限制。针对这一问题,苏宁将进一步加强后台物流平台的建设。

伴随着业务规模的迅速增长,苏宁电器的物流建设也掀起了高潮。据了解,沈阳物流中心已经开始施工,达成意向的成都、无锡、徐州等地,也要在今年开始施工。

【思考问题】
苏宁电器的物流配送的信息化带来了哪些好处?有哪些优势?

本章要点归纳

本章主要分析物流配送功能及配送模式,并深入分析零售业物流配送模式和特点,对物流联盟进行初步分析,说明零售业物流联盟的要点和选择策略。

综合演练与测试

一、简答题
1. 物流联盟的模式有哪些?
2. 零售物流联盟建设要点。
3. 物流联盟含义与作用。
4. 零售物流配送合理化评判标志。
5. 零售物流配送中心的作业流程概括为哪几部分?

二、综合演练
绘制出你熟悉的一家零售店面各类商品的配送流程图,并分析其特点。

第四章　零售物流库存管理

【知识目标】
了解库存管理的含义及类型
了解零售业库存管理模式
理解库存控制的方法和基于供应商管理库存的库存模式

【技能目标】
能够掌握运用库存控制管理的方法并提出管理方案

【引导案例】

零售企业的负库存问题

ABC 公司是一家大型零售企业,该企业自应用信息管理系统对各门店的销售和库存情况进行管理后,整体经营效率高,各环节工作控制合理。但是,该企业在进行日常经营数据的分析汇总时发现系统运行中经常出现负库存现象,于是,信息管理部会同采购部、销售部、仓管部一起对各方面数据进行比对和分析处理,总结出该零售企业信息系统出现负库存的原因和应对措施,如表4-1所示。

表 4-1

类别	产生原因	原因解释	应对措施
信息滞后型	无订单收货	门店在验收某些紧急验收的商品时,没有收到订单,同时系统也不支持无订单验收商品,就会出现商品已经在门店先上架销售,而系统后台数据没有入账现象	系统支持门店的收货部接受紧急订单的商品
			采购部在第一时间及时补下商品的订单,以保证门店的商品库存的准确性

续表

类别	产生原因	原因解释	应对措施
信息滞后型	库存调整单录入延迟	门店的商品盘点或者报损工作需要调整商品库存,而由于种种原因,商品库存调整信息没有录入系统,系统库存将会一直维持不准确的现象	需要库存调整的商品,应要求门店系统和工作人员要及时录入并在系统中反映出系统库存信息的变动
突发异常型	遗漏粘贴店内码错误	连锁门店有些商品需要粘贴店内条码,如果因工作失误没有粘贴条码就进入卖场销售,就会出现销售前台的POS收款机按照原商品的条形码进行销售,发生原商品档案商品成为负库存,而应当粘贴店内码的商品未销售	门店收货部或者其他验收人员在验收供应商应当粘贴店内条码的商品时,必须在已经正确粘贴了店内条码后验收商品,严禁没有粘贴商品条码的商品直接验收入库的现象
			对于门店自营或者需要二次组合销售包装的商品,贴码工作可以放在配送中心出库前做好,做到不贴条码不出库
			对于大型综合超市有商品滞货区的门店,可以在收货部单独设置贴码区,并在堆放的商品上明示需要贴码,在正确粘贴了商品条码后方能进场
	组合销售产品	零售企业经常会为了促销商品而将一些商品组合销售或者捆绑销售。例如:买A商品送B商品,3个C商品的特价包装。这些商品在进入卖场销售时,有时会出现分拆的现象,即被当作拆零销售。如买奶粉送奶瓶,而奶粉和奶瓶都是店内的商品,前台将奶粉和奶瓶当两个商品扫码,也就会发生奶瓶的负库存	每天早上收银员应当先熟悉门店所出售的促销商品的情况,以减少此类事情的发生几率
			各个商品部门应当在此类商品上架前,及时通知门店的收银员,以便减少错误
			对于捆绑销售的商品实行单独贴店内码销售的方式,并将原有不用的条码用空白条码纸粘贴覆盖,从而解决这一问题
系统核算摊销型	业务规则和系统核算摊销的方式	在日常的业务管理操作中,有一些业务规则和系统核算摊销的方式也是导致商品系统负库存出现的原因	虽然这种情况通常不会影响到门店的正常营运和日常管理,但仍需要注意和防范

阅读案例并思考：

1. 除了以上造成负库存的原因外，请说说零售企业经营中还有哪些可能形成负库存？
2. 针对以上三种负库存的产生原因，还有那些规避的方法？

第一节 零售物流库存管理概述

一、库存管理概念

"库存"一词的含义是以支持生产、维护、操作和客户服务为目的存储的各种物料，包括原材料和在制品、维修件和生产消耗品、成品和备件等。狭义角度上，库存就是仓库里存放的东西。广义角度上，库存就是具有经济价值的任何物品的停滞与储藏。

"库存管理"是指对库存物料的进货与使用进行计划、组织、协调和控制。与仓库管理不同，库存管理的主要功能是在供、需之间建立缓冲区，达到缓和用户需求与企业生产能力之间、最终装配需求与零配件之间、零件加工工序之间、生产厂家需求与原材料供应商之间的矛盾。管理的对象是库存项目，即企业中的所有物料，包括原材料、零部件、在制品、半成品及产品，以及辅助物料。

库存管理主要包括记录入库、出库、盘点等库存信息，从而帮助用户清楚地统一管理库存的每一次出库、入库及盘点情况，提高库存管理效率，最终控制库存水平，并力求降低库存水平、提高物流系统效率。

以前，库存管理多以表格形式进行，报表不及时，统计也非常不方便。现在，ERP 和进销存软件不断被企业采用，提高了库存管理的效率，成为企业信息化的一个重要趋势。

二、零售业库存类型与管理要点

（一）零售业的库存类型

从经营过程的角度可以将零售业的库存分为以下几类。

1. 经常库存

经常库存指企业在正常的经营环境下为满足日常需要而建立的库存。这种库存随每日的需要不断减少,当库存降低到某一水平时(如订货点),就要进行订货来补充库存。这种库存补充是按一定的规则反复进行的。

2. 安全库存

安全库存指为了防止由于不确定因素(如大量突发性销售、交货期突然延期等)而准备的缓冲库存。

3. 季节性库存

季节性库存指为了满足特定季节中出现的特定市场需要(如夏天对空调机的需要)而建立的库存。

4. 促销库存

促销库存指为了应对供应商促销活动产生的预期销售增加而建立的库存。

5. 积压库存

积压库存指因物品品质变坏不再有效用的库存或因没有市场销路而卖不出去的商品库存。

(二)零售库存管理要点

1. 影响库存管理的问题

(1)安全库存。每种单品必需精确规定最低库存量,通常视为可实时调拨库存。若提高补货能力或设计合理补货计划就可以显著减少安全库存,从而实现整体库存的优化。

(2)经常库存增量。由于供应商能力限制和市场需求不确定性而使零售业仓库货物堆积,并由此可导致经营效益下降。在控制库存的过程中或许无法从根本上消除经常库存增量,但完全可以通过实施更为复杂和先进的补货计划来优化库存增量流程。

(3)供应链扰动因素。现今所使用的计划工具在很大程度上依赖于人工操作,这就使整个计划过程极易受到供应链扰动因素的影响。产生这一现象的最根本原因是由于人为因素使预测数据与实际供应、需求发生了偏离。为了消除供应链扰动因素,必须在单品层面实施补货计划。

2. 零售库存管理要点

面对零售业库存管理的诸多问题,下面提出一些管理要点。

(1) 限定单品总数。限定单品总数指零售商设定允许销售的商品单品总数,并限定一定比例的浮动范围,例如10%。这项工作应该细化到每个门店以及每个品类,即以门店为基本单位来设定该店每个品类的单品总数。另外还要考虑消费者特征及需求。根据不同门店商圈辐射范围内的目标消费群体的消费需求与特征,有计划地实施补货计划,平衡门店不同品类单品的数量。

(2) 建立新品引进管理制度。采购人员必须对新品引进进行严格把关。决定将一个新商品引进店内销售时,首先要关注六个"正确":正确的产品、正确的数量、正确的时间、正确的质量、正确的状态、正确的价格;其次,引进新商品必须要实施严格的申报审批手续,详细了解新商品的特征以及对应的消费需求、店内类似商品销售及库存情况、供应商广告及促销支持、该商品的预期销售与毛利等要素。另外还有一个关键要素,就是要掌握一进一出的原则。即原则上每引进一个新商品,就应从原有的品类商品列表上删除一个问题商品(如滞销商品、过季商品或是即将停产的商品等),这一原则可以根据实际销售、市场、季节等因素适当调整执行。

(3) 建立商品淘汰制度。市场是动态的,要将单品数量始终控制在限定的浮动范围内,定期对门店及品类的单品数量进行回顾并及时淘汰问题商品是至关重要的。

定期(频率以每月一次为宜)查看品类商品列表,对销售排名进行分析,找出滞销、过季、销售不良等问题商品设定为备选淘汰商品,制订清仓计划逐一处理,以确保品类整体的单品数量保持在限定的合理范围内。通过设定单品总数限额,严格管理新品引进,定期淘汰问题商品,可以对商品单品总数进行管理,可以有效控制库存总金额。

三、零售物流库存的管理模式

零售业库存的管理模式分为三种:传统库存管理模式、合作库存管理模式和供应商维护库存模式。

(一)传统库存管理模式

在传统库存管理模式下,生产企业与零售商的库存管理是各自为政的,供应链中传统库存管理模式是基于交易层次之上的由订单驱动单级管理库存的方式。生产商根据自己对市场的预估,做原料采购、产品生产、储藏、运输等计划,零售商订购一批产品,放入自己的仓库,再组织销售活动,产品销售后,再向生产企业订购,以实现循环。在这种模式下,生产企业和零售企业的信息都是孤立的,为满足市场需求都必须承担比较大的库存水平,从而形成"牛鞭效应"。这种模式下,企业间协作缺乏,社会资源利用效率低下。

(二)合作库存管理模式

随着资本力量的壮大,部分生产企业与零售企业相互控股、协作发展。像泰国正大集团与易初莲花购物中心的合作,易初莲花是正大集团的子公司,在易初莲花的大卖场里,你可以看到正大集团的产品,像肉类、油等,被陈列在最好的堆头和货架上,销售利益双方分享。又如锦江集团与METRO集团也是类似的合作关系。在这种模式下,双方的信息可以实现充分的共享,这对于生产、销售计划以及促销活动的执行都是非常有利的。

(三)供应商维护库存模式

目前,很多的大型商业企业都在逐步实行由供应商管理、维护卖场的库存模式,在这种模式下,零售商负责订货,并对货物拥有所有权,货物款项由零售商与供应商约定在一定的时间定期结算。供应商派促销员到零售企业的卖场负责本公司产品的库存维护以及促销工作,促销员负责对产品盘点,并处理退换货、反馈市场信息等工作,促销员成为零售商与供应商的协调员。

在这种库存控制策略下,适当允许上游生产商对下游零售商的库存策略、订货策略进行了解或沟通,双方可以协同进行促销活动,以增进销售。最重要的是这种模式下,生产企业可以部分共享零售商的销售信息,能够比较全面地预计市场状况,对于生产企业的生产计划安排非常有利。随着合作的进一步发展,双方信任的增加,这种模式可以获得更大潜力的发展,这种模式将成为未来最有代表性的零售商库存管理模式。

零售物流管理

第二节 零售物流库存控制

一、零售物流库存控制方法

不同的零售企业会根据自己经营的商品类型采取不同的库存控制方法,下面介绍几种常用的方法。

(一) ABC 库存控制法

ABC 库存控制法就是要分清主次、管理伯仲,区别"关键的少数和次要的多数",根据不同的情况进行分类管理。对于拥有种类繁多、规格齐全、数量庞大商品的零售企业,ABC 控制法是一种高效的库存管理方法。运用这种控制方法是要根据商品的某一特性将其分为 3 类,然后采取不同的管理方法和策略。ABC 库存控制法按照销售量、销售额、订货提前期、缺货成本把存货分成 A、B、C 三类,并采取不同控制方法进行管理,突出重点。A 类物资是需重点管理、加强防范的关键物资;C 类物资则是种类众多、价值低廉、储存成本低的物资;B 类物资介于两者之间。表 4-2 中列出了库存物料 ABC 分类标准和管理方法。ABC 分类法并不局限于分成三类,可以增加,但经验表明,最多不要超过五类,过多的种类反而会增加控制成本。

表 4-2 ABC 库存控制法管理

类型	特点	管理方法
A 类	货币量最高,品种仅占库存总数的 15%,成本占到库存总成本的 70%~80%	进行重点计划和控制,经常检查其库存情况,将存货量控制在定额范围之内,努力加速这类库存的周转,现场管理严格并存放在安全的地方,经常进行检查和盘点,保证库存记录的正确性
B 类	货币量中等,品种占库存总数的 30%,成本占库存总成本的 15%~25%	作为次重点进行控制,重要性介于 A、C 类存货之间,库存检查和盘点周期可以比 A 类长一些
C 类	货币量最低,品种占库存总数的 55%,成本占库存总成本的 5%	采取比较简单的方法进行管理,因为虽然其品种繁多,但是资金占用不大,不必花费较多的管理费用,因此定期进行库存检查和盘点,周期比以上两类均长一些

比如,仓储式大型超市麦德龙,在对本商场里的商品进行库存控制的时候就是采取了 ABC 分类管理的方法。在商场每一个商品的导轨卡上,顾客可以看到每一种商品都有 A、B、C 的标志来区别其类型,根据商品的不同属性采取不同的库存控制策略。

(二)EOQ 库存控制法

EOQ 被称为经济订购批量,即通过费用分析求得在总费用最小时的每次订货批量,用以解决独立需求物品的库存控制问题。但是,这种库存控制方法是要在一定的前提条件下才可以采用的:第一,商品的需要量应当均衡,比较稳定;第二,货源充足,不允许发生缺货;第三,不存在折扣,商品单价和运费率固定;第四,每次的订货费用和仓储保管费用均为常数。

一般情况下,大多数的日用工业品都存在一个比较"经济"的采购批量问题,因此可以采用这种库存控制的方法降低库存成本。

(三)"零库存"控制法

"零库存"是一种特殊的库存概念,是指以仓库为储存形式的某些物品的储存数量很低,甚至可以为零,即不保有库存。不以库存形式存在可以避免仓库存货的一系列问题,如仓库建设、管理费用、存货维护、保管和装卸等费用。但是,由于在零售企业,商品的可得性是一个非常重要的因素,因此此项库存控制策略只能针对一些特殊商品,比如一些高价值的奢侈品,这能起到很好地控制库存成本的目的。

二、订货点与订货批量的确定

定量库存控制也称订货点控制,是指库存量下降到一定水平时,按照固定的订货数量进行订购的方式。该方法的关键就是计算出订购点的库存量和订购批量,对于每种货品进行永续盘存制的库存自动管理。

(一)订货点的确定

订购点的确定取决于交货期或者订货提前期的需要量和安全库存量,具体计算公式为:

$$ROL = (R_d \times L) \div S$$

公式分析:公式中 ROL 是订货点;R_d 是需求或者使用速度(单位可以为月、周、天);L 是交货期(单位可以为月、周、天);S 是安全库存量。

(二)订货批量的确定

订货批量也就是经济订货批量,即库存总成本最小的订购量。

$$EOQ = \sqrt{\frac{2CD}{K}}$$

经济订购批量的计算中假设了以下四个条件:

一是单品的需求量可以预测或已知,并且在研究周期内需求为均匀平衡的。

二是供货周期不发生变化。

三是能够根据订购批量一次性集中进货。

四是不允许缺货。

公式分析:

- 公式中 EOQ 是经济订货量;C 是每次订货成本;D 是计算期内需求量;K 是每件商品计算期内存储成本。

- 订货成本是指企业向外部的供应商发出采购订单的成本,是企业为了实现一次订购而进行的各种活动费用的总和。订购费用与订购次数有关,次数越多费用则越高。

- 存储成本也称为库存持有成本,是为保持库存而发生的成本,该成本与库存数量有关,也就是订购批量越大费用越高。

三、安全库存与订货周期的确定

(一)安全库存的确定

零售企业经营过程会考虑保持一定量的安全库存,以防止需求或者提前期的不确定性。但是确定什么时候保持多少安全库存则成为难题。安全库存太多就会库存过剩,不足则意味着会错失销售良机。如何确定好安全库存量成为保证经营顺畅的关键。下面介绍一下定量订货法与定期订货法中安全库存量的计算方法。

1. 定量订货法安全库存量计算

对于安全库存量的计算,可以根据顾客需求量和提前期的变化情况确定为以下三种情况:

(1)需求量变化,提前期固定。假设需求的变化服从正态分布,由于提前期是固定的数值,因而可以根据正态分布图,直接求出在提前期内的需求分布均值和标准差,或通过直接的期望预测,以过去提前期内的需求情况为依据,确定需求的期望均值。在这种情况下,安全库存量的计算公式为:

$$S = ZQ_d\sqrt{L}$$

公式分析:

● 公式中 Q_d 是提前期内的需求量的标准差;L 是提前期的时间;Z 是一定客户服务水平下需求量变化的安全系数。

● 零售企业销售单品的数量变化必须服从正态分布。

● 标准差也称均方差,是各数据偏离平均数距离的平方的平均数再开方,即离均差平方和平均后的方根,用 σ 表示。标准差是方差的算术平方根。标准差能反映一个数据集的离散程度。平均数相同的,标准差未必相同。

(2)需求量固定,提前期变化。当提前期内的客户需求情况固定不变,而提前期的长短随机变化时,安全库存量的计算公式为:

$$S = ZR_dQ_t$$

公式分析:公式中 Q_t 是提前期的标准差;R_d 是提前期内的日需求量;Z 是一定客户服务水平下需求量变化的安全系数。

(3)需求量和提前期都随机变化。多数情况下需求量和提前期都是随机变动的,如果可以假设需求量和提前期是相互独立的,那么安全库存量的计算公式为:

$$S = Z\sqrt{Q_d^2\overline{L} + \overline{R}_d^2Q_t^2}$$

公式分析:公式中 Q_d、Q_t、Z 的含义同上;$\overline{R}_d$ 是提前期内的日需求量;$\overline{L}$ 是平均提前期。

2. 定期订货法安全库存量计算

定期订货法安全库存量计算基本与定量订货法类似，下面以需求量和提前期都发生变化时为例，说明安全库存量的计算公式：

$$S = Z\sqrt{Q_d^2(\overline{L}+T) + \overline{R_d^2}Q_L^2}$$

公式分析：公式中 T 是订货周期；$\overline{R}_d$ 是提前期内的日需求量；L 是平均提前期。

（二）订货周期的确定

定期库存控制方法也称为固定订购周期法，该法特点是按照固定的时间周期来订购，而订购数量则是变化的。这种方法适用于 A 类商品的库存控制管理，零售店面库存管理人员将会按照固定周期进行实地盘点来决定订购量。因此，根据不同品目商品确定合理的订货周期是该方法的关键。

订货周期取决于经济订货批量（EOQ），下面以一个具体的计算来说明，如果某产品的需求量为每年 2 000 个单位（根据预测得知），价格为每单位 18 元，每次订货的订货成本为 25 元，年持有成本率为 20%，该具体条件下，订货最优间隔检查期间为：

$$T = \frac{EOQ}{D} = \frac{166.67}{2\,000} = 0.083\,33（年） = 1（月）$$

公式分析：公式中 T 是订货周期；EOQ 是经济订货批量；D 是计算期间需求量。

第三节 基于供应商管理库存的零售业库存管理

一、供应商管理库存的思想与优势

（一）供应商管理库存思想

供应商管理库存（Vendor Managed Inventory，VMI），是体现集成化管理思想的一种库存管理方式。这种库存管理策略突破了传统各自为政的库存管理模式,将库存向供应链开放充分适应了市场的需求,是一种新的库存管理思想。国外学者作出的定义为:"VMI 是一种在客户和供应商之间的合作性策略,以对双方来说都是最低的成本优化产品的可获得性,在一个相互统一的目标框架下由供应商管理库存,这样的目标框架被经常性地监督和修正,以产生一种连续性改进的环境。" VMI 的基本思想是供应商在用户的授权下设立库存,确定库存水平和补给策略,拥有库存的控制权,代客户管理和控制库存。其基本模式如图 4-1 所示。

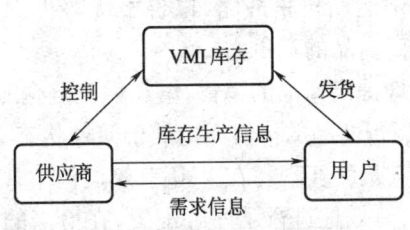

图 4-1　VMI 基本模式

(二)供应商管理库存思想应用优势

在零售业实施供应商管理库存模式有以下优势。

1. 改进了业务流程,提高了工作效率

在 VMI 中由于零售商把中心配送商品库存交给了供应商,同时风险也发生了转移,就会导致零售商库存管理部门职能的弱化甚至消失,这样就可以精简人员,将部分有能力的人才转移到下游各店面上,强化了零售分店存储安全库存的管理水平,减少了货架上的商品缺货率,从而提高了零售企业的工作效率。

2. 有效降低了供应商的库存,增强了抵御市场波动的能力

实施 VMI 模式,要求零售商将有关需求变动的事务,如促销等信息及时主动与供应商或厂商进行沟通,同时,将其销售前端 POS 数据直接发给供应厂商,这样极大提高了生产供应商市场预测的准确性,有效地避免了由错误信息引起的盲目生产而导致的无效库存居高不下的情况,使供应商通过有计划的活动来适应需求波动成为可能,增强了共同抵御市场风险的能力。

3. 有效降低了零售商的库存,增强了商品的市场竞争力

VMI 能使零售商降低库存的基础在于:在 VMI 模式下,供应商来管理零售商的库存,要比零售商更了解自己的产品和运输能力,通过代零售商制定订单和按时进行补货,可以很大程度上减少零售商的库存,另外,零售商在供应商的供给顺序中处于绝对优先的地位,供应商有责任保证产品供给,零售商没必要为担心偶然的商品供应紧张而持有过量库存。因此,运行 VMI 模式可以使零售商降低大量的库存,从而减少了由于持有这些库存而付出的成本,这样就可以在商品销售中运用价格战略,以价格优势扩大市场占有率,进一步增强了零售商商品的竞争力。

4. 可以有效地提高商品的销售,增加供应链企业的总利润

从 VMI 模式看,商品的价值无论处于何种状态必须得到终端消费者的响应才能被最终实现。在 VMI 有效运作中,由于最大限度避免了缺货的发生,有效地进行了库存配置,在恰当的时候、恰当的地方拥有恰当的商品,提高了单位库存的销售率,实现了商品的价值,从而极大增加了整个供应链的总效益。

二、零售业供应商与零售商的合作方式

基于 VMI 的模式,供应商与零售商的合作方式目前大体有以下几种。

(一) 寄售方式

供应商根据需求预测计划的要求交货,但零售商不是在其收到货物时付款,而是在出售后根据出售的情况付款。

(二) 订货点拉动

在零售商给出预测计划时,计划中并没有即时的交货要求。零售商根据每种商品的销售量不同设定订货点,在库存达到订货点时向供应商发出交货指令。

(三) 需求拉动

零售商提供给供应商一份需求预测计划,供应商根据预测计划中的拉动信号,即每月、每两周或每周给出的预测中所注明的当前所需的交货数,立即准备并发货给零售商。

(四)供应商管理库存

供应商在与零售商达成自动补货协议,如库存水平、运输成本等的基础上,为零售商管理其商品的订单、送货和库存等工作,取代零售商烦琐的日常补货工作,并取得良好的效果。

在这四种合作方式中,订货点拉动和供应商管理库存的方法,对供应商与零售商之间的信息沟通要求很高,要求供应商能够及时从零售商得到库存信息。同时,从以上四种合作方式的定义中也可看出,在寄售方式和需求拉动中,零售商的预测是非常重要的,订货量基本由零售商独立做决定。如何选择这四种合作方式,与每种商品的采购量和采购金额有很大的关系,基本上有以下几种情形,如图4-2所示。

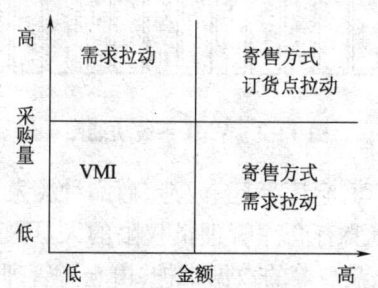

图 4-2 供应商和零售商的合作方式选择图

三、基于 VMI 的零售业库存管理系统的构建

基于 VMI 的零售业库存管理系统除具备一般库存管理系统的出入库、盘点、调拨管理功能外,还具有一定的分析决策功能,以实现供应方对需求方库存的管理。因此,VMI 库存管理系统具有用户与系统管理、库存数据维护、库存管理、库存统计查询、零售商库存查询、库存控制、配送 7 大功能模块,如图 4-3 所示。

用户与系统管理模块负责用户信息、参数管理,需要具有系统管理员权限的人员才能操作。库存数据管理模块是对仓库、商品、供应商、零售商基本情况的描述信息进行管理,是当供应商、零售商

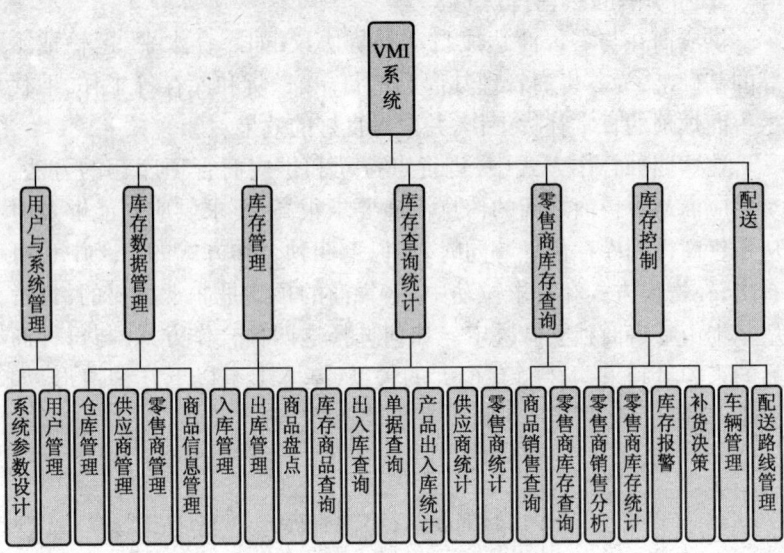

图4-3 VMI系统功能图

人员、信息发生变动,仓库新建、改造,商品种类发生变化时进行信息更新。此模块需要有仓库管理员权限的人员操作。库存管理模块负责出库、入库、盘点等的数据维护,由仓库管理员负责。库存查询统计模块是对库存的相关数据、单据的查询和对供应商、零售商、商品的查询统计,模块中的查询功能普通用户都可以使用,统计功能需要高层决策者的权限。零售商库存查询模块负责对零售商销售数据、库存数据的查询,可由仓库管理员、高层决策者访问。库存控制模块的功能是基于对零售商库存、销售数据的统计分析对零售商自动做出补货决策,可由仓库管理员、高层决策者访问。配送模块的功能是根据库存控制模块做出决策,如安排车辆、配送时间、生成路线的操作等,由仓库管理员负责。

依照VMI系统功能图可以看出,在VMI系统中供应商通过及时地了解需求方的生产经营和库存信息,不仅要对自己的库存进行管理控制,还需要在共同协议下负责客户库存的管理和控制。当需求方生产经营发生变化时,供应商库存管理系统首先对新的库存数据和销售数据作出分析和评价,根据评价结果判断现有库存是否能满足需求方的需要,如果满足不了,通知供应商生产系统进行生产;如果满足,则生成补货订单发送到需求方。整个管理流程如图4-4所示。

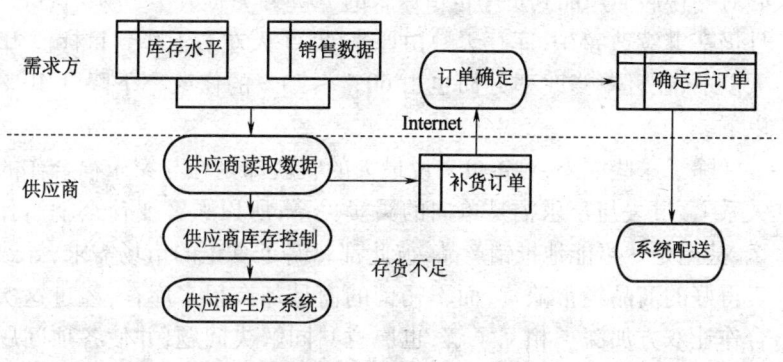

图4-4 VMI管理流

四、基于VMI的零售业库存管理典型案例

(一)台湾雀巢与家乐福VMI计划

VMI在实际应用中,由于供应商与零售商的价格对立关系以及系统和运作方式的不同,很难有具体的合作运用。台湾雀巢与家乐福两家公司协议在ECR(有效客户响应)方面做了更密切的合作。整体运作的重点在于,台湾雀巢建立整个计划的机制,总目标要增加商品的供应率,降低家乐福库存持有天数,缩短订货提前期,以及降低双方物流作业的成本等。

雀巢与家乐福公司在全球均为流通产业厂商,就雀巢与家乐福的关系而言,只是单纯的买卖关系,唯一特别的是家乐福对雀巢来说是一个重要的顾客,所以设有相对应专属的业务人员,买卖方式也仍是家乐福具有十足的决定权,决定购买哪些产品与购买的数量。在系统方面,双方各自有独立的内部EDI系统,彼此间不相容,在推动VMI计划的同时,家乐福进行与供应商以EDI方式连线的推广计划,雀巢的VMI计划也打算以EDI的方式进行连线。因此,整体系统的构建就是为了改善上述的状况。

经费的投入上,家乐福方面主要是EDI系统建设的花费,没有

其他额外投入,雀巢方面除了 EDI 建设外,还引进了一套 VMI 系统。经过近半年的实际上线运作后,雀巢对家乐福物流中心产品到货率由原来的 80% 左右提升到 95% 左右(超越目标值),家乐福物流中心对零售店面产品到货率也由原来的 70% 左右提升至 90% 左右,并且仍在继续改善中,库存天数由原来的 25 天左右下降到目标值 15 天以下,在订单修改率方面也由 60%~70% 的修改率下降到 10% 以下。

除了这些成果,对雀巢来说最大的收获却是在与家乐福合作的关系上,过去与家乐福是单向的买卖关系,所以顾客要什么就给什么,甚至是尽可能地推销产品,彼此都忽略了真正的市场需求,导致卖得好的商品经常缺货,而不畅销的商品却有很多库存,经过这次合作让双方加深了相互了解,也愿意共同解决问题,并使各项问题的症结点陆续浮现,有利于根本改进供应链的整体效率,同时掌握销售资料和库存量来作为市场需求预测和库存补货的解决方法。另外,雀巢在原来与家乐福的 VMI 计划基础上,也进一步考虑在降低缺货率、促销合作等方面加强合作。VMI 打破了传统的各自为政的库存管理模式,体现了供应链的集成化管理思想,适应了市场变化的要求,是一种新的有代表性的库存管理思想。

(二)宝洁 VMI 实施效果

宝洁公司与一个香港零售商的 VMI 项目曾作为香港零售行业中供应链管理的优秀范例在香港零售业项目研讨会上被介绍。

该零售商有 10 个店铺和 1 个配送中心,项目实施前采用手工订单。VMI 技术采用宝洁公司的 KARS 软件和 EDI 实现。项目实施前,宝洁商品单品数为 115,中心仓库库存为 8 周,店铺库存力为 7 周,缺货率为 5%。宝洁公司有关人员在详细分析零售商居高不下的库存以及缺货率以后,选择实施 VMI 技术来解决宝洁产品的有效补货问题。

项目在 2000 年 3 月正式启动,宝洁公司与该零售客户调动双方的信息技术、后勤储运、采购业务部门,组建了多功能小组。在几个月的实施过程中,双方紧密合作,重新组合了订单、储运的流程,确定了标准的流程、清晰的角色与任务,安装了 VMI 系统,建立起了 EDI 沟通渠道。

系统在 2000 年 7 月开始运行。3 个月后,取得显著的业务指标改进和经济效益。零售商销售宝洁产品的数量增加 40%,宝洁商品单品数为 141,增加了 26%;中心仓库库存为 4 周,减低 50%;店铺库存为 5.8 周,降低 17%;缺货率为 3%,降低 40%。不仅如此,零售商的供应链管理走上了科学合理、高效的轨道,各个环节在新系统下有条不紊地工作,大大节省了人员的劳动强度,提高了效率,降低了运作成本。

第四节 零售物流库存管理综合实训

任务一 零售商店库存分类应用实训

【任务引入】

某家零售商店仓库内有 10 项物资,各库存物资的需求量、单价情况如表 4-3 所示。为了加强仓库的物资管理能力,商店计划采用 ABC 库存分类管理法进行库存管理控制。目前计划安排 A、B、C 三类物资以 20%、30%、50% 的品目比例进行分析库存,制作管理计划。假设你是这家商店的仓库管理计划人员,你该如何完成这项任务呢?

表 4-3 各物资年需求量、单价

物资代号	年需求量(件)	单价(元)
A	40 000	5
B	190 000	8
C	4 000	7
D	100 000	4
E	2 000	9
F	250 000	5
G	15 000	6

续表

物资代号	年需求量(件)	单价(元)
H	80 000	4
I	10 000	5
J	5 000	7

【知识要点】

库内的物资由于需求量和单价各不相同,其年耗用金额也不相同。年耗用金额大的库存品,由于占压企业资金较大,对企业经营的影响也较大,因此需要进行特别的管理和重视。基于这样的管理思考,在进行库存 ABC 分类时,计算的品种数百分比和金额百分比皆可为大约数。也就是说,企业可以根据自身物品比例大小,进行实际比例的划分。

物资进行分类后,对于 A 类物资应严格控制库存水平,执行重点管理,对于盘点、进货采购期限、发货出库状况都要严格要求,保证完整的库存记录,防止缺货;对于 C 类物资采用粗放的管理方法,可以适当加大安全库存量以保证销售出库需要,通常一次订购半年或一年的需求量,采用双堆法进行库存管理;对于 B 类物资,企业根据自己的管理能力和水平,选择使用重点或一般管理。

分类管理法实施步骤分为:收集数据、处理数据、编制 ABC 分析表、确定分类、绘制 ABC 分析图。

【任务实施】

第一步:由于任务已经下达物资的金额与年需求量,因此省略了收集资料环节。

第二步:计算各种物资的年耗用金额,见表 4-4。

表 4-4

物资代号	年需求量(件)	单价(元)	年耗用金额(元)	次序
A	40 000	5		
B	190 000	8		

续表

物资代号	年需求量(件)	单价(元)	年耗用金额(元)	次序
C	4 000	7		
D	100 000	4		
E	2 000	9		
F	250 000	5		
G	15 000	6		
H	80 000	4		
I	10 000	5		
J	5 000	7		

第三步:把各种物资按照年耗用金额从大到小排序,并计算累计百分比,见表4-5。

表4-5

物资代号	年耗用金额(元)	累计好用金额(元)	累计百分比	品种百分比

第四步:按照ABC分类法的基本理论,对物资进行分析,见表4-6。

表 4-6

分类	物资	每类金额(元)	物资品目数百分比	好用金额百分比	累计耗用金额百分比
A					
B					
C					

第五步：绘制 ABC 分析图，见图 4-5。

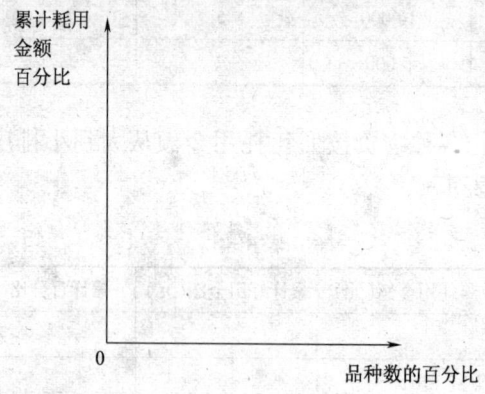

图 4-5

【技能拓展】

学生五人一个小组，分别针对附近的零售超市或商店的库存进行观察。收集该研究对象的库内库存管理形式和方法，具体分析方法的运用手段合理性以及改进意见，并写成书面报告的形式，向其他组进行汇报。

任务二 零售商店订货、补货应用实训

【任务引入】

某企业库存商品中 W 商品每年出库业务量为 18 000 箱，订货提前期为 10 天，试计算订货点。又了解单位商品年保管费为 20 元，每次订货成本为 400 元，最佳经济订货批量是多少呢？

【知识要点】

定量订货法和定期订货法在管理库存过程中,均存在优缺点。因此实施库存管理不能一味依据某一方法,可因情况的不同而进行灵活的管理。最终为商品库存选择最佳方法。

定量订货法优点:实施操作简便;订货量的确定使入库作业过程的操作更加优化合理;充分发挥经济订货量的作用,可节约库存费用,提高效益。缺点:随时掌握动态,严格控制安全库存和订货点库存,占用一定人力、物力;订货模式机械,缺乏灵活性;订货时间不能预先确定,给计划安排造成困难;受单一订单限制,对于联合订货采用此方法要灵活处理。

定期订货法优点:通过订货数量,避免超储;周期盘点较精确;库存管理的计划性强,有利于工作任务安排。缺点:安全库存设置较大;每次订货批量不确定,运营成本经济性较差,只适合于 A 类货物的管理控制。

【任务实施】

第一步:根据给定条件思考运用哪种控制方法。
第二步:针对数据计算订货点和经济批量。
第三步:确定 W 商品可能会属于哪种类型的商品。
第四步:写出 W 商品的库存控制管理方案。

【技能拓展】

将学生分小组,分别到学校附近的零售商店确定一种商品作为研究对象,跟踪商品销售情况。收集相关有用的数据信息,对该商品进行库存管理的方案设计。课堂中汇报演说并回答其他组的提问。

本章要点归纳

本章节介绍了库存管理概念和类型,并分析零售业库存模式和要点。阐述零售业库存控制中的 ABC 方法和定期、定量两种控制方法的实施要点,并引出基于 VMI 模式下的零售业库存管理的方法和系统结构。

综合演练与测试

一、简答题

1. 零售业的库存类型有哪些?
2. 零售库存管理要点。
3. 零售物流库存控制方法。
4. 零售业供应商与零售商的合作方式。
5. 什么是VMI?

二、综合演练

演练1:

某企业2009年某物料需求量为110单位,每次订购费为45元,每月每单位的保管费是成本的15%,该物料的单位成本为10元,企业物料净需求时段分配见表4-7,试确定采购计划。

表4-7

周	1	2	3	4	5	6	7	8	9	10	11	12	合计
净需求		10	10		14		7	12	30	7	15	5	110
计划采购													

演练2:

以团队方式进行演练,命名为某某调研组。寻找学校附近的零售店面进行调研,根据店面的经营规模描述销售品目、月销售量、销售价格等情况,进行店面的进货安排设计。并利用科学的方法计算出设计前与设计后的不同差异,店面的经营效益有何种变化。最后总结出一份某店面分析报告,并推荐给店面管理人员,由店面人员打分并记录下店面人员的意见,反馈给老师。

第五章 零售流通加工与物流设施设备

【知识目标】
了解零售流通加工的概念、产生的原因及其作用
了解零售业物流设施设备的分类与应用
掌握流通加工的特点、类型及工艺
掌握零售流通加工合理化措施
掌握零售装卸搬运作业与合理化流程

【技能目标】
知道流通加工的流程,会使用各种物流设施设备

【引导案例】

日本推广新含气调理食品加工保鲜技术

新含气调理食品加工保鲜技术是针对目前普遍使用的真空包装、高温高压灭菌等常规加工方法存在的不足而开发的一种适合于加工各种方便菜肴食品、休闲食品或半成品的新技术。这一保鲜技术是通过将食品原料预处理后,装在高阻氧的透明软包装袋中,抽出空气后注入不活泼气体并密封,然后在多阶段升温、两阶段冷却的调理杀菌锅内进行温和式杀菌。经灭菌后的食品能较完美地保持品质和营养成分,而原有的色、香、味、形、口感几乎不发生改变,并可在常温下保存和流通长达6~12个月。新含气调理食品加工保鲜技术是小野食品集40年农禽水产加工经验的结晶,已获得多国专利,可广泛应用于传统食品的工业化加工,如肉类、禽蛋类、水产品、蔬菜、水果和主食类、汤汁类等。

在零售企业中,食品的加工占了很大的比例。新含气调理食品

加工保鲜技术有助于食品的保存及运输,延长了食品的销售期限,应用前景十分广阔。

现在,日本小野食品兴业株式会社开发出 3 700 余种新含气调理食品,日本已有数百家食品企业在应用这种加工保鲜新技术。专家们认为该技术具有极大的推广应用价值。

阅读案例并思考:

1. 举例说明身边的零售企业中,流通加工的环节使用的物流设施设备。并说明流通加工对于整个零售企业的作用。
2. 讨论一下提高流通加工水平的方法。

第一节 零售流通加工概述

一、流通加工

(一)流通加工概念

流通加工是现代物流系统框架中的重要结构之一。根据《中华人民共和国国家标准物流术语》中表述,流通加工是物品从生产地到使用地的过程中,根据需要施加包装、分割、计量、分拣、刷标志、拴标签、组装等简单作业的总称,见图 5-1。

流通加工作为物流系统构成要素之一,可以提高物流系统对用户的服务水平,提高物流速度和物品的利用率,是在物品进入流通领域后,按客户的要求进行的加工活动,即在物品从生产者向消费者流动的过程中,为了促进销售、维护商品质量和提高物流效率,对物品进行一定程度的加工。随着经济增长,国民收入增加,消费者的需求日趋多样化,促使在流通领域开展流通加工。目前,在世界许多国家和地区的物流中心或仓库经营中都大量存在流通加工业务,在日本、美国等物流发达国家则更为普遍。

流通加工的内涵是商品流通的桥梁和纽带。商品流通是以货币为媒介的商品交换,它的重要职能是将生产和消费(或再生产)联系起来,完成商品所有权和实物形态的转移。因此,流通与流通对象的关系,一般不是改变其形态来创造价值,而是保持流通对象的已有形态,完成空间的位移,实现其"时间效用"及"场所效用"。

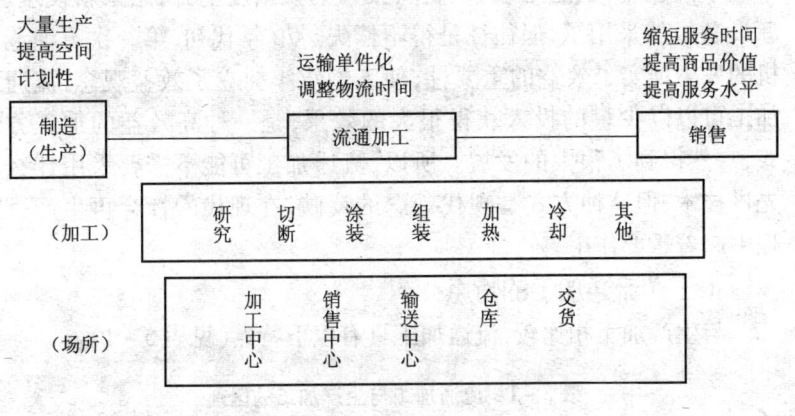

图 5-1 流通加工示意图

(二)流通加工产生的原因

1. 流通加工是大工业的产物

现代生产发展趋势之一就是生产规模大型化、专业化,依靠单品种、大批量的生产方法降低生产成本获取规模经济效益,这样就出现了生产相对集中的趋势。

近年来,人们进一步认识到,大生产的特点之一就是"少品种、大批量、专业化",但是这样的产品功能(规格、品种、性能)往往不能和消费需要密切衔接。弥补这一分离的方法,就是流通加工。流通加工恰好可以满足消费者多样化的需求。所以,流通加工的诞生实际是现代生产发展的一种必然结果。

2. 流通加工的出现还与人们对流通作用的观念转变有关

在社会生产向大规模生产、专业化生产转变之后,社会生产越来越复杂,生产的标准化和消费的个性化出现,生产过程中的加工制造常常满足不了消费的要求。而由于流通的复杂化,生产过程中的加工制造也常常不能满足流通的要求。于是,加工活动开始部分地由生产及再生产过程向流通过程转移,在流通过程中形成了某些加工活动,这就是流通加工。

3. 效益观念的树立也是流通加工产生的重要原因

20世纪60年代后,效益问题逐渐引起人们的重视,过去人们盲目追求高技术,引起了燃料、材料投入的大幅度上升,结果新技术、新设备虽然采用了,但往往是得不偿失。70年代初,第一次石油危机的发生证实了效益的重要性,使人们牢牢树立了效益观念,流通加工可以以少量的投入获得很大的效果,是一种高效益的加工方式,自然得到了很大的发展。所以,流通加工可能不需要采用什么先进技术,但这种方式是现代观念的反映,在现代的社会再生产过程中起着重要作用。

（三）流通加工的特点

与生产加工相比较,流通加工具有以下特点(见表5-1)。

表5-1 流通加工与生产加工的区别

	流通加工	生产加工
加工对象	进入流通过程的商品	原材料、半成品、零配件
所处环节	流通过程	生产过程
加工难度	简单	复杂
价值	完善或提高价值	创造价值
加工单位	流通企业	生产企业
目的	促进销售、维护产品质量、实现物流高效率	消费

1. 从加工对象看

从加工对象看,流通加工的对象是进入流通过程的商品,具有商品的属性,以此来区别多环节生产加工。流通加工的对象是商品,而生产加工的对象不是最终产品,而是原材料、零配件或半成品。

2. 从加工所处环节上看

从加工所处环节上看,流通加工是在商品流通过程中完成的,而生产加工则是在生产过程中进行。

3. 从加工程度看

从加工程度看,流通加工大多是简单加工,而不是复杂加工。

一般来讲,如果必须进行复杂加工才能形成人们所需的商品,那么应该专设生产加工程序。生产过程理应完成大部分加工活动,流通加工则是对生产加工的一种辅助及补充。特别需要指出的是,流通加工绝不是对生产加工的取消或代替。

4. 从价值观点看

从价值观点看,生产加工的目的在于创造价值,而流通加工的目的则在于完善或提高价值。

5. 从加工单位看

从加工单位看,流通加工的组织者是从事流通工作的人员,能密切结合流通的需要进行加工活动。从加工单位来看,流通加工由商业或物资流通企业完成,而生产加工则由生产企业完成。

6. 从加工目的看

从加工目的看,商品生产是为交换、为消费而进行的生产,而流通加工的一个重要目的是为了消费(或再生产)所进行的加工,这一点与商品生产有共同之处。但是流通加工有时候也是以自身流通为目的的,纯粹是为流通创造条件,这种为流通所进行的加工与直接为消费进行的加工在目的上是有所区别的,这也是流通加工不同于一般生产加工的特殊之处。

(四)流通加工的目的

流通加工的目的可归纳为以下四点:

一是适应多样化的客户需求。

二是在食品方面,可以通过流通加工来保持并提高其保存机能。

三是提高商品的附加值。

四是可以规避风险,推进物流系统化。

(五)流通加工的作用

总的来讲,流通加工在流通中,仍然和流通总体一样起"桥梁和纽带"作用。但是,它却不是通过"保护"流通对象的原有形态而实现这一作用的,它是和生产一样,通过改变或完善流通对象的形态来实现"桥梁和纽带"作用的。所以流通加工的主要作用在于优化物流系统,表现在以下几个方面。

1. 通过流通加工，使物流系统服务功能大大增强

从工业化时代进入新经济时代，一个重要标志是出现"服务社会"，增强服务功能是所有社会经济系统必须要做的事情。流通加工在这方面有很大作为，这就使物流系统可能成为新的"利润中心"。

2. 通过流通加工可降低物流系统成本

通过流通加工，可以使物流过程减少损失、加快速度、降低操作的成本，因而可以降低整个物流系统的成本。

3. 通过流通加工可提高原材料利用率

通过流通加工进行集中下料，将生产厂商直接运来的简单规格产品，按用户的要求进行下料。例如，将钢板进行剪板、切裁；将木材加工成各种长度及大小的板、方等。集中下料可以优材优用、小材大用、合理套裁，明显地提高原材料的利用率，有很好的技术经济效果。

4. 通过流通加工可方便用户

零售业面对的用户多是用量小或满足临时需要的用户，不具备进行高效率初级加工的能力，通过流通加工方便了用户。目前发展较快的初级加工有：将水泥加工成生混凝土，将原木或板、方材加工成门窗，钢板预处理，整形等加工。

5. 通过流通加工可提高加工效率及设备利用率

在分散加工的情况下，加工设备由于生产周期和生产节奏的限制，设备利用时松时紧，使得加工过程不均衡，设备加工能力不能得到充分发挥。而流通加工面向全社会，加工数量大，加工范围广，加工任务多。这样可以通过建立集中加工点，采用一些效率高、技术先进、加工量大的专门机具和设备，一方面提高了加工效率和加工质量，另一方面还提高了设备利用率。

二、零售业流通加工类型及工艺

（一）零售企业流通加工的类型

在零售企业中，由于其产品和用户与批发性的生产行业有很大区别，所以零售物流的加工类型也有不同。因目的不同，流通加工具有不同的类型。

1. 为适应多样化需要的流通加工

企业的生产部门为了实现高效率、大批量的生产,其产品往往不能完全满足用户的要求。为了满足用户对产品多样化的需要,同时又要保证高效率的大生产,可将生产出来的单一化、标准化的产品进行多样化的改制加工。例如:对钢材卷板的舒展、剪切加工;平板玻璃按需要规格的开片加工;木材改制成枕木、板材、方材的加工等。

2. 为方便后续生产和使用的流通加工

根据消费者的需要将商品加工成生产直接可用的状态。例如:根据需要将钢材定尺、定型,按要求下料;将木材制成可直接投入使用的各种型材;将水泥制成混凝土拌和料,使用时只需稍加搅拌即可使用等。

3. 为保护产品所进行的流通加工

在零售企业中往往更多地进行此类加工。在物流过程中,为了保护商品的使用价值,延长商品在生产和使用期间的寿命,防止商品在运输、储存、装卸搬运、包装等过程中遭受损失,可以采取稳固、改装、保鲜、冷冻、涂油等方式。例如:水产品、肉类、蛋类的冷冻加工、防腐加工;丝、麻、棉织品的防虫、防霉加工;为防止金属材料的锈蚀而进行的喷漆、涂防锈油等加工;木材的防腐朽、防干裂加工;煤炭的防高温自燃加工;水泥的防潮、防湿加工等。

4. 为弥补生产领域加工不足的流通加工

由于受到各种因素的限制,许多产品在生产领域的加工只能到一定程度,而不能完全实现终极的加工。例如,木材如果在产地完成成材加工或制成木制品的话,就会给运输带来极大的困难,所以,在生产领域只能加工到圆木、板、方材这个程度,进一步的下料、切裁、处理等加工则由流通加工完成;钢铁厂大规模的生产只能按规格进行,以使产品有较强的通用性,从而使生产能有较高的效率,取得较好的效益。

5. 为促进销售的流通加工

零售企业很重要的一项工作就是销售,流通加工也可以起到促进销售的作用。比如:将过大包装或散装物分装成适合销售的小包装的分装加工;将以保护商品为主的运输包装改换成以促进销售为

主的销售包装;将蔬菜、肉类洗净切块以满足消费者要求等。

6. 为提高加工效率的流通加工

许多生产企业的初级加工由于数量有限,加工效率不高。流通加工以集中加工的形式,解决了单个企业加工效率不高的弊病。它以一家流通加工企业的集中加工代替了若干家生产企业的初级加工,促使生产水平有一定的提高。

7. 为提高物流效率、降低物流损失的流通加工

有些商品本身的形态使之难以进行物流操作,而且商品在运输、装卸搬运过程中极易受损,因此需要进行适当的流通加工加以弥补,从而使物流各环节易于操作,提高物流效率,降低物流损失。例如:造纸用的木材磨成木屑的流通加工,可以极大提高运输工具的装载效率;自行车在消费地区的装配加工可以提高运输效率,降低损失;石油气的液化加工,使很难输送的气态物转变为容易输送的液态物,也可以提高物流效率。

8. 为衔接不同运输方式、使物流更加合理的流通加工

在干线运输和支线运输的节点设置流通加工环节,可以有效解决大批量、低成本、长距离的干线运输与多品种、少批量、多批次的末端运输之间的衔接问题。在流通加工点与大生产企业间形成大批量、定点运输的渠道,以流通加工中心为核心,组织对多个用户的配送,也可以在流通加工点将运输包装转换为销售包装,从而有效衔接不同目的的运输方式。

9. 生产—流通一体化的流通加工

依靠生产企业和流通企业的联合,或者生产企业涉足流通,或者流通企业涉足生产,形成的对生产与流通加工进行合理分工、合理规划、合理组织,统筹进行生产与流通加工的安排,这就是生产—流通一体化的流通加工形式。这种形式可以促成产品结构及产业结构的调整,充分发挥企业集团的经济技术优势,是目前流通加工领域的新形式。

10. 为实施配送进行的流通加工

这种流通加工形式是配送中心为了实现配送活动、满足客户的需要而对物资进行的加工。

（二）零售企业流通加工的工艺

零售企业的客户是最终的消费者，所以其加工的目的多是便于消费者使用，或促进销售。其形式多为：生活资料加工、消费资料的加工和生产资料的加工。

1. 生活资料的加工工艺

食品加工及日用品加工大型零售企业中，食品类产品数量很大。为了便于保存，提高流通效率，食品的流通加工是不可缺少的，如鱼和肉类的冷冻、蛋品加工、生鲜食品的原包装、大米的自动包装、上市牛奶的灭菌等。食品流通加工的种类很多。只要留意超市里的货柜就可以看出，那里摆放的各类洗净的蔬菜、水果、肉末、鸡翅、香肠、咸菜等都经过了流通加工。这些商品的分类、清洗、贴商标和条形码、包装、装袋等在摆进货柜之前就已完成，这些流通加工都不是在产地完成，已经脱离了生产领域，进入了流通领域。食品流通加工的具体项目主要有如下几种：

（1）冷冻加工。这是为了保鲜而进行的流通加工，为了解决鲜肉、鲜鱼在流通中保鲜及装卸搬运的问题，采取低温冻结的加工方式。这种方式也用于某些液体商品、药品等。

（2）分选加工。为了提高物流效率而进行的对蔬菜和水果的加工，如去除多余的根叶等。农副产品规格、质量离散情况较大，为获得一定规格的产品，采取人工或机械分选的方式加工称为分选加工。这种方式广泛用于果类、瓜类、谷物、棉毛原料等。

（3）精制加工。农、牧、副、渔等产品的精制加工是在产地或销售地设置加工点，去除无用部分，甚至可以进行切分、洗净、分装等加工，可以分类销售。这种加工不但大大方便了购买者，而且还可以对加工过程中的淘汰物进行综合利用。比如，鱼类的精制加工所剔除的内脏可以制成某些药物或用做饲料，鱼鳞可以制高级黏合剂，头尾可以制鱼粉等；蔬菜的加工剩余物可以制饲料、肥料等。

（4）分装加工。许多生鲜食品零售起点较小，而为了保证高效输送出厂，包装一般比较大，也有一些是采用集装运输方式运达销售地区。这样为了便于销售，在销售地区按所要求的零售起点进行新的包装，即大包装改小包装，散装改小包装，运输包装改销售包

装,以满足消费者对不同包装规格的需求,从而达到促销的目的。

此外,半成品加工、快餐食品加工也成为流通加工的组成部分。这种加工形式,节约了运输等物流成本,保护了商品质量,增加了商品的附加价值。如葡萄酒是液体,从产地批量将原液运至消费地配制、装瓶、贴商标、包装后出售,既可以节约运费,又安全保险,以较低的成本卖出较高的价格,附加值大幅度增加。

2. 消费资料的流通加工工艺

消费资料的流通加工是以服务客户、促进销售为目的,如衣料品的标志和印记商标、家具的组装、地毯剪接等。

3. 生产资料的流通加工工艺

具有代表性的生产资料加工是钢铁的加工,如钢板的切割,使用矫直机将薄板卷材展平等。

三、零售流通加工合理化

流通加工合理化的含义是实现流通加工的最优配置,也就是对是否设置流通加工环节、在什么地方设置、选择什么类型的加工、采用什么样的技术装备等问题做出正确抉择。这样做不仅要避免各种不合理的流通加工形式,而且要做到最优。

(一)不合理流通加工形式

1. 流通加工地点设置不合理

流通加工地点设置即布局状况是决定整个流通加工是否有效的重要因素。一般来说,为衔接单品种大批量生产与多样化需求的流通加工,加工地点设置在需求地区,才能实现大批量的干线运输与多品种末端配送的物流优势。如果将流通加工地设置在生产地区,一方面,为了满足用户多样化的需求,会出现多品种、小批量的产品由产地向需求地的长距离运输;另一方面,在生产地增加了一个加工环节,同时也会增加近距离运输、保管、装卸等一系列物流活动。所以,在这种情况下,不如由原生产单位完成这种加工而无须设置专门的流通加工环节。

另外,一般来说,为方便物流的流通,加工环节应该设置在产出地,设置在进入社会物流之前。如果将其设置在物流之后,即设置在消费地,则不但不能解决物流问题,还会在流通中增加中转环节,因而也是不合理的。

即使是产地或需求地设置流通加工的选择是正确的,还有流通加工在小地域范围内的正确选址问题。如果处理不善,仍然会出现不合理。比如说交通不便,流通加工与生产企业或用户之间距离较远,加工点周围的社会环境条件不好等等。

2. 流通加工方式选择不当

流通加工方式包括流通加工对象、流通加工工艺、流通加工技术、流通加工程度等。流通加工方式的确定实际上是与生产加工的合理分工。分工不合理,把本来应由生产加工完成的作业错误地交给流通加工来完成,或者把本来应由流通加工完成的作业错误地交给生产过程去完成,都会造成不合理。

流通加工不是对生产加工的代替,而是一种补充和完善。所以,一般来说,如果工艺复杂,技术装备要求较高,或加工可以由生产过程延续或轻易解决的,都不宜再设置流通加工。如果流通加工方式选择不当,就可能会出现和生产争利的恶果。

3. 流通加工作用不大,形成多余环节

有的流通加工过于简单,或者对生产和消费的作用都不大,甚至有时由于流通加工的盲目性,同样未能解决品种、规格、包装等问题,相反却增加了作业环节,这也是流通加工不合理的重要表现形式。

4. 流通加工成本过高,效益不好

流通加工的一个重要优势就是它有较大的投入产出比,因而能有效地起到补充、完善的作用。如果流通加工成本过高,则不能实现以较低投入实现更高使用价值的目的,势必会影响它的经济效益。

(二) 实现流通加工合理化的途径

要实现流通加工的合理化,主要应从以下几个方面加以考虑。

1. 加工和配送结合

加工和配送结合就是将流通加工设置在配送点中。一方面按配送的需要进行加工;另一方面加工又是配送作业流程中分货、拣货、配货的重要一环,加工后的产品直接投入到配货作业,这就无须单独设置一个加工的中间环节,而使流通加工与中转流通巧妙地结

合在一起。同时,由于配送之前有必要的加工,可以使配送服务水平大大提高。

2. 加工和配套结合

"配套"是指对使用上有联系的用品集合成套地供应给用户使用。例如,方便食品的配套。当然,配套的主体来自各个生产企业,如方便食品中的方便面,就是由其生产企业配套生产的。但是,有的配套不能由某个生产企业全部完成,如方便食品中的盘菜、汤料等。这样,在物流企业进行适当的流通加工,可以有效地促成配套,大大提高流通作为供需桥梁与纽带的作用。

3. 加工和合理运输结合

流通加工能有效衔接干线运输和支线运输,促进两种运输形式的合理化。利用流通加工,在支线运输转干线运输或干线运输转支线运输等这些必须停顿的环节,不进行一般的支转干或干转支,而是按干线或支线运输合理的要求进行适当加工,从而大大提高运输及运输转载水平。

4. 加工和合理商流结合

流通加工也能起到促进销售的作用,从而使商流合理化,这也是流通加工合理化的方向之一。加工和配送相结合,通过流通加工,提高了配送水平,促进了销售,使加工与商流合理结合。此外,通过简单地改变包装加工形成方便的购买量,通过组装加工解除用户使用前进行组装、调试的难处,都是有效促进商流的很好例证。

5. 加工和节约结合

节约能源、节约设备、节约人力、减少耗费是流通加工合理化重要的考虑因素,也是目前我国设置流通加工并考虑其合理化的较普遍形式。

对于流通加工合理化的最终判断,是看其是否能实现社会的和企业本身的两方面效益,而且是否取得了最优效益。流通企业更应该树立社会效益第一的观念,以实现产品生产的最终利益为原则,只有在生产流通过程中不断补充、完善为己任的前提下才有生存的价值。如果只是追求企业的局部效益,不适当地进行加工,甚至与生产企业争利,这就有违于流通加工的初衷,或者其本身已不属于流通加工的范畴。

第二节 零售物流设施设备应用与管理

一、零售物流设施设备分类

（一）物流基础性设施

这一类设施一般具有公共设施性质，是宏观物流的基础，也是连锁物流实现的基础。它的主要特点是由政府投资建设，战略地位高，辐射范围大。物流基础性设施分类如表5-2所示。

表5-2 物流基础性设施分类

类别	说明
物流网络结构中的枢纽点	包括全国或区域铁路枢纽、公路枢纽、航空枢纽港、水路枢纽港，国家战略物流储备基地，辐射全国、经济区域的物流基地等
物流网络结构中的线	包括铁路、公路、航道、输送管道等
物流基础信息平台	物流基础信息平台的任务是为企业的物流信息系统提供基础信息服务（交通状态信息、交通组织与管理信息、城市商务及经济地理信息等），承担不同企业间的信息交换枢纽支持，提供政府行业管理决策支持等

（二）物流功能性设施

这类设施往往被物流第三方企业所拥有，是提供物流功能性服务的基本手段。物流功能性设施分类见表5-3。

表5-3 物流功能性设施分类

类别	说明
以存放货物为主要职能的节点	包括储备仓库、营业仓库、中转仓库、货栈等，货物在这种节点上停滞时间较长
以组织货物在系统中运动为主要职能的节点	包括流通仓库、流通中心、配送中心、流通加工点等
物流系统中的载体	包括货运车辆、货运列车、货机、货运船舶等

(三)物流机械设备

物流机械设备是指进行各项物流活动所需要的机械设备、器具等,可供长期使用,并在使用过程中基本保持原来实物形态的生产资料,不包括建筑物、场站等物流基础设施和运输工具详见表5-4。

表5-4 物流机械设备分类

类别	说明
物流仓储设备	是仓库进行生产和辅助生产作业以及保证仓库及作业安全所必需的各种机械设备的总和
流通加工机械	是指完成加工作业的专用机械设备
集装单元器具	是集装单元系统的重要组成部分,主要有集装箱、托盘、周转箱和其他单元集装器具
装卸搬运机械设备	装卸搬运机械设备是指用来搬移、升降、装卸和短距离输送物料或货物的机械设备。一般可分为起重机械、连续运输机械、装卸搬运车辆、专用装卸搬运机械等
包装机械	是完成全部或部分包装过程的机器设备

1. 物流仓储设施与设备

物流仓储机械设备是指仓库进行生产和辅助生产作业以及保证仓库及作业安全所必需的各种机械设备的总和。按功能分为以下三种:

(1)储存设备。储存设备是指用于存放货物并保持其原有功能的仓储设备,比如货架等。

(2)装卸搬运设备。装卸搬运设备是指在仓储作业中按照预定要求完成货物空间位置改变的仓储设备,比如堆垛起重机等。

(3)计量设备。计量设备是指确定货物重量等物理特性的设备,比如电子秤等。

此外,物流仓储设施与设备还包括商品保管设备、商品检验设备、仓储养护设备以及仓储安全设备等。仓储机械设备按照使用范围可分为专用机械设备和通用机械设备。为提高仓储机械设备的作业效率,目前专用机械的应用越来越普及,比如立体库专用的堆垛起重机等。

2. 流通加工设备

流通加工设备按照形式可以分为剪切加工设备（如剪板机）、冷冻加工设备、分选加工设备、精制加工设备、分装加工设备、组装加工设备等。

3. 集装单元器具

集装单元就是把各式各样的物料集装成一个便于储运的单元。集装单元化器具不能单纯地看做一个容器，它是物料的载体，是物流机械化、自动化作业的基础。标准化后的单元化容器也是物流设备、物流设施、物流系统设计的基础，是高效联运、多式联运的必要条件。该类设施主要有集装箱、托盘、周转箱和其他单元集装器具。

4. 装卸搬运机械设备

装卸搬运机械设备是指用来搬移、升降、装卸和短距离输送物料或货物的机械设备。它是物流机械设备中重要的机械设备，不仅用于完成船舶与车辆的装卸，而且也用于完成仓库场地堆码、拆垛、运输以及舱内、车内、库内货物的输送和搬运。

5. 包装设施与过程

包装设施是指完成全部或部分包装过程的机械。包装过程指填充、裹包、封口等包装工序，包括清洗、干燥、杀菌、计量、标记、紧固、集装、拆卸等。

二、零售物流设施设备应用

（一）仓储设施与设备应用

1. 轻型货架

轻型货架具有万能组合性的角钢，使其可以自由拆卸、组合。非常适合连锁销售企业储存货物或销售陈列。

2. 移动货架

移动货架适于库存频率较低，或库存频率较高但可按巷道顺序出入库的仓库。由于只有一个作业通道，可大大提高仓库面积的利用率。

3. 托盘货架

托盘型货架是相对"轻型货架"而言的，一般采用叉车等装卸设

备作业,是以托盘单元货物的方式来保管货物的货架,又称工业货架,是机械化、自动化货架仓库的主要组成部分。

4. 自动仓储系统

自动仓储系统(Automated Storage and Retrieval System,简称AS/RS)是指能自动存储和取出物料的系统。

(二)流通加工设备应用

流通加工设备按照形式可以分为分拣输送设备、冷冻加工设备、精制加工设备、分装加工设备等。

(1)分拣输送设备。分拣输送设备在连锁企业中,主要用于水果、蔬菜等产品的加工,便于分类销售、运输、仓储等。

(2)冷冻加工设备。冷冻加工设备主要用于生鲜食品、药品等的仓储、销售等环节。便于连锁企业的运输、加工保存等。包括间歇式凝冻机、冰激凌凝冻机、冷冻机、冷柜、冷藏台、刨冰机等。

(3)精制加工设备。精制加工设备主要用于农、牧、副、渔等产品的加工,可以分类销售,提高产品附加值,方便购买者。

例如:茶叶的精制加工设备有茶叶复炒机、茶叶抖筛机、茶叶平面圆筛机、滚筒筛分机、茶叶飘筛机等;米的精制加工设备有筛选去石机、重力谷糠分离机、喷风碾米机、白米分级平转筛等。

(4)分装加工设备。分装加工设备主要用于把包装比较大的产品改成小包装。以满足消费者对不同包装规格的需求。有利于连锁企业加工销售、高效运输以及促销等。包括自动分装机、真空包装机、定量分装机、填充分装机等。

(三)集装单元器具应用

1. 托盘

(1)平托盘:包括单面型托盘、单面使用型托盘、双面使用型托盘、翼型托盘、单向插入型托盘、双向插入型托盘和四向插入型托盘等。

(2)柱式托盘:包括固定柱式和可卸柱式两种。柱式托盘主要用于无货架多层堆码的场合。

(3)箱式托盘:箱式托盘保护能力强,可有效防止塌垛、货损。

装运范围较大,不但能装运可码垛得整齐的包装货物,而且可以装运各种异型不能稳定堆码的物品。

(4)轮式托盘:这种托盘不仅具有一般柱式、箱式托盘的优点,而且可以利用轮子做短距离运动,有很强的搬运性。

(5)纸质托盘:纸质托盘具有无虫害、环保、价格低廉以及承重能力强等优点,目前正成为企业关注的焦点。

(6)特种专用托盘:包括航空托盘、平板玻璃集装托盘、油桶专用托盘、托盘货架式托盘、长尺寸物托盘、轮胎专用托盘等六种典型的特种专用托盘。

2. 集装箱

(1)按用途可分为通用集装箱和专用集装箱。

(2)按材质可分为钢质集装箱、铝合金集装箱、玻璃钢质集装箱和不锈钢集装箱。

(3)按结构可分为内柱式集装箱和外柱式集装箱、折叠式集装箱和固定式集装箱、预制骨架式集装箱和薄壳式集装箱。

(四)装卸搬运设施与设备应用

1. 起重机

起重机用来垂直升降货物或兼做货物水平移动,以满足货物的装卸、转载等作业要求。具体分为以下两种:

(1)悬臂起重机。悬臂起重机取物装置悬挂在臂端或悬挂在可沿悬臂运行的起重小车上,悬臂可回转,但不能俯仰的臂架型起重机称为悬臂起重机。广泛用于搬运和堆码作业等。

(2)门式起重机。门式起重机又称龙门起重机,是桥架通过两侧支腿支撑在地面轨道上的桥架型起重机。

2. 叉车

叉车又称铲车、插式取货机,是物流领域中最常用的具有装卸、搬运双重功能的机械,并享有万能装卸机的美称。具体又分为以下三种:

(1)内燃式叉车。内燃式叉车燃料供应方便,能连续长时间作业,对路面要求较低。

(2)电动式叉车。电动式叉车又称电瓶式叉车,它以蓄电池为

动力,由直流电机驱动。电动式叉车结构简单,使用维护方便,对环境没有污染。

(3)集装箱叉车。集装箱叉车是集装箱码头和堆场上常用的一种集装箱专用装卸机械,主要用做堆垛空集装箱等辅助性作业,也可在集装箱吞吐量不大(年低于3万标准箱)的综合性码头和堆场进行装卸与短距离搬运。

(五)包装设施与设备应用

1. 捆扎机

捆扎机用于将众多的箱包货物捆成一个整体或使货物与托盘捆扎成一个整体,以利于货物的运输和装卸。

2. 塑膜缠绕机

塑膜缠绕机可使货物与托盘成为一个整体,以利于物料的搬运、装卸和运输。

(六)配送中心设施与设备应用

1. 条码标签用材

条码标签用材是记录条码信息的载体,直接影响条码的质量和成本,包括条码材质和碳带。尤其在连锁超市中应用极其广泛。

条码材质分:铜板、模造、防水、耐冷、无静电、卡纸。

碳带类别分:腊质、树脂质、复合型。

2. 条码打印机

条码标签作为一种新型符号式印品,不同于常规印品,它是一种供机器识别的光学形式符号文件,它的印刷有严格的技术要求和检测要求。

3. 数据采集终端

数据采集终端是采集条形码数据信息,并进行数据处理的装置,一般还带有显示窗口和信息输出窗口。

三、零售业装卸搬运作业与合理化

大力推广和应用装卸搬运设备,不断更新装卸搬运设备和实现现代化管理,对于加快现代化物流发展,促进国民经济发展,有着十分重要的作用。

（一）装卸搬运合理化原则

由于装卸搬运作业仅是衔接运输、保管、包装、配送、流通加工等各物流环节的活动，本身不创造价值，所以应尽量节约时间和费用，在装卸搬运作业合理化方面，可遵循以下七项原则。

1. 省力化原则

所谓省力，就是节省动力和人力。因为货物装卸搬运不产生价值，作业的次数越多，货物破损和发生事故的频率越大，费用越高，因此首先要考虑尽量不装卸搬运或尽量减少装卸搬运次数。集装化装卸、多式联运、集装箱化运输、托盘一贯制物流等都是有效的做法；利用货物本身的重量和落差原理，使用如滑槽、滑板等工具；减少从下往上的搬运，多采用斜坡式，以减轻负重；水平装卸搬运，如仓库的作业台与卡车车厢处于同一高度，手推车直接进出；卡车后面带尾板升降机，仓库作业月台设装卸货升降装置等。总之，省力化装卸搬运原则是：能往下则不往上、能直行则不拐弯、能用机械则不用人力、能水平则不要上斜、能滑动则不摩擦、能连续则不间断、能集装则不分散。

2. 活性化原则

这里所说的活性化是指"从物的静止状态转变为装卸状态的难易程度"。如果容易或适于下一步装卸搬运作业，则活性化高。如，仓库中的货物乱七八糟与整齐堆码的差别，散乱状态与放在托盘上的差别等。此外，在装卸机械灵活化方面的例子有叉车、铲车、带轨道的吊车、能转动360度的吊车和带轮子、履带的吊车等等。

3. 顺畅化原则

货物装卸搬运的顺畅化是保证作业安全、提高作业效率的重要原则。所谓顺畅化，就是作业场所无障碍，作业不间断，作业通道畅通。如：叉车在仓库中作业，应留有安全作业空间，转弯、后退等动作不应受面积和空间限制；人工进行货物搬运，要有合理的通道，脚下不能有障碍物，头顶留有空间，留有人员往来通道；用手推车搬运货物，地面不能坑坑洼洼，不应有电线、工具等杂物影响小车行走；人工操作电葫芦吊车，地面防滑、行走通道两侧的障碍等问题均与作业顺畅与否相关；机械化、自动化作业途中停电、线路故障、作业

事故的防止等都是确保装卸搬运作业顺畅和安全的因素。

4. 短距化原则

短距化,即以最短的距离完成装卸搬运作业,最明显的例子是生产流水线作业,它把各道工序连接在输送带上,通过输送带的自动运行,使各道工序的作业人员以最短的动作距离实现作业,大大地节约了时间,减少了人的体力消耗,大幅度提高了作业效率。转动式吊车、挖掘机也是短距化装卸搬运机械。

5. 单元化原则

单元化装卸搬运是提高装卸搬运效率的有效方法,如集装箱、托盘等单元化设备的利用都是单元化的例证。

6. 连续化原则

连续化原则有利于节省装卸搬运时间。连续化装卸搬运的例子很多,如输油、输气管道,气力输送设备,皮带传送机,辊道输送机,旋转货架等都是连续化装卸搬运的有力证明。

7. 人格化原则

装卸搬运是重体力劳动,很容易超过人的承受限度。如果不考虑人的因素,容易发生野蛮装卸、乱扔乱摔现象。搬运的物品在包装和捆包时应考虑人的正常能力和抓拿的方便性,也要注重安全性和防污染性等等。

(二)装卸搬运合理化方法

装卸搬运作业应在坚持上述基本原则的基础上实现装卸搬运作业合理化。装卸搬运合理化的要求如下。

1. 防止和消除无效作业

所谓无效作业是指在装卸作业活动中超出必要的装卸、搬运量的作业,这对装卸作业的经济效益有重要作用。为了有效地防止和消除无效作业,可从以下几个方面入手:

(1)尽量减少装卸次数。物流过程中,货损发生的主要环节是装卸环节,而在整个物流过程中,装卸作业又是反复进行的,从发生的频率来讲,超过任何其他活动,所以,过多的装卸次数必然导致损失的增加。从发生的费用来看,一次装卸的费用相当于几十公里的运输费用,因此,每增加一次装卸,费用就会有较大比例的增加。此外,装卸又会大大阻碍整个物流的速度,是降低物流速度的重要因素。

(2) 包装要适宜。包装过大过重,在装卸会因包装消耗较大的劳动,这一消耗不是必需的,因而形成无效劳动。

(3) 无效物品的装卸。进入物流过程的货物,有时混杂着没有使用价值或对用户来讲使用价值不对路的各种掺杂物,在反复装卸时,实际会对这些无效物品反复消耗劳动,因而形成无效装卸。

2. 提高物料的活性指数

被装卸搬运物料处于什么状态,对装卸搬运作业效率关系甚大。为了便于装卸搬运,总是期望物料处于容易被移动的状态。

3. 提高货物装卸搬运的可运性

装卸搬运的可运性是指装卸搬运的难易程度。影响装卸搬运难易程度的因素主要有:物品的外形尺寸;物品的密度或笨重程度;物品形状;损伤物品、设备或人员的可能性;物品所处的状态;物品的价值和使用价值等。装卸搬运物料的可运性可用物品马格数值的大小来量度。

小·知识

所谓"1个马格",是指可以方便地拿在一只手中,相当密实,形状紧凑并可以码垛,不易损伤,以及相当清洁、坚固、稳定的物品。不断降低马格数值,就意味着物品不断提高了可运性。因此,采取措施降低马格数,是提高装卸搬运可运性的重要标志,也是装卸搬运合理化的重要目标之一。

4. 充分利用重力和消除重力影响,实现装卸作业的省力化

在装卸时考虑重力因素,可以利用货物本身的重量,进行有一定落差的装卸,以减少动力的消耗,这是合理化装卸的重要方式。例如,从卡车、货车卸物时,利用车与地面或小搬运车之间的高度差,使用溜槽、溜板之类的简单工具,可以依靠货物本身的重量,从高处自动滑到低处,这就不需消耗动力。装卸搬运使物料发生垂直和水平位移,必须通过做功才能实现,要尽力实现装卸作业的省力

化。在装卸搬运时应尽可能消除货物重力的不利影响;同时,尽可能利用重力进行装卸搬运,以减轻劳动力和其他能量的消耗。靠人力装卸时,一装一卸是爆发力,而搬运一段距离,这种负重行走,要持续抵抗重力的影响,因而体力消耗很大,是出现疲劳的环节。所以,人力装卸时如果能配合简单机具,做到"持物不步行",则可以大大减轻劳动量,做到合理化。

5. 充分利用机械,实现"规模装卸"

在装卸时也存在规模效益问题,主要表现在一次装卸量或连续装卸量要达到充分发挥机械最优效率的水准。为了更多降低单位装卸工作量的成本,对装卸机械来讲也有"规模"问题,装卸机械的能力达到一定规模,才会有最优效果。追求规模效益的方法,主要是通过各种集装实现间断装卸时一次操作的最合理装卸量,从而使单位装卸成本降低,也通过散装实现连续装卸的规模效益。

6. 合理选择装卸搬运方式

在装卸搬运过程中,必须根据货物的种类、性质、形状、重量来确定装卸搬运方式。在装卸时对货物的处理大体有三种方式:第一是"分块处理",即按普通包装对货物逐个进行装卸;第二是"散装处理",即对粉粒状货物不加小包装而进行的原样装卸;第三是"单元组合处理",即货物以托盘、集装箱为单位进行组合后的装卸。实现单元组合,可以充分利用机械进行操作。其优点是:操作单位大,作业效率高;能提高物流"活性";操作单位大小一致,易于实现标准化;装卸不触及货物,对物品有保护作用。但这种装卸搬运方式并不是对所有货物都适用。

7. 改进装卸搬运作业方法

装卸搬运是物流过程中重要的一环。合理分解装卸搬运活动,对于改进装卸搬运各项作业、提高装卸搬运效率有着重要的意义。例如:采用直线搬运,减少货物搬运次数,使货物搬运距离最短;避免装卸搬运流程的"对流"、"迂回"现象;防止人力和装卸搬运设备的停滞现象,合理选用装卸机具、设备等。在改进作业方法上,尽量采用现代化管理方法和手段,如排队论的应用、网络技术的应用、人机系统等,实现装卸搬运的连贯、顺畅、均衡。

8. 合理运用物流装卸搬运设备,组织安排装卸搬运作业

物资装卸搬运设备运用组织是以完成装卸任务为目的,并以提高装卸设备的生产率、装卸质量和降低装卸搬运作业成本为中心的技术组织活动。它包括下列内容:

(1)确定装卸任务量。根据物流计划、经济合同、装卸作业不均衡程度、装卸次数、装卸车时限等,来确定作业现场年度、季度、月、旬、日平均装卸任务量。装卸任务量有事先确定的因素,也有临时变动的可能。因此,要合理地运用装卸设备,就必须把计划任务量与实际装卸作业量两者之间的差距缩小到最低水平。同时,装卸作业组织工作还要把装卸作业的物资对象的品种、数量、规格、质量指标以及搬运距离尽可能详细地做出规划。

(2)根据装卸任务和装卸设备的生产率,确定装卸搬运设备需用的台数和技术特征。

(3)根据装卸任务、装卸设备生产率和需用台数,编制装卸作业进度计划。它通常包括装卸搬运设备的作业时间表、作业顺序、负荷情况等详细内容。

(4)下达装卸搬运进度计划,安排劳动力和作业班次。

(5)统计和分析装卸作业成果,评价装卸搬运作业的经济效益。随着生产力的发展,装卸搬运的机械化程度将不断提高。此外,由于装卸搬运的机械化能把工人从繁重的体力劳动中解放出来。尤其对于危险品的装卸作业,机械化能保证人和货物的安全,也是装卸搬运机械化程度不断得以提高的动力。

(6)合理地规划装卸搬运方式和装卸搬运作业过程,是指对整个装卸作业的连续性进行合理的安排,以减少运距和装卸次数。

提高装卸搬运作业的连续性应做到:作业现场装卸搬运机械合理衔接;不同的装卸搬运作业在相互联结使用时,力求使它们的装卸搬运速率相等或接近;充分发挥装卸搬运调度人员的作用,一旦发生装卸搬运作业障碍或停滞状态,立即采取有力的措施补救。

同时,装卸搬运作业现场的平面布置是直接关系到装卸、搬运距离的关键因素,装卸搬运机械要与货场长度、货位面积等互相协

调。要有足够的场地集结货物,并满足装卸搬运机械工作面的要求,场内的道路布置要为装卸搬运创造良好的条件,有利于加速货位的周转。使装卸搬运距离达到最小平面布置是减少装卸搬运距离的有效方法。

此外,也可以通过流通加工技术来促进运输合理化。通过流通加工实现模块化、标准化或通过延迟加工等技术性处理来实现合理化组织。

小·知识

延迟加工是把某些本可以在生产工厂进行的作业放在物流中来进行,其本身是一种制造企业的生产方法,把它引入到运输、配送过程中同样具有较好的效果。例如:把本应在仓储基地(生产地仓库)进行的规格较大的物品的拆分工作放在指定目的地(区域配送中心)进行或者把标准规格的产品运往下一级的分销中心再围绕不同客户需求进行个性化配置等。这些措施均有效实现了运送物品的延后分离,形成了更大的运输批量,达到集拼运输的效果。

第三节 零售流通加工管理综合实训

任务 某超市各类流通加工方案实训

【任务引入】

请在任课教师的指导下,分别成立项目小组,以小组为单位,到就近的零售超市进行参观和调研,并撰写调研结果演讲报告,以演讲的形式说明零售超市中的流通加工的环节、工艺以及应用的物流设施与设备,并设计合理的流通加工方案。

【知识要点】

零售超市中常见的食品加工方案有:

1. 冷冻加工
2. 分选加工

3. 精制加工

4. 分装加工

【任务实施】

以某一零售超市为例,分析它在食品加工中的各个环节,写出各类流通加工的方案。

超市名称:

超市各流通加工方案调查表见表5-5:

表5-5

加工类型	加工工艺	面向产品	使用设备	加工时间
冷冻加工				
分选加工				
精制加工				
分选加工				

调查结论:

将小组对此超市流通加工方案的调查结果写成调查报告,并且就各小组的调查结果各组分别发表演讲。

优化方案:

每个小组根据自己调查的情况,结合本章所学知识,为你所调查的超市拟写一份流通加工优化方案。

【技能拓展】

将你小组所调查方案各项数据和资料进行分析,研究现存流通加工环节的优缺点,提出新的优化方案,使得流通加工更加合理,提高企业利润。

本章要点归纳

本章主要介绍了流通加工的概念、产生的原因、特点、作用、零售企业流通加工类型及工艺、零售流通加工合理化、零售物流设施设备的分类、零售物流设施设备的应用、零售装卸搬运作业与合理化等。

综合演练与测试

一、简答题

1. 流通加工的概念。
2. 流通加工的目的。
3. 流通加工的作用。
4. 食品的流通加工工艺。
5. 实现流通加工合理化的途径。
6. 流通加工设备按照形式可以分为哪几类?

二、综合演练

演练1：

阿迪达斯公司在美国一家超级市场设立了组合式鞋店,摆放着不是做好了的鞋、而是做鞋用的半成品,款式花色多,有6种鞋跟、8种鞋底,均为塑料制造,鞋面的颜色以黑、白为主,搭带的颜色有80种。顾客进来可任意挑选自己所喜欢的各个部位,交给职员当场进行组装。只要10分钟,一双崭新的鞋便可得到。这家鞋店昼夜营业,职员技术熟练。鞋子的售价与成批制造的价格差不多,有的还稍便宜些。所以顾客络绎不绝,销售金额比邻近的鞋店多十倍。

思考:流通加工的作用及其现实意义有哪些?

演练2：

A企业是一家国有大型服装生产企业,一直保持着大规模单一的服装品种,定期向某品牌的服装连锁店供货。但是市场效果表明其产品不适应市场的需求。为了改变现状,A企业联合配送企业、服装零售企业做了大规模的调研,发现成衣制好后送到配送企业再进行花边处理及分类包装,可以满足消费者的个性化需求。

请你为A企业设计一个合理的流通加工方案。

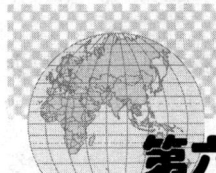

第六章 零售物流外包

【知识目标】
了解物流外包、第三方物流和第四方物流的基本概念
了解物流外包的成因及条件
掌握物流外包的模式
掌握物流外包的风险和对策

【技能目标】
能够应对零售企业物流外包中面临的风险,分析相应的对策

【引导案例】

家乐福物流外包业务

法国零售巨头商家乐福正加速争夺全球市场,力图成为全球零售业领头羊。其中最大的"战场"之一是巴西。在那里,家乐福将与当地的零售商以及全球最大的零售商之———沃尔玛一决雌雄。

家乐福经营管理者发现圣保罗(Sao Paolo)地区有建立配送中心的显著需要,但是到了选择具有熟练配送经验的设施设备服务商的时候,家乐福却没有很大的选择余地。原因是,巴西没有提供这项服务的市场。据家乐福物流执行官所说,家乐福是巴西唯一一家采用物流服务商的零售企业。因此,巴西几乎没有一家零售商具有丰富的经验。

最终,家乐福选择了一家物流公司经营圣保罗配送中心(Sao Paolo Distribution Center)。该公司是一个新兴的物流公司,经营物流与贸易,拥有25年的进出口商品运作经验,同时也是一家运输租

赁公司的子公司。

该物流公司在距圣保罗东北方向500米的维多利亚(Vitoria)为家乐福开设了第二个配送中心，拥有30名员工和12 000平方米的工作场所，配送范围包括2个高级百货商场和15个超级市场。

家乐福需要的不仅是可储存充足产品的基本仓库，而且需要复杂的仓库管理系统。物流服务商通过整合零售商、世界其他地区消费品配送专业技术，凭借其对巴西零售市场的掌握与了解，开发自己的仓库管理软件，解决了当地库存管理系统越来越难以适应家乐福在巴西日益扩展的商业网络需求的难题，同时方便了与当地客户的联系。

据主要负责人说，到目前为止，配送中心库存作业准确率非常高。由于采用条码技术，库存管理准确率达99.97%，外向物流订单处理准确率达99.89%。此外，尽管配送中心对商品库存量和商品积压值不能提供确切数字，但库存量和商品积压确实很少。其中最重要的是，由于产品现货供应能力、客户服务水平以及库存管理可见度的提高，商品销售量持续增加。

阅读案例并思考：

1. 请举例说明，像家乐福这样的零售公司还有哪些？
2. 请说明物流外包对于零售企业的重要性，其作用体现在哪些方面？
3. 请查阅资料，举例说明物流外包在其他零售企业中的应用。

第一节 零售物流外包概述

一、物流外包、第三方物流与第四方物流

（一）物流外包

所谓物流业务外包，即制造企业或流通企业为集中资源、节省管理费用、增强核心竞争能力，将其物流业务以合同的方式委托给专业的物流公司运作。外包是一种长期的、战略的、相互渗透的、互

利互惠的业务委托和合约执行方式。

(二)第三方物流

第三方物流(Third-Party Logistics,简称3PL,也简称TPL)是指生产经营企业为集中精力搞好主业,把原来属于自己处理的物流活动,以合同方式委托给专业物流服务企业,同时通过信息系统与物流企业保持密切联系,以达到对物流全程管理控制的一种物流运作与管理方式。第三方物流内部的构成一般可分为两类:资产基础供应商和非资产基础供应商。对于资产基础供应商而言,他们有自己的运输工具和仓库,他们通常实实在在地进行物流操作。而非资产基础供应商则是管理公司,不拥有或租赁资产,他们提供人力资源和先进的物流管理系统,专业管理顾客的物流功能。广义的第三方物流可定义为两者结合。相比传统的物流公司,第三方物流更专业化,综合成本更低,配送效率更高,已经成为国际物流业发展的趋势、社会化分工和现代物流发展的方向。

据美国权威机构统计,通过第三方物流公司的服务,企业物流成本会下降11.8%,物流资产下降24.6%,办理订单的周转时间从7.1天缩短为3.9天,存货总量下降了8.2%。据调查,在西方发达国家,第三方物流已经是现代物流产业的主体。欧洲的大型企业,使用第三方物流的比例高达76%,而且70%的企业不只使用一家。在欧洲,第三方物流所占市场份额,德国为23%,法国为27%,英国为34%。美国、日本等国家使用第三方物流的比例都在30%以上。

目前,我国的第三方物流在物流市场中所占的比例仅为10%。大型专业的第三方物流企业尚不能满足市场需求,这是当前物流发展中最薄弱的环节,也制约了我国经济的发展。我国第三方物流市场规模在600亿~700亿元,不仅规模小,而且高度分散,在1万至1.5万家第三方物流企业中,没有一家企业能占到2%以上的市场份额,大多数物流公司只是局限在供应链功能的一小部分,无法满足客户的一体化物流服务需求。中国最大的物流供应链管理软件供应商博科资讯总裁沈国康指出,由于大部分物流企业是从原来的储运业转型而来,大都未形成核心竞争力,企业的技术水平与管理水平不高,缺乏公认的物流服务标准。虽然各地的物流企业数量与基

础投资猛增,但低价恶性竞争严重扰乱了市场秩序,造成物流企业普遍业绩不佳,发展后劲不足。运用信息化手段提高运输质量和运输效率,提高客户服务能力,从而提高核心竞争力,是很多第三方物流企业应对市场竞争的必然选择。

(三)第四方物流

第四方物流是1998年美国埃森哲咨询公司率先提出的,专门为第一方、第二方和第三方物流企业提供物流规划、咨询、物流信息系统、供应链管理等活动。第四方物流并不实际承担具体的物流运作活动。第四方物流是一个供应链的集成商,是供需双方及第三方物流的领导力量。它不是物流的利益方,而是通过拥有的信息技术、整合能力以及其他资源提供一套完整的供应链解决方案,以此获取一定的利润。它是帮助企业实现降低成本和有效整合资源,并且依靠优秀的第三方物流供应商、技术供应商、管理咨询商以及其他增值服务商,为客户提供独特和广泛的供应链解决方案。

第四方物流与第三方物流相比,其服务的内容更多,覆盖的地区更广,对从事货运物流服务的公司要求更高,要求它们必须开拓新的服务领域,提供更多的增值服务。第四方物流最大的优越性是它能保证产品得以"更快、更好、更廉"地送到需求者手中。在当今经济形式下,货主、托运人越来越追求供应链的全球一体化,以适应跨国经营的需要,跨国公司由于要集中精力于其核心业务,因而必须更多地依赖于物流外包。基于此理,它们不只是在操作层面上进行外包,而且在战略层面上也需要借助外界的力量,以便昼夜都能得到"更快、更好、更廉"的物流服务。第三方物流独自提供服务,或通过与自己有密切关系的转包商来为客户提供服务,它不大可能提供技术、仓储和运输服务的最佳整合。因此,第四方物流成了第三方物流的"协助提高者",也是货主的"物流方案集成商"。

二、零售物流外包成因

物流外包是一种长期的、战略的、相互渗透的、互利互惠的业务委托和合约执行方式。企业物流外包所推崇的理念是:如果我们在产业价值链的某一环节上不是世界上最好的,而且不是我们的核心竞争优势,如果这种活动不至于把我们同客户分开,那我们应当把它外包给世界上最好的专业企业去做。也就是说,首先确定企业的核心竞争优势,并把企业内部的技能和资源集中在那些具有核心竞争优势的活动上,然后将剩余的其他企业活动外包给最好的专业企业。从这样的理念可知,企业物流外包的目的就是以供应链为腹地,跨越企业边界合理配置资源,提高企业核心竞争力。其推动力来自竞争和供应链的发展,因为21世纪的竞争不是企业与企业之间的竞争,而是供应链与供应链之间的竞争,这就是企业物流外包的基本推动力。企业物流外包不单是业务形式的变化,还有更深层的原因。从发展核心竞争力的角度看,企业物流外包是一个相当紧迫的问题。物流外包有利于企业集中精力发展核心业务、分担风险、加速企业重组、实现规模效益。因为第三方物流能够优化配置资源,提供灵活多样的顾客服务,为顾客创造更多的价值,发挥信息技术优势,因此,物流外包相对于自营物流具有明显的比较优势。

在零售企业中,物流外包有着深刻的内部及外部的原因。

一是社会分工的结果。各企业为了增强市场竞争力,将企业的财力、人力、物力都投入到企业的核心业务上,寻求社会化分工带来的效率和效益的最大化。专业化分工的结果导致很多非核心业务从企业生产经营中分离出来,其中就包括物流业,将物流业务外包给专业的物流公司。对于连锁企业来说,核心业务是销售、生产,而将物流业务交给专业的公司,可以提高自身的竞争力。

二是新型的管理理念以及信息技术特别是计算机技术的飞速发展,推动着管理技术和思想的进一步更新,由此产生了供应链、虚拟企业等一系列强调外部协调和合作的新型管理理念,既增加了物流的复杂性,又对物流提出了零库存、准时制、快速反应等更高的要求,一般企业很难承担此类业务,因此,物流外包应运而生。在零售企业中,这些新型理念要求连锁企业达到零库存、JIT、快速反应等要求,所以更需要物流外包业务。

三是物流领域的竞争激化导致综合物流业务的发展。随着经济自由化和贸易全球化的发展,物流领域的政策不断放宽,同时也

导致物流企业自身的竞争激化,物流企业不断地拓展服务内涵和外延,从而导致第三方甚至是第四方物流的出现,为物流外包提供基础。

三、零售物流外包的实现条件

(一)零售物流外包的外部条件

1. 区域物流平台

区域物流平台是区域物流的载体,包括诸多复杂的网络体系。它包括基础设施、物流设备和各种标准。这是整合了区域物流资源的物流服务体系,有了这样坚实的平台,就可以在成本和时间方面消除客户担心。但目前,像这样的区域物流平台我国正在建设中,如各港口城市的物流中心、物流园区,也并不是完全定位在为企业物流外包服务。物流园区建设仍是物流外包的重要平台,但园区建设一定要合理规划和布局,以市场培育、企业物流外包为重心。通过市场培育为解决物流成本和服务及时性问题提供保证,经过一定时间逐步达到规模经济,成本就不再是担心的问题。零售业可以在区域内物流平台的基础上,实行物流外包业务。

2. 基础设施的建设与整合

基础设施的建设一定要围绕区域物流平台,进行物流基础设施建设和物流资源整合。尤其要发展区域综合配送中心。过去有不少零散的设施和资源,需要通过区域物流平台进行整合,防止各自为政、低水平重复建设和恶性竞争。只有综合的、高质量的物流商,才能为各连锁企业提供高效的服务。

3. 综合物流商的培植

物流成为热点后,各路军团纷纷涌入第三方物流,包括外企、民营企业都纷纷抢滩,这对于物流业的发展是有利的,但是要形成有实力的综合物流商,才能解决成本和服务及时性问题。综合物流商培植也要以区域物流平台为载体,探索一种投资主体多元化的全新物流平台模式。

4. 信息系统建设

信息系统建设也是一个很重要的问题,对于沟通供需、缩短时空距离、解决及时性问题、实现物流与信息流统一是非常重要的。建立区域物流平台的信息系统有利于快速地采集、处理和反馈信息,解决速度问题,同时也能降低物流成本。建设信息系统要以区域物流平台的信息系统为轴心,以电子商务为依托。实现各零售企业之间以及整条供应链上企业信息的共享。

(二)零售物流外包的内部条件

1. 零售企业物流观念

零售企业的物流观念和对于资源的认识是影响物流外包的因素。物流外包要有外部压力和比较优势,而零售企业高层对物流外包重要性的认识,也是影响物流能否外包的条件,对物流外包的认识是基于零售企业对竞争战略的认识,对企业自身资源的认识,事关企业战略。但目前零售企业对物流及物流外包的认识还刚起步,有的还停留在狭隘资源观上。为此,对零售企业进行现代物流理念的普及和培训也是重要的。要加深企业对供应链的认识,突破企业边界,真正放弃"大而全"、"小而全"的计划经济模式,树立基于供应链的统一资源观,以资源整合的思想重新审视零售企业资源,分析资源的优势与劣势。

2. 物流体制

零售企业物流体制是影响零售企业物流外包的另一个因素,因为零售企业物流相对分散,这给物流外包增加了难度。为此,企业需要进行物流和内部供应链一体化,建立适应物流外包的物流管理体制,即集成化的管理模式。

3. 物流信息化

物流信息化程度也是制约物流外包的一个不可忽视的要素,没有物流信息化,就无法快速沟通供需,与第三方物流的信息交流也无法在速度上满足物流外包的要求。为此,要实现物流外包就要建立与第三方物流对接的信息系统与电子商务平台,以期快速响应需求,满足即时性的需要。

总之,要实现物流外包,要研究零售企业物流外包的外部和内部条件,同时推进,有计划、有选择地分阶段实施。

第二节 零售物流外包运营模式

一、零售物流外包运营模式

(一)第三方物流外包运营模式

1. 传统外包型物流运作模式

简单普通的物流运作模式是第三方物流企业独立承包一家或多家连锁经营企业的部分或全部物流业务。

企业外包物流业务,降低了库存,甚至达到"零库存",节约了物流成本,同时可精简部门,集中资金、设备于核心业务,提高企业竞争力。

第三方物流企业以契约形式与客户形成长期合作关系,保证了自己稳定的业务量,避免了设备闲置。这种模式以零售企业为中心,第三方物流企业几乎不需专门添置设备和对员工的业务训练,管理过程简单。订单由产销双方完成,第三方物流只完成承包服务,不介入企业的生产和销售计划。

目前我国大多数零售物流业务就是这种模式,实际上这种方式比传统的运输、仓储业并没有走太远。这种方式以零售经营企业为中心,与第三方物流之间缺少协作,没有实现资源更大范围的优化。这种模式最大的缺陷是零售经营企业与第三方物流之间缺少沟通的信息平台,会造成生产的盲目和运力的浪费或不足,以及库存结构的不合理。而且根据统计,目前物流市场以分包为主,总代理比例较少,难以形成规模效应。

2. 战略联盟型物流运作模式

第三方物流包括运输、仓储、信息等经营者以契约形式结成的战略联盟,内部信息共享和信息交流,相互间协作,形成第三方物流网络系统,联盟可包括多家同地和异地的各类运输企业、场站、仓储经营者,理论上联盟规模越大,可获得的总体效益越大。信息处理这一块,可以共同租用某信息经营商的信息平台,由信息经营商负责收集处理信息,也可连接联盟内部各成员的共享数据库,实现信息共享和信息沟通。目前我国的一些电子商务网站普遍采用这种模式。这种模式比起第一种有两方面改善：首先系统中加入了信息平台，实现了信息共享和信息交流，各单项实体以信息为指导制定运营计划，在联盟内部优化资源。同时信息平台可作为交易系统，完成产销双方的订单和对第三方物流服务的预定购买。其次，联盟内部各实体实行协作，某些票据联盟内部通用，可减少中间手续，提高效率，使得供应链衔接更顺畅。例如，联盟内部各种经营方式的运输企业进行合作，实现多式联运，一票到底，大大节约运输成本。

这种方式下的联盟成员是合作伙伴关系，实行独立核算，彼此间服务租用，因此有时很难协调彼此的利益，在彼此利益不一致的情况下，要实现资源更大范围的优化就存在一定的局限。例如，A地某运输企业运送一批货物到B地，而B地恰有一批货物运往A地，为减少空驶率，B地承包这项业务的某运输企业应转包这次运输，但A、B两家在利益协调上也许很难达成共识。

3. 综合物流运作模式

第三种模式就是组建综合物流公司或集团。集成物流的多种功能——仓储、运输、配送、信息处理和其他一些物流的辅助功能，例如包装、装卸、流通加工等，组建完成各相应功能的部门。综合第三方物流大大扩展了物流服务范围，对上游生产商可提供产品代理、管理服务和原材料供应，对下游经销商可全权代理为其完成配货送货业务，可同时完成商流、信息流、资金流、物流的传递。

综合物流运作必须进行整体网络设计，即确定每种设施的数量、地理位置、各自承担的工作。其中信息中心的系统设计和功能设计以及配送中心的选址流程设计都是非常重要的问题。物流信息系统基本功能应包括信息采集、信息处理、调控和管理，物流系统的信息交换目前主要利用电子数据交换、无线电和互联网。互联网因为其成本较低（相对于电子数据交换技术）、信息量大，已成为物流信息平台发展趋势。配送中心是综合物流的体现，地位非常重要，它衔接物流运输、仓储等各环节。综合物流是第三方物流发展的趋势，组建方式有多种渠道，目前我国正处在探索阶段，但一定要注意避免重复建设、资源浪费问题。

第六章 零售物流外包

（二）第四方物流外包运营模式

第四方物流结合自身的特点可以有三种运作模式，虽然它们之间略有差别，但都突出了第四方物流的特点。

1. 协同运作模式

在协同运作模式下，第四方物流只与第三方物流有内部合作关系，即第四方物流服务供应商不直接与企业客户接触，而是通过第三方物流服务供应商实施其提出的供应链解决方案、再造的物流运作流程。这就意味着，第四方物流与第三方物流共同开发市场，在开发的过程中第四方物流向第三方物流提供技术支持、供应链管理决策、市场准入能力以及项目管理能力等，它们之间的合作关系可以采用合同方式绑定或采用战略联盟方式形成。

2. 方案集成商模式

在方案集成商运作模式下，第四方物流作为企业客户与第三方物流的纽带，将企业客户与第三方物流连接起来，这样零售企业客户就不需要与众多第三方物流服务供应商进行接触，而是直接通过第四方物流服务供应商来实现复杂的物流运作管理。在这种模式下，第四方物流作为方案集成商除了提出供应链管理的可行性解决方案外，还要对第三方物流资源进行整合，统一规划为企业客户服务。

3. 行业创新者模式

行业创新者模式与方案集成商模式有相似之处：都是作为第三方物流和客户沟通的桥梁，将物流运作的两个端点连接起来。两者的不同之处在于：行业创新者模式的客户是同一行业的多个企业，而方案集成商模式只针对一个企业客户进行物流管理。这种模式下，第四方物流提供行业整体物流的解决方案，这样可以使第四方物流运作的规模更大限度地得到扩展，使整个行业在物流运作上获得收益。

第四方物流无论采取哪一种模式，都突破了单纯发展第三方物流的局限性，能真正实现低成本运作，实现最大范围的资源整合。因为第三方物流缺乏跨越整个供应链运作以及真正整合供应链流程所需的战略专业技术，第四方物流则可以不受约束地将每一个领域的最佳物流提供商组合起来，为客户提供最佳物流服务，进而形成最优物流方案或供应链管理方案。而第三方物流要么独立、要么通过与自己有密切关系的转包商来为客户提供服务,它不太可能提供技术、仓储与运输服务的最佳结合。

二、零售物流外包的优势与风险

(一)零售物流外包的优势

1. 零售企业将有限的资源集中用于发展主业

零售企业将物流业务外包给第三方物流企业,可以使企业实现资源的优化配置,减少用于物流业务方面的车辆、仓库和人力的投入,将有限的人力、财力集中于核心业务。

2. 零售企业节省费用,增加赢利

从事物流外包业务运作的第三方物流企业利用规模经营的专业优势和成本优势,通过提高各环节的利用率,实现费用节省,使零售企业能从物流业务中分离出来,并得到专业化物流服务而获益。

3. 零售企业加速商品周转,减少库存,降低经营风险

第三方物流服务提供者借助精心策划的物流计划和适时的运送手段,最大限度地加速库存商品周转,减少库存,为企业降低经营风险。

4. 可以提升零售企业形象

第三方物流提供者利用完备的设施和训练有素的员工对整个供应链实现完全的控制,帮助零售企业改进服务,树立自己的品牌形象。同时零售企业也可以借助于第三方物流企业的品牌形象,提升自己的企业形象。

5. 可使零售企业降低管理难度,提升管理效率

物流业务外包既能使零售企业享受专业管理带来的效率和效益,又可将内部管理活动变为外部合同关系,把内部承担的管理职责变为外部承担的法律责任,有利于简化管理工作。

(二)零售物流外包的风险

1. 外包控制不足

外包常常会使企业失去对一些产品或服务的控制,从而增加了企业正常运转的不确定性。零售企业在外包的过程中有可能由于

丧失对外包的控制而影响整个业务的发展。

2. 增大外包依赖风险

长期依赖某一个第三方物流服务商,对零售企业的资本投资、效率提高具有潜在的好处,但同时又会使第三方物流服务商滋生自满情绪而让企业难以控制。

3. 内部员工抵制

企业物流外包往往会影响企业的内部业务流程,需要企业的内部业务流程重组,这个过程很可能对所有员工都产生影响,受到企业内部员工的抵制而对企业正常的生产经营产生负面影响。

4. 降低用户满意度

零售企业过于依赖第三方物流服务商,又无法控制或影响他们,使企业不能取得所需的用户信息,从而影响企业的服务改进。从长期来看,由于对物流活动的失控可能阻碍核心业务与物流活动之间的联系而降低用户满意度。

5. 企业利益受损

物流活动的长期外包,会使第三方物流服务商认为企业缺乏专业技术,因此抬高物流服务的价格或提供较差的物流服务,从而使企业蒙受损失。

三、零售物流外包的风险防范

(一)识别零售企业的核心竞争力

外包本身并不是企业发展战略,它仅仅是实现企业战略的一种方式,企业应确定在行业中是否存在有能力和可供选择的物流供应商,否则,实施物流外包不仅不能成功,反而会带来一系列问题。因此,企业应深入分析内部物流状况,并探讨物流是不是企业的核心能力,分析物流是否能为企业带来外部战略经济利益;企业只有在拥有了合适的合作伙伴,企业内部管理层也认识到外包的重要性而且清楚针对外包应做的准备工作,才能决定是否实施外包。

(二)外包伙伴,即第三方物流公司的选择

物流外包决策中很重要的一个问题是包给谁,即外包伙伴的选择。首先需要对外部的潜在物流供应商进行调查、分析、评价,调查

物流供应商的管理状况、战略导向、信息技术支持能力、自身的可塑性和兼容性、行业运营经验等，评价其从事物流活动的成本状况、长期发展能力、信誉度等。特别是对于物流供应商的承诺和报价，零售企业务必认真分析衡量。报价应根据物流供应商自身的成本确定，而非依据市场价格，报价不仅仅是一个总数，应包括各项作业的成本明细。对于物流外包的承诺尤其是涉及政府决策或物流供应商战略抉择方面的项目，必须来自物流供应商最高管理者，避免在合约履行过程中出现对相关条款理解不一致的现象。在评价的基础上，应对潜在的多个物流外包伙伴进行比较，从中选择最适合企业需要的外包伙伴。

（三）物流外包活动的监控

对外包活动进行监督和控制是外包顺利实施的重要保证。零售企业即使与第三方物流供应商签订了协议，也应当监控第三方物流供应商的绩效，同时给他们提供所需的业务信息。零售企业与第三方物流供应商之间要注意相互沟通，共同编制操作指引。企业不能认为业务外包了，一切就由对方承包，完全是物流供应商单方面的工作，而应当与第三方物流商一起制订物流作业流程、确定信息渠道、编制操作指引，供双方参考使用。操作指引能够使双方相关人员在作业过程中步调一致，也可以为企业检验对方物流作业是否符合要求提供标准和依据。因此，企业要建立物流外包的控制机制，对外包伙伴的业绩进行定期检查，制订标准对其业绩进行考核。

（四）加强物流外包合同的科学管理

1. 谨慎签订合同

签订合同之前，零售企业可以向有处理物流纠纷经验的律师进行咨询，以确保正当权益得到保护。此外，要加强合同管理人员的培训，要建立健全规章制度。包括合同资信调查、签订、审批、会签、审查、登记、备案，法人授权委托办法，合同示范文本管理，合同专用章管理，合同履行与纠纷处理，合同管理人员培训，合同管理考核与奖惩等。同时，由于物流外包合同涉及的活动环节多、时间长、要求复杂，在签订时，任何欠缺和疏漏都会给物流活动带来负面影响，因此要谨慎签订合同。

2. 签约后的违约管理

对于货物利益方来说，在物流经营人违反合同时，可能的补救措施有：①造成货损或灭失的，向保险公司索赔，再由保险行使代位求偿权向责任人追偿；②依物流合同向物流经营人提出赔偿请求，再由物流经营人向责任人追偿；③直接订立物流作业分合同的，依分合同向实际履行人追偿；④以侵权为由向没有合同关系的责任人提出赔偿请求。

（五）零售企业内部组织结构的调整

企业物流外包可能会受到企业内部作业流程的制约以及员工的抵制，因此，企业内部组织结构的调整主要集中在以下几个方面：如何在无缝衔接的基础上调整业务流程，进行职能变革；如何对外包的物流功能进行持续有效的监控；企业文化是否鼓励创新与变革；企业领导和员工对变革持何种态度等。需要从战略角度看待物流业务外包，致力于获得最佳合作伙伴，并围绕着这种伙伴关系建立一种健全的管理体系，从而实现无缝衔接，取得外包策略的成功。

（六）以"双赢"为原则，巩固合作关系

物流供应商对企业和企业客户的服务能力是依靠企业自身的工作表现的，外包意味着双方利益捆绑在了一起，不再独立，良好的合作伙伴关系将使双方受益，任何一方的不良表现都将使双方受损。在选择物流供应商时，要改变现有的观点，不能仅着眼于零售企业内部核心竞争能力的提升，而置物流供应商的利益于不顾。企业应以长远的战略思想来对待物流外包，通过外包既实现企业自身利益最大化，又有利于物流供应商持续稳定的发展，达到供需双赢的局面。因此，供需双方相互信任和忠诚以及履行承诺是建立良好的外包合作关系的关键因素。

（七）及时办理物流货物保险

零售企业使用第三方物流服务的过程中，应及时投保货物物流保险，或者在物流服务合同中约定由物流供应商代为购买。物流货物保险主要承保物流货物在运输、储存、加工包装、配送过程中由于自然灾害或意外事故造成的损失和相关费用。物流货物保险可以

为客户提供全面、无缝式的保险保障,同时还能最大限度地简化客户的投保手续,方便客户。

(八)加大对物流外包商的监督力度

双方当事人签订合同是为了实现各自的经济目的,只有合同及时有效履行才能实现双方的目的。因此,在合同签订后,零售企业要加强对合同履行的监督,相关部门各司其职,企业法律顾问部门则要全面监督。通过监督及时发现影响履行的原因,以便随时向各部门反馈,排除阻碍,防止违约的发生。企业应当经常与其沟通,共同制定物流作业流程、确定信息渠道,应当对物流外包活动进行恰当的监督和控制。在监督的过程中如果发现任何风险,都应该和物流供应商及时沟通、协商,采取相应的措施来避免和降低风险带来的损失。

(九)建立物流服务提供商的竞争模式

选择第三方物流供应商时,应避免仅选择一家物流供应商承担外包物流业务。企业可以选择将物流业务分别外包给两家不同的第三方物流服务商,以避免对某一家物流服务商产生过多的依赖。此举还可以促进物流服务提供商之间的服务竞争意识。更为重要的是,当一家物流供应商因某种原因不能继续提供服务时,另一家物流供应商能迅速接管,避免物流业务停止运行或短期内必须重新找供应商的困难局面。

第三节 零售物流外包综合实训与案例分析

任务 中小型连锁零售企业物流外包方案设计

【任务引入】

请在任课教师的指导下,分别成立项目小组,以小组为单位,到中小型连锁物流企业进行参观和调研,并撰写调研报告,说明中小型物流连锁零售企业的物流外包方案,并对此方案进行评价。

【知识要点】

1. 物流外包商的选择
2. 物流外包的运作模式

3. 物流外包优势与风险
4. 物流外包风险的规避
5. 物流外包发展阶段(如图6-1所示)

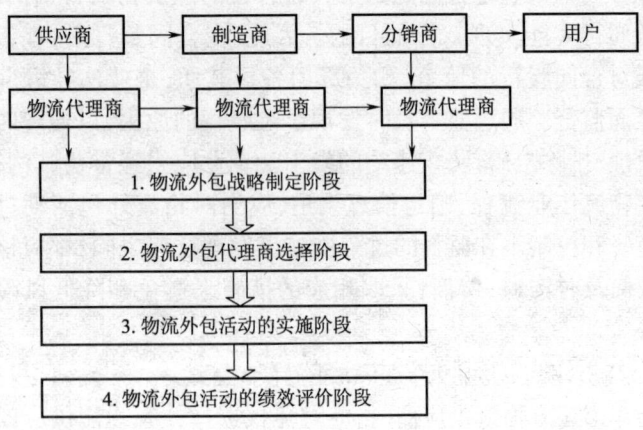

图6-1 物流外包的发展阶段

【任务实施】

1. 分析连锁零售企业核心竞争力,决定是否实行物流外包

连锁企业在决定物流外包之前,要综合考量企业的综合竞争力,将主要精力集中于核心业务,再深入调查企业环境是否适合物流外包。

2. 物流外包商的选择

连锁企业在决定物流外包以后,要选择适合的外包商,所以物流外包商的选择十分关键。在选择物流外包商时应考虑外包商的信誉度、价格、物流基础设施情况、客户满意度、企业文化等因素。具体考查内容见表6-1。

表6-1 物流外包商综合考查表

物流外包商	信誉度	价格	基础设施	客户满意度	企业文化	综合得分
外包商A						
外包商B						

续表

物流外包商	信誉度	价格	基础设施	客户满意度	企业文化	综合得分
外包商 C						
外包商 D						
外包商 E						
外包商 F						

从中选出得分最高的物流外包商,进行谈判,签订外包合同。

3. 物流外包的实施方案

中小型零售连锁企业与物流外包商共同协商,制定双方共赢的外包具体实施方案,在合同中列明双方责任义务,包括各连锁企业的配送计划、运输设计、交货时间、提前期、库存管理以及成本核算等问题。

4. 物流外包商的考核

零售企业物流外包以后,要对物流的承包商进行考核,对其进行量化考核,具体见表6-2。

表6-2 物流外包商考核用表

考核项目	得分	备注
交货准时率		
包装破损率		
货物丢失率		
信息反馈率		
反馈速度比		
平均价格比		

对于每一个物流承包商,每个月都要打分,进行总体分析。到年终进行考核时,对物流承包商就可以有一个比较动态的、科学的考核评估,可分成A、B、C三个评价等级。不同级别的承包商给予的条件也不同,使得对物流承包商的考核与其业绩和经济利益直接挂钩。

【技能拓展】

评价上述中小连锁零售企业物流外包的成效,改进外包过程中的不足。探讨物流外包的风险并做好风险的规避。小组讨论后,做成实训报告。

案例 零售物流外包风险案例与对策分析

【案例引入】

A公司是一家大型国有零售企业,年销售收入约30亿元,上缴税利约5亿元。近年来,由于产业结构调整,市场竞争激烈,物流成本过高,公司发展缓慢,竞争力下降。为了扭转这种不利的局面,降低物流成本,提高生产效益,增强企业竞争力,A公司实行了物流外包。其实践表明,要想成功实施物流外包,达到降低成本、提高企业核心竞争能力的目的,还必须有详细、周密的一系列企业层面和外包活动层面的物流外包实施策略。具体如下。

1. 实行外包之外包

A公司利用具有特定物流外包专业知识的外部专家来进行物流外包项目的分析、谈判和决策,以及部分物流外包过程的管理。通过这种外包之外包,A公司借助外部专家的专业知识,从实施物流外包的必要性与可行性入手,依据能否降低物流成本、能否增强员工工作积极性、能否提高企业核心竞争力的原则,遵循物流外包决策的基本程序,正确做出决策。在经过科学分析、详细论证后,结合自己拥有部分物流设施和一定物流能力的特点,企业决定采取签订物流管理合同形式,实行物流活动部分外包(如运输、仓储、配送等环节),并提出了一系列详细、周密的实施对策,以确保成功实施物流外包,达到降低物流成本、提高企业核心竞争能力的目的。

2. 进行成本—效益分析

A公司经过对运输、仓储、配送等环节的成本进行简单的测算后认为,有效的物流管理可以节省15%~30%的直接物流成本,物流外包的确降低了企业物流成本,提高了企业的工作效率。A公司正是基于这种简便分析测算方法对物流外包成本效益进行了分析，并据此做出了物流外包决策。实际上，A公司的物流外包成本效益分析，不仅要考虑到与公司密切相关的内部效益和成本及直接效益和成本，同时也要考虑到其产生的外部效益和成本及间接效益成本。

这样，物流外包成本效益的判断和分析也会日臻准确。

3. 与公司全体人员有效沟通

A公司的有关负责人注意借鉴"5W沟通法"主动与员工沟通。"5W沟通法"包括：为什么(why)，A公司为什么要采取物流外包的做法；什么(what)，公司将把什么物流活动外包出去；谁(who)，哪些员工将被托管出去；何地(where)，所选择的外包单位位于什么地方；何时(when)，公司物流外包变化将在什么时候发生，它将要花多少时间。同时，为了保证有效沟通，A公司还设计了如面对面的沟通、书面的沟通、全体大会等方式，并且根据沟通的对象特点、内容特点，确定沟通的方式、范围等。在关键点上，A公司还要求外包服务商与自己一起进行沟通和策划。利用各种媒体(从个人计算机到新闻公告、电子邮件等)进行沟通，取得了良好的效果。

4. 选择和确定适合的外包服务商

A公司采用招标投标法从备选合作伙伴中选择合适的外包服务商。其选择的标准是：外包服务商的信誉；外包服务商的主营业务；外包服务商的财务是否稳定；外包服务商的以往业绩表现；外包服务商能否提供适合A公司的解决方案；外包服务商的技术能力、管理能力、开发能力或对市场的快速反应能力；外包服务商提供的能说明其长期以来持续有效益和有效率的业绩文件；外包服务商与A公司是否有共享价值观；外包服务商是否能按时、保质、保量地完成工作任务。遵循上述标准，并在对那些影响因素进行综合分析后，A公司选择成本较低的、能提供更高质量和及时的服务且可同A公司密切沟通的备选合作伙伴。

5. 规避外包风险

A公司建立了物流外包风险防范机制：第一，建立了外包风险预警机制，即在物流外包前，分析一下外包风险的来源，并估计其可能

产生的后果,以便采取前馈控制,尽可能减少外包风险损失的发生。第二,建立了外包风险动态监控机制,即实时监测,对物流外包活动进行全过程动态监控与管理,并对物流外包成果及时进行评估。当出现风险时,采用现场控制,及时控制外包风险,使外包风险的损失降到最低。第三,建立了外包风险的激励约束机制。实行物流外包时,A公司与宝供物流外包服务商之间实际上是委托与代理关系。由于实行了反馈控制,在A公司与宝供公司二者之间建立起了一种符合双方利益及风险共担的激励约束机制,结果最大限度地防范了物流外包风险。

【思考问题】

1. A公司的物流外包是一个比较成功的实例,其在物流外包前以及物流外包以后都相应采取了哪些措施来规避外包风险?
2. A公司物流外包活动中,还有哪些不足之处?
3. 通过A公司的物流外包案例,你获得了哪些启示?

本章要点归纳

本章主要介绍了零售外包物流的主要知识。首先介绍了物流外包、第三方物流、第四方物流的基本概念,零售物流外包的成因,零售物流外包实现的条件。又进一步介绍了零售物流外包的运作模式,零售物流外包的优势和风险,以及零售物流外包风险的防范。最后通过零售物流外包方案的设计和零售物流外包风险的案例分析,对这部分内容进行了更深层次的阐述。

综合演练与测试

一、简答题

1. 物流外包的概念是什么?
2. 第三方物流的概念是什么?
3. 什么是第四方物流?
4. 零售物流外包运营模式。
5. 零售物流外包的优势。

二、综合演练

这里给出几个实战案例,要求以小组为单位进行讨论,提出问题解决方案,每个小组出一位代表,讲演你们的方案,并接受教师与其他同学的质疑。

演练1:

图6-2是物流外包战略决策模型,请根据模型分析下列公司是否应该采取物流外包策略?

	企业自身处理物流的能力	
物流对企业成功的重要性	低	高
高	物流联盟	自营
低	物流外包	物流联盟

图6-2

(1)A公司是国内大型的零售企业,资金雄厚,实力强,自身物流部门非常完善。

(2)B公司为民营企业,科技领先于同行业企业,非常有活力,但物流系统较差。

(3)C超市为大型连锁超市,规模大,店面众多,配送过程复杂。

(4)D商场为大型百货店,交通便利,占地面积大,物流部门职能完善。

(5)E超市是社区便利店,深入居民区,规模较小,采购金额小,购买次数频繁。

演练2:

M公司实施物流外包以后,发现传统的第三方物流企业仅仅是在业务层面上为企业提供合作,无法进行宏观的长期的供应链改造。于是,M公司决定寻找第四方物流企业进行物流业务咨询并打算与其合作,将物流业务外包给第四方物流企业。对于M公司在进行第四方物流企业选择时,应该考虑哪些问题?

零售物流管理

第七章　零售物流信息化管理

【知识目标】

了解零售物流信息化定义与特征

掌握零售业物流信息系统及模块结构

掌握电子零售的物流运作及模块管理

【技能目标】

能够设计零售业(如某一超市)进行信息化物流的方案,并设计管理系统模块

【引导案例】

双汇集团信息化建设案例

双汇集团已经在河南、河北、四川、湖北等省开设了200多家连锁零售店,在销售运行模式上,除了像其他连锁企业一样统一形象、统一标准、统一服务、统一配送、统一管理以外,双汇连锁店还因为其特殊的行业性质而具有一些其他特点,如:商业连锁公司有自己的大型物流配送中心,专用的冷藏运输车统一把按照"HAC-CP(危害分析和关键控制点,是确保食品在消费的生产、加工、制造、准备和食用等过程中的安全,在危害识别、评价和控制方面是一种科学、合理和系统的方法。)质量体系"生产的产品准确及时地送到各个门店;连锁店生鲜肉销售不过夜——凌晨由总部把当天的生鲜肉送达各门店,未售完的晚上拉回总部另行处理,等等。这对配送的时效性提出了严格要求,给管理增加了难度,由此也产生了诸多问题:比如,为保证肉质的新鲜,每家连锁店必须在前一天下午把第二天需要的肉制品数量传真给双汇商业公司的配送中心。配送中心有七十多个人在接收传真,然后进行手工统计,大约

四五个小时以后,从堆积如山的传真纸中拿出统计结果,报给生产厂,再按单生产。然后,再把配送单誊抄给送货的班组,由他们负责把货从生产厂提出来,按单分配好,装车送货。到晚上,配送中心再负责把各门店没有卖出的货物拉回生产厂。有时候因为手工统计会出错,经常为了对账、对数字忙上大半夜,工作人员叫苦不迭。

随着连锁店的增多,弊端越来越突出地暴露出来:一是,配送中心人员过多,几十家分店已经有70多个人在忙活,如果按照双汇的计划,在"十五"期间发展到2 000家分店,得多少人统计数据?二是,因为统计时间长,所以要求各门店前一天很早时候就得把第二天的数字报送到配送中心,导致数据不够准确,经常发生有的店已经没货可卖,而有的店却有余货不得不晚上拉回厂家的情况。三是,缺乏准确性和及时性的数据,会严重影响集团领导的决策。如此庞大的连锁销售体系,如果没有先进完善的电子信息处理技术和计算机软件系统以实现对物流、资金流和信息流的高效控制与管理,经营的危机是显而易见的。发现问题就要想办法解决,双汇集团决定进行商业公司的物流信息化建设工作。凭借雄厚的技术开发实力和先进的项目管理经验,双汇软件公司在很短的时间内即完成了具有国际先进水平的"SW连锁配送管理系统"的汉化及客户化工作,并迅速付诸实施。SW商业连锁配送系统为双汇商业公司提供了完备统一的订单管理、库存管理、采购管理、运输管理和财务管理等功能,实现了连锁分销体系中的物流、资金流和信息流在配送制造和采购这三个领域的结合,达到了快速反应、降低库存、节约成本、整合运输等管理目标。管理部门彻底改变了时效性差、准确性差、控制力度差等问题,大大减少了业务人员的工作量,管理力度、细度和效率大大提高。

阅读案例并思考:

物流信息化对我国食品生鲜供应与零售业的作用是什么?通过案例描述你所理解的物流信息系统的功能定位。

第一节 零售物流信息化概述

一、零售物流信息化的简介

(一)物流信息化定义

物流信息化是指物流企业运用现代信息技术对物流过程中产生的全部或部分信息进行采集、分类、传递、汇总、识别、跟踪、查询等一系列处理活动,以实现对货物流动过程的控制,从而降低成本、提高效益的管理活动。物流信息化是现代物流的灵魂,是现代物流发展的必然要求和基石。

物流信息化是现代物流发展的关键,是物流系统的灵魂,更是主要的发展趋势。在新的世纪,我国确定了实现以信息化带动工业化,以工业化促进信息化的方针,为了推动我国物流业、制造业和商贸流通业的发展,必须大力提升我国物流信息化水平,进而带动制度创新、物流科技创新与商业模式创新。

(二)零售物流信息化的意义和作用

1. 零售物流信息化的意义

现代零售业发展迅速,经营品种繁多,规模和经营形式都获得了长足的发展,借助于物流信息技术加强货物识别保管、运输配送以及物流信息传输管理是零售业增强其核心竞争力的重要举措。

与此同时,我国零售业正在由过去的单体小店向规模化程度和组织化程度很高的连锁化集团发展,依靠高新科技,加强品种、数量、方向更加复杂的物流信息管理,是缩小与国外强大的零售业管理和技术差距,加强入世后零售业对外限制放宽条件下我国零售业竞争力的一个重要方面。应用匹配适用的物流信息技术,对我国零售业物流效率的提高,进而推动我国零售业的发展有着重要意义。

2. 零售物流信息化的作用

物流信息技术是零售业将在购、取、存、销过程中的物流信息,通过计算机硬软件、网络通信设备以及其他办公设备,进行收集、传输、加工、储存和维护以提高零售业物流效率和支持零售业决策的高新技术。物流信息技术对零售业物流效率的改善、零售业运营成本的节约有着巨大作用。曾有人测算过,应用电子数据交换的总体效益为:商业文件传递速度提高81%,文件成本降低44%,由差错造成的商业损失减少40%,文件处理成本降低38%,竞争能力提高34%,同时电子数据交换的间接效益可达到全部贸易额的3%~5%。物流信息技术对零售业及其物流的支持作用是十分显著的。具体地说,信息技术对零售业物流的作用有:

(1)信息传递高效、方便、准确,便于零售业内部及与供应商的沟通互动。

(2)通过商品需求与供应商的实时调整,达到库存适量化。在具有配送中心的情形下,可减少甚至完全关闭各店铺的仓库。

(3)商品输送的差错率降低,减少不当运输、搬运活动,提高搬运、运输效率。

(4)加强与供应商的联系,便于进行消费者分析。

(5)利于卖场合理的布局、商品主力及附属类别的确定、商品的组合以及陈列。

(三)零售物流信息化的必要性

1. 零售企业物流的特点

零售企业物流呈现出如下特点:

(1)变价快,即商品的进货价格变动快。通常零售企业经营的快速消费品的价格随着市场供需会有较快的变化,同时生产商或零售商的频繁促销也经常引起变价。

(2)订单频繁,零售企业店铺多,订单频率高,同时有时间要求。其中有些小型的零售企业,如便利店,甚至要求一天送货两次。

(3)拆零。供应商大包装供货,物流中心需要按照各店的订货要求进行拆零、分拣。

(4)退货。物流中心还需要处理诸如赠品、退货(正品、残次品)等问题,物流工作量大。

(5)更换。商品新增更换的频率也很高。

(6)保质期。零售企业销售的商品种类繁多,且每种商品通常都有不同的保质期,需要有针对性地进行保质管理。

简言之,零售企业的物流呈现了商品的多品种、小批量、高配送频率、多配送点、快速配送要求,这些都需要完善的信息系统来支撑。

2. 零售物流信息化的必要性

零售物流信息化建设是其发展的内在需要。具体体现在以下几点:

(1)提高服务质量的需要。由于零售企业规模都比较大,卖场多且分布广,各卖场的销售状况不同,要保证各个卖场能得到全面、及时的商品供应,满足顾客需求,提高服务质量,就必须使卖场的情况能快速、准确地反馈到零售企业的物流中心或者仓库,并要求作出及时反应。

(2)降低成本的需要。目前,零售企业市场竞争激烈,在商品的种类方面差异较小,要在激烈的竞争中取得优势,就必然在价格和服务上提出更高的要求。利用物流信息化,准确、及时地传递物流信息,使作业效率和速度大大提高,同时作业准确性也得到很大提高;先进的物流信息系统,还可以进行并行作业,减少人力投入;同时,物流信息化可以减少在物流方面的一些不必要的步骤,减少费用,降低成本。

(3)提高顾客满意度的需要。零售企业的服务是以顾客为中心的。零售企业成功经营的一个关键是让顾客满意。顾客需要的处理速度是顾客满意度的一个重要影响因素。通过物流信息化建设能使顾客的需要及时反馈给服务中心,由服务中心安排最合适的物流方式,在最短的时间内为顾客提供满意的服务;同时,出现问题能够及时解决,以此提高顾客的满意度,培养忠诚顾客。

3. 零售企业物流信息化建设应注意的问题

(1)转变物流信息化建设理念。转变传统物流管理理念,主要指:充分认识信息化对物流管理的重要性;积极引进国外先进技术,结合自身实际状况,根据自己的需求,并自主创新。

(2)合理应用物流信息技术。物流信息技术包括如计算机技术、网络技术、信息分类编码技术、条码技术、射频识别技术、电子数据交换技术、全球定位系统、地理信息系统等。零售企业应因地制宜地利用信息技术及其他交叉学科技术提升其综合管理水平。

(3) 建立物流公共信息平台。物流公共信息平台的建设是要解决整个行业的信息化问题。公共信息平台是向各类用户提供信息交换与共享服务的开放式网络信息系统,如物流信息的发布与共享,物流行业与其他相关机构的信息交互。这些信息化需求不可能由某一企业单独承担,而应该由外部的服务供应商或政府部门负责满足。这一层次的建设内容主要包括:物流公共信息交换平台、全球定位系统、地理信息系统、电子数据交换网络服务中心等。零售企业要更新旧观念,开放必要的信息,用现代计算机技术、数据交换技术及通讯技术等将各个企业收集到的信息公布在公共物流信息平台上,实现零售企业供应链内以及零售企业之间的高度共享。

(4) 加快物流信息标准化建设。在零售企业的供应链中推广标准化的物流信息,使其在供应链中能最大限度地快速、准确传递,以达到降低成本的目的,这就要求各零售企业联合起来,使用标准的物流信息,具体包括:专业术语、计量单位、基础模块等方面的标准化;合同、单据、标签、管理报告的标准化;业务统计指标、关键绩效衡量指标的标准化;客户开发、供应商选择、成本结算等业务流程规范化;采购、运输、储存、终端销售等操作流程与作业行为规范化等。

(5) 加强物流信息相关人才的培养。要解决零售企业物流人才缺乏的问题,主要的办法是引进与培养相结合。在培养中,一要加强物流企业与各高校的合作,使理论研究和实际应用相结合;二要注重在实践中培养锻炼人才,以便形成一支熟悉物流运作规律、具有开拓精神的适应现代物流产业发展的企业家队伍和物流经营骨干队伍;三要重视所有员工的基础培训、业务培训和观念培训,提高企业的整体素质。通过这三种方式,可以为零售企业物流信息化建设快速、持续地提供所需人才,加快物流信息化建设速度。

二、零售物流信息技术内容

零售物流信息技术是物流现代化的重要标志,也是物流技术中发展最快的领域,从数据采集的条形码系统,到办公自动化系统中

的微机、互联网,各种终端设备以及计算机软件都在日新月异地发展。同时,随着物流信息技术的不断发展,产生了一系列新的物流理念和新的物流经营方式,推进了物流的变革。在供应链管理方面,物流信息技术的发展也改变了企业应用供应链管理获得竞争优势的方式,成功的企业通过应用信息技术来支持其经营战略并选择其经营业务,通过利用信息技术来提高供应链活动的效率性,增强整个供应链的经营决策能力。

我国目前零售业在营运上面临的四大问题有:人工成本太高;盗窃;库存管理不易;卖场缺货。其中盗窃与缺货导致的损失不可小觑。根据美国零售业防损协会调查指出,美国零售业每年因为盗窃导致的损失高达300亿美元,约占美国零售业总收入的4%~5%,事实上,盗窃问题存在于世界各国的零售业。此外,因为缺货问题减少的收入也相当可观,以沃尔玛年营收额大约3 000亿美元来计算,由于缺货而造成4%营业额损失,大约是12亿美元。所以更加迫切地需要加强和完善零售业的物流技术。

零售物流信息技术从目前看,一般有以下几个方面内容。

(一)条码技术

条码技术是在计算机应用实践中产生和发展起来的一种自动识别技术。为企业提供了一种对物流中的货物进行标志和描述的方法。

条码是实现销售终端系统、电子数据交换、电子商务、供应链管理的技术基础,并能提高企业管理水平和竞争能力,是物流管理现代化的重要技术手段。具体有两种形式。

1. 一维条码

一维条码由一组粗细不同、若干个黑色的"条"和白色的"空"所组成。其中,黑色条对光的反射率低而白色的空对光的反射率高,再加上条与空的宽度不同,就能使扫描光线产生不同的反射接收效果,在光电转换设备上转换成不同的电脉冲,形成了可以传输的电子信息。如图7-1所示。

条码技术的优势是:可靠正确、采集和输入数据速度快、成本低、应用灵活、自由度大、设备小、易于制作等。缺点是:信息密度较低,信息容量较小;没有纠错能力,只能通过校验字符进行错误校

 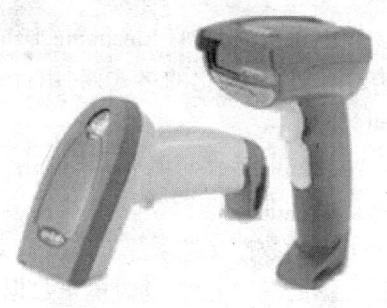 

图7-1 条码和条码的识别设备

验；保密防伪性较差；使用可靠性差，受外界损伤后会毁损信息；只能完成对物品的表示，而无法对物品本身进行描述；必须依赖数据库的存在；表示汉字信息困难等。

2. 二维条码

二维条码是用某种特定的几何图形按一定规律在平面（二维方向上）分布的黑白相间的图形来记录数据符号信息的。主要使用与二进制相对应的几何形体来表示文字数值信息。如图7-2所示。

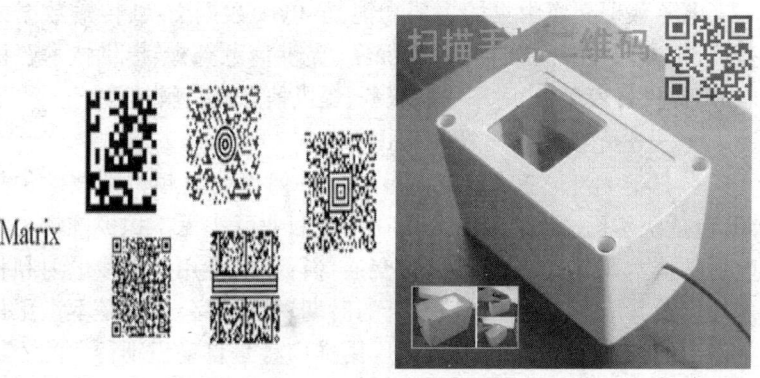

图7-2 二维条码和条码的识别设备

二维条码技术的特点是：信息容量大；编码范围广；保密、防伪性能好；译码可靠性高；修正错误能力强；容易制作且成本很低；条码符号的形状可变。

(二)电子数据交换(EDI)技术

电子数据交换(Electronic Data Interchange, EDI)是指通过电子方式,采用标准化的格式,利用计算机网络进行结构化数据的传输和交换。

构成电子数据交换系统的三个要素是 EDI 软硬件、通信网络以及数据标准化。

电子数据交换系统工作方式大体如下:用户在计算机上进行原始数据的编辑处理,通过电子数据交换转换软件将原始数据格式转换为平面文件,平面文件是用户原始资料格式与电子数据交换标准格式之间的对照性文件。通过翻译软件将平面文件变成电子数据交换标准格式文件。然后在文件外层加上通信信封,通过通信软件(电子数据交换中心邮箱)发送到增值服务网络或直接传送给对方用户,对方用户则进行相反的处理,最后成为用户应用系统能够接收的文件格式。

电子数据交换系统一般由 5 个方面组成:①硬件设备;②增值通讯网络及网络软件;③报文格局尺度;④应用系统界面与尺度报文格局之间相互转换的软件;⑤用户的应用系统。

电子数据交换中央的主要功能是:电子数据交换、传输数据的存证、报文尺度格局转换、安全保密、提供信息查询、提供技术咨询服务、提供日夜 24 小时不中断服务、提供信息增值服务等。

(三)无线电射频技术(RFID)

自 2004 年起,全球范围内掀起了一场无线射频识别技术的热潮,包括沃尔玛、宝洁、波音公司在内的商业巨头无不积极推动无线电射频技术在制造、物流、零售、交通等行业的应用。无线电射频技术技术及其应用正处于迅速上升的时期,被业界公认为是本世纪最具潜力的技术之一,它的发展和应用推广将是自动识别行业的一场技术革命。而无线电射频技术在交通物流行业的应用更是为通信技术提供了一个崭新的舞台,将成为未来电信业最有潜力的利润增长点之一。

RFID 是 Radio Frequency Identification 的缩写,即射频识别。常称为感应式电子晶片或近接卡、感应卡、非接触卡、电子标签、电子条码等。

一套完整无线电射频技术系统由阅读器与传感器两部分组成，其动作原理为由阅读器发射一特定频率的无线电波能量给传感器，用以驱动传感器电路将内部的识别码送出，此时阅读器便接收此识别码。传感器的特殊在于免用电池、免接触、免刷卡，故不怕脏污，且晶片密码唯一，无法复制，安全性高，寿命长。

无线电射频技术的应用非常广泛，目前典型应用有动物晶片、汽车晶片防盗器、门禁管制、停车场管制、生产线自动化、物料管理等。无线电射频技术标签有两种：有源标签和无源标签。

射频识别技术是一种非接触式的自动识别技术，它通过射频信号自动识别目标对象来获取相关数据。识别工作无须人工干预，可工作于各种恶劣环境。短距离射频产品不怕油渍、灰尘污染等恶劣的环境，可以替代条码，例如用在工厂的流水线上跟踪物体。长距离射频产品多用于交通运输，识别距离可达几十米，如自动收费或识别车辆身份等。

（四）地理信息系统（GIS）技术

地理信息系统技术（Geographical Information System，GIS）是多种学科交叉的产物，它以地理空间数据为基础，采用地理模型分析方法，适时地提供多种空间和动态的地理信息，是一种为地理研究和地理决策服务的计算机技术系统。其基本功能是将表格型数据（无论它是来自数据库、电子表格文件还是直接在程序中输入）转换为地理图形显示，然后对显示结果浏览、操作和分析。其显示范围可以从洲际地图到非常详细的街区地图，显示对象包括人口、销售情况、运输线路和其他内容。

（五）全球定位系统（GPS）技术

全球定位系统（Global Positioning System，GPS）具有在海、陆、空进行全方位实时三维导航与定位能力。其原理是接收地球轨道上不同的GPS卫星发出的时间及身份信息（4颗以上），利用这些信息计算出相对卫星的位置，借以定位自己在地球上的位置。

GPS全球卫星定位系统由以下三部门组成：

一是空间部门。空间部门由24颗工作卫星组成，平均分布在6

个轨道面上。提供了在时间上连续的全球导航能力。GPS卫星产生两组电码,一组称为C/A码,一组称为P码。P码为精确码,C/A码为粗码,主要开放给民间使用。

二是地面控制部门。地面监控系统由1个主控站、5个全球监测站和3个注入站组成。监测站将数据传送到主控站,主控站收集跟踪数据,计算出卫星的轨道和时钟参数,然后将结果送到注入站,注入站把导航数据及主控站指令注入卫星。

三是用户设备部门。即全球定位系统接收机。全球定位系统主要功能是能够捕捉到待测卫星,并跟踪这些卫星的运行。当接收机捕捉到数据,接收机中的微处理机进行定位计算,计算出用户所在地理位置经纬度、高度、速度、时间等信息。

(六)互联网和多媒体技术

互联网是根据一定的通讯协议,通过通讯线路,由各种终端设备连接起来的数量众多的计算机组成的网络。零售业对互联网的应用,能够实现企业内外部信息资源的实时共享,迅速统一内部口径,及时协调物流策略,促进物流活动的最优化,密切与供应商的业务关系。

多媒体是融合两种或两种以上媒体的一种人机交互式信息交流和传播媒体,使用的媒体有文字、图形、图像、声音、动画、电视图像等。多媒体技术的应用可实现多种媒体的传输与显示,创造逼真的虚拟镜像。网上商店就是互联网技术与多媒体技术的综合运用,商家可模拟出商场陈列布局,让顾客穿梭在立体的商品货架之间,身临其境地选购商品,极大地提高了购物的舒适性与美感。这种综合运用还会创造出虚拟的多个商家组合而成的商业街。

三、零售物流信息技术结构

零售物流信息技术是现代信息技术在零售物流各个作业环节中的综合应用,是现代物流区别传统物流的根本标志,也是物流技术中发展最快的领域,尤其是计算机网络技术的广泛应用使物流信息技术达到了较高的应用水平。

从构成要素上看,零售物流信息技术作为现代信息技术的重要组成部分,本质上都属于信息技术范畴,只是因为信息技术应用于零售物流领域而使其在表现形式和具体内容上存在一些特性,但其基本要素仍然同现代信息技术一样,可以分为四个层次。

(一)物流信息基础技术

物流信息基础技术即有关元件、器件的制造技术,它是整个信息技术的基础。例如微电子技术、光子技术、光电子技术、分子电子技术等。

(二)物流信息系统技术

物流信息系统技术即有关物流信息的获取、传输、处理、控制的设备和系统的技术,它是建立在信息基础技术之上的,是整个信息技术的核心。其内容主要包括零售物流信息获取技术、零售物流信息传输技术、零售物流信息处理技术及零售物流信息控制技术。

(三)物流信息应用技术

物流信息应用技术即基于管理信息系统技术、优化技术和计算机集成制造系统技术而设计出的各种物流自动化设备和物流信息管理系统,例如自动化分拣与传输设备、自动导引车、集装箱自动装卸设备、仓储管理系统、运输管理系统、配送优化系统、全球定位系统、地理信息系统等等。

(四)物流信息安全技术

物流信息安全技术即确保物流信息安全的技术,主要包括密码技术、防火墙技术、病毒防治技术、身份鉴别技术、访问控制技术、备份与恢复技术和数据库安全技术等。

四、零售业物流信息设备概述

对物流信息进行实时、准确采集,是物流信息自动化管理的要求。实现自动识别及数据自动录入,就是对商品在出库、入库、分拣、运输等过程中的各种信息进行及时捕捉,以解决数据录入和数据采集的"瓶颈"问题,随着计算机网络技术和信息技术的覆盖,可通过网络系统实施各类物流数据和信息传输,包括日常查询、计划等。最广泛应用的信息处理设备就是条形码设备,如图7-3所示。

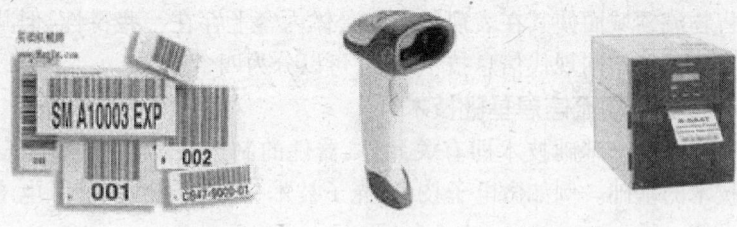

图7-3 条形码、条形码读取、条形码打印设备

(一)条形码设备

1. 条形码识别系统

为了阅读出条形码所代表的信息,需要一套条形码识别系统,它由条形码扫描器、放大整形电路、译码接口电路和计算机系统等部分组成,其结构如图7-4所示。

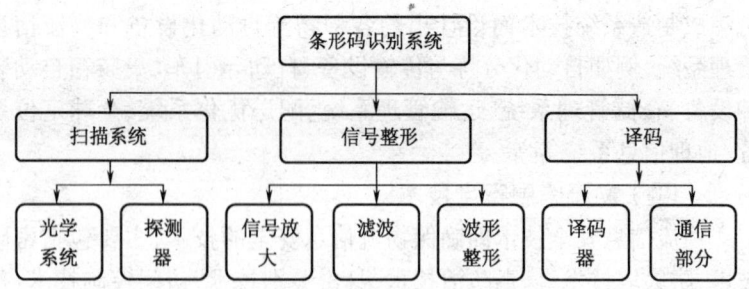

图7-4 条形码识别系统结构图

条形码扫描器光源发出的光经过光阑及凸透镜,照射到黑白相间的条形码上,反射光经凸透镜聚焦,照射到光电转换器上,于是光电转换器接到与白条和黑条相应的强弱不同的反射光信号,并转换成相应的电信号输出到放大整形电路,由于光电转换器输出的与条形码的条和空相应的电信号较弱,不能直接使用,因而先要将光电转换器输出的电信号送到放大器放大。放大后的电信号仍然是一个模拟电信号,为了避免由条形码中的疵点和污点导致错误信号,在放大电路后需加一整形电路,把模拟信号转换成数字电信号,以

便计算机系统能准确判读。

2. 光电扫描器

光电扫描器是一种通过光电接受、转换装置和译码器来读取条形码信息的设备。其设备结构如图7-5所示。

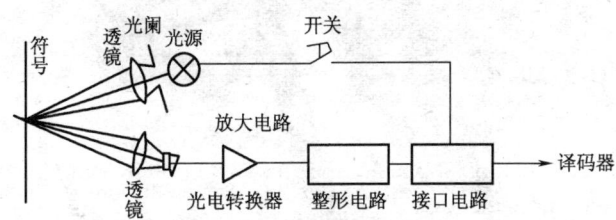

图7-5 光电扫描器结构示意图

光电扫描器按物理形式(如形状、操作方式等)分为手持固定光束式、手持移动光束式、固定安装固定光束式、固定安装移动光束式等;按扫描机理(如扫描方式、光电特性等)分为普通光式光电扫描器、激光式光电扫描器、电耦合装置式(CCD)光电扫描器等。其区别在于普通光式光电扫描器(如光笔)只能识读一维条码;激光式只能识读一维条码和行排式二维码(如PDF417码);电耦合装置图像式不仅可以识读一维条码而且能识读行排式和矩阵式二维条码。

(1)手持固定光束扫描器。手持固定光束扫描器分为接触式和非接触式。

手持固定光束接触式扫描器(如图7-6所示)的光束是相对固定的,靠手动接触条码符号才能进行扫描动作。从外形上看,这种扫描器通常有两种形状:杆状和手枪状。杆状又称光笔,其接触符号的头部是由坚固的材料制作的,如人造宝石球等,具有较好的耐磨性和透光性。

手持固定光束非接触式扫描器靠手动实现扫描的,其扫描光束相对于它的物理基座是固定的。在扫描时,扫描器不直接与条码符号接触,而是与条码符号有一定的距离,因而特别适合于软体物品或表面不平物品上的条码符号的扫描,同时也能对具有较厚保护膜的条码符号进行扫描。

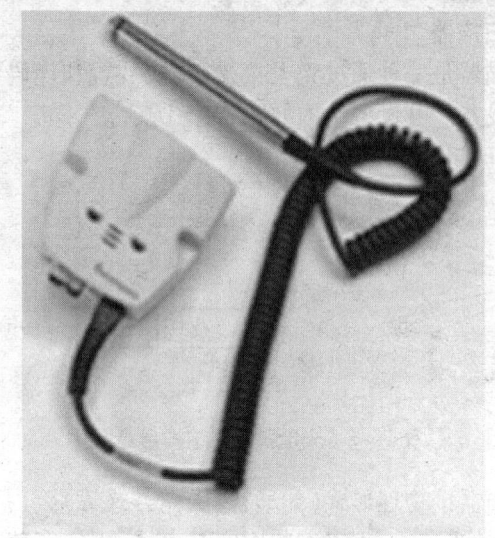

图7-6 手持固定光束接触式扫描器

(2) 手持移动光束扫描器。手持移动光束扫描器一般采用非接触式,扫描动力由扫描器内装的机电系统提供,通过转动或振动多边形棱镜反光装置实现自动扫描。扫描频率大约每秒40次左右。

手持移动光束扫描器主要特点是操作方便,对操作者的技术要求不高,只要对准条码符号就可以实现自动扫描,其扫描首读率和精度较高。

(3) 固定安装光束扫描器。固定安装光束扫描器分为固定安装固定光束扫描器和固定安装移动光束扫描器。

固定安装固定光束扫描器是一种安装在某一固定位置的扫描器(如图7-7所示),一般采用非接触式扫描。它的光束相对于物理机座是固定的,工作方式是利用条码符号相对于扫描器的相对运动来实现扫描。使用这种扫描器具有一定的工作距离和扫描景深。应调整好扫描距离,并要求条码符号印刷在物品的合适位置这样才能进行有效的扫描。常用于自动流水线上,用来扫描传送带上的物品。扫描机会只有一次,要求首读率高。

这种扫描器有自动完成扫描的,也有手持终端人工完成条码扫描的。卡槽式扫描器就是由人工手持卡片(卡片上印有条码),通过移动卡片来完成扫描,常用于考勤和保安系统。

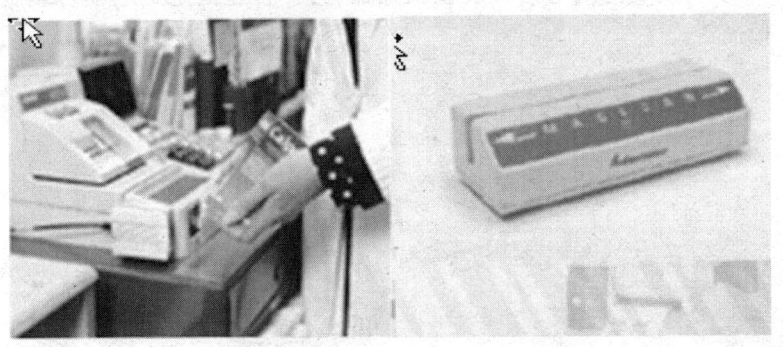

图7-7　固定安装固定光束扫描器

固定安装移动光束扫描器(其示意图如图7-8所示)是安装在固定的位置上,其工作方式类似于手持移动非接触式扫描器。它通常是利用转动或振动多边棱镜而实现自动扫描的。扫描频率一般为每秒40次左右。这种扫描器的扫描光束可以横向扫描,也可以纵向扫描。全角度的固定安装移动光束式扫描器可从不同角度实现扫描。常用于无人操作的环境中,用来对流水生产线和自动传送带上的物体进行分类或对数据进行自动采集,实现对条码符号的扫描。

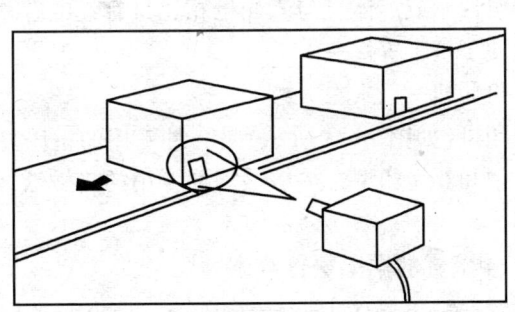

图7-8　固定安装移动光束扫描器示意图

(4)电耦合装置扫描器。电耦合装置扫描器(如图7-9所示)采用了电耦合装置。电耦合装置元件是一种电子自动扫描的光电转换器,也叫电耦合装置图像感应器。这种扫描器通常有两种类型:一种是手持式电耦合装置扫描器;另一种是固定式电耦合装置扫描器。

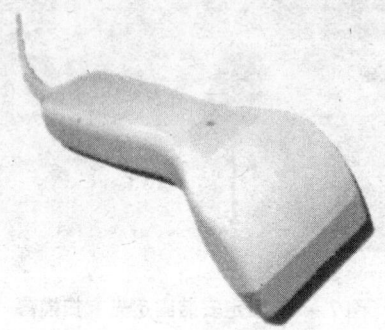

图7-9 电耦合装置扫描器

电耦合装置扫描器特点是操作非常方便,只要在有效景深的范围内,光源照射到条码符号即可自动完成扫描,初学者一看就会操作。对于不易接触的物品,如表面不平的物品、软体物品、贵重物品、易损伤的物品等,均能方便地进行阅读。电耦合装置扫描器无任何运动部件,因此性能可靠,使用寿命较长。可内设译码电路,将扫描器和译码器制成一体。与激光枪相比具有耗电省、可用电池供电、体积小、便于携带等优点。

3. 条码打印机

条码打印机(如图7-3所示)是一种专用的条码打印设备,一般分为热敏型和热转印型。热敏型需要专用的热敏纸,热转印型使用碳带。

(二)便携式数据采集器终端

便携式数据采集器(如图7-10所示)是集激光扫描、汉字显示、数据采集、数据处理、数据通讯等功能于一体的高科技产品,是手持式扫描器与掌上电脑功能组合为一体的设备单元。

图 7-10　便携式数据采集器

其基本工作原理是：首先按照用户的应用要求，将应用程序在经过计算机编制后下载到便携式数据采集器中。便携式数据采集器中的基本数据信息必须通过电脑中的数据库获得，而存储的操作结果也必须及时地导入到数据库中。

数据采集器的选择一般有以下要求。

1. 适用范围

如果是在大型、立体式的仓库使用，就应当选择扫描景深大、读取距离远且首读率较高的采集器。而对于中小型仓库的使用者，可以选择一些功能齐备、便于操作的采集器。

2. 译码范围

大多数便携式数据采集器都可以识别 FAN 码、UPC 码等几种甚至十几种不同码制。在物流企业应用中，还要考虑 EAN128 码、三九码、库德巴码等。

3. 接口要求

明确自己原系统的操作环境、接口方式等情况，再选择适应该操作环境和接口方式的采集器。

4. 对首读率的要求

在物品的库存(盘点)过程中，对首读率的要求并不严格，但在自动分拣系统中，对首读率的要求则很高。

5. 价格

各种便携式数据采集器由于配置不同、功能不同，其价格也会有很大差异。

(三)射频设备

射频识别系统的组成,一般至少包括两个部分:①电子标签(见图7-11),英文名称为 Tag;②阅读器(见图7-12),英文名称为 Reader。

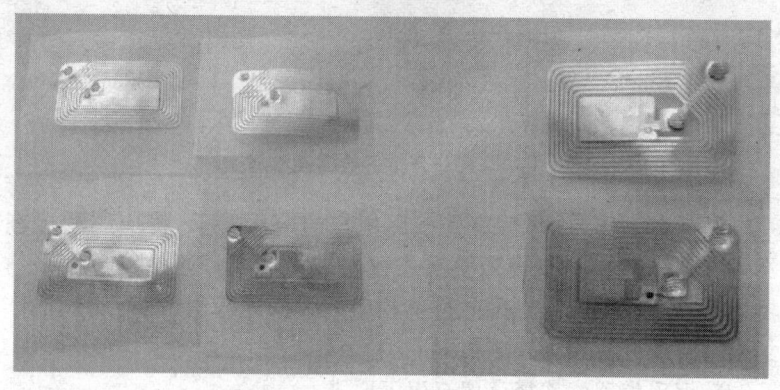

图7-11 电子标签

图7-12 电子标签读写器套件

射频识别设备的分类有以下四种方式:

第一种根据采用频率的不同可分为低频系统、中频系统和高频系统三大类。

第二种根据电子标签内是否装有电池为其供电可分为有源系统和无源系统两大类。

第三种根据电子标签内保存的信息的注入方式可分为：集成电路固化式、现场有线改写式和现场无线改写式三大类。

第四种根据读取电子标签数据的技术实现手段，可分为广播发射式、倍频式和反射调制式三大类。

（四）销售终端（POS）系统设备

POS（Point of sales）指的是销售终端，把它安装在信用卡的特约商户和受理网点中与计算机联成网络，就能实现电子资金自动转账，它具有支持消费、预授权、余额查询和转账等功能，使用起来安全、快捷、可靠。

销售终端设备（见图7-13）一般由主控机、凭证打印机和客户密码键盘三部分构成。许多销售终端还配有条形码阅读器、钱箱等部件。

 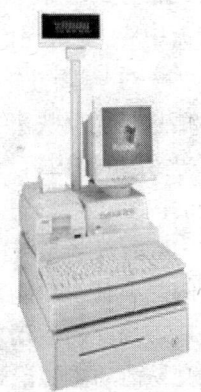

图7-13 POS系统终端

销售终端分为三种类型：简易授权型专用终端、转账终端和收银式终端。

简易授权型销售主要起到信息传输作用,用户(持卡人和特约商户)是通过这种类型的终端直接跟银行主机进行交易。

转账终端除用做信用卡授权以外,还有查询余额、转账、清算等多种功能。

收银式销售终端是最高档的销售终端,它本身是一台微机,带钱箱、读卡器、收据打印机及流水账打印机。这种销售终端,综合了计算机技术、通信技术和机械技术,使收款机从早期单纯的信息采集工具进化为多功能的信息处理工具。

第二节 零售物流信息系统管理

一、零售业物流信息系统概述

零售物流的信息化管理随着物流行业的发展壮大日益为从业者和零售管理信息系统提供商所重视。在欧美等发达国家,物流的产值已经占到国民生产总值相当大的部分。其中物流信息管理系统对此行业的贡献不容忽视,所以中国要成为东亚乃至环亚太地区的物流中心,构筑现代物流信息管理系统也是重中之重。

(一)零售业物流信息系统的功能

信息是能反映事物内在本质的外在表现,如图像、声音、文件、语言等,是事物内容、形式和发展变化的反映。物流信息就是物流活动的内容、形式、过程及发展变化的反映。现代物流信息在物流活动中起着神经系统的作用,"牵一发而动全身"。这主要是通过它以下的几项基本功能来实现的。

1. 市场交易活动功能

交易活动主要记录接货内容、安排储存任务、作业程序选择、制定价格及相关人员查询等。物流信息的交易作用就是记录物流活动的基本内容,主要特征是程序化、规范化、交互式,强调整个信息系统的效率性和集成性。

2. 业务控制功能

物流服务的水平和质量以及现有个体和资源的管理,要有信息系统做相关的控制,应该建立完善的考核指标体系来对作业计划和绩效进行评价和鉴别,这里强调了信息系统作为控制工作和加强控制力度的作用。

3. 工作协调功能

在物流运作中,加强信息的集成与流通,有利于提高工作的时效性以及工作质量与效率,减小劳动强度系数。这里物流信息系统也发挥着重要作用。

4. 支持决策和战略功能

物流信息管理系统可以协调工作人员和管理层工作,从而更好地进行决策,反映了物流信息管理系统支持决策和战略定位作用。

既然物流信息有这么重要的作用,那么就应该对它进行有效的管理,物流的信息管理就是对物流信息收集、整理、存储传播和利用的过程。也就是将物流信息从分散到集中、从无序到有序、从产生及传播到利用的过程。同时对涉及物流信息活动的各种要素,包括人员、技术、工具等进行管理,实现资源的合理配置。

信息的有效管理就是强调信息的准确性、有效性、及时性、集成性、共享性。所以在信息的收集、整理中要避免信息的缺损、失真和失效,要强化物流信息活动过程的组织和控制,建立有效的管理机制。同时要加强交流,信息只有经过传递交流才会产生价值,所以要有信息交流、共享机制,以利于形成信息积累和优势转化。

物流信息化管理可以实现物流作业的自动化,通过条码和数控工具、GPS等现代管理工具与方法,可以大大提高劳动的生产效率,同时还可以实现三流的统一,就是说资金流、物流与信息流可以及时集成地反映到工作人员的眼前,使工作人员做到心中有数,办事有力。

(二)零售业物流信息系统的类型

1. 销售终端系统(POS)

销售终端系统(Point of Sale,POS)是利用光学自动阅读方式的收银机,将店铺各单品的销售信息或退货、分送等各环节的相关资料输入电脑,经加工处理后传给有关部门供经营者使用的系统。销售终端系统的构成要件是商品条形码、电子收银机、扫描器、后台电

脑和总部信息中心。其作业程序是：用光电扫描器扫描顾客所购商品的条形码，将商品信息输入计算机，计算机再从数据库中查找该信息并进行数据处理，返回收银机打印出顾客购买清单和付款总金额，同时将商品选购信息传递给总部或物流中心，信息经加工后成为卖场商品品种配置、商品陈列及价格设置等方面决策的依据。销售终端系统保持了对每种商品实时购、销、存状态的记录，管理者可通过该系统及时、正确地监控业务经营，并做出各种采购、供应、库存及卖场布置决策。

销售终端系统的构成方式多种多样，典型的有独立型和联机型两种方式。

独立型销售终端系统由销售终端和外围设备构成。这种销售系统用在商户自动化程度较低的场合，只是起到电子收款机的作用。

联机型销售终端系统是一种销售点电子资金转账服务系统(EFT-POS, E-POS)。它是指利用银行、商业网点或特约商户的信用卡授权机，由银行计算机通过公用数据交换网构成的电子转账服务系统，其功能是使持卡人在指定销售点购物或消费后，进行电子扣款或信用记账。

2. 电子数据交换(EDI)

电子数据交换(Electronic Date Interchange, EDI)是通过计算机网络传递商务信息，如商品选择、订货、配送、验收、付款等，实现零售业交易的电子交易方式。零售商应用 EDI 连接供应商，其优越性在于加快信息传递，极大降低进货作业的出错率，节省进货商品检验的时间和成本，能迅速核对订货与到货数据，易于发现差错，实现无纸化交易。

零售商与供应商的标准交易流程和工作原理如图 7-14 和图 7-15 所示。

引入电子数据交换来改善作业流程，必须有相应业务主管的积极参与，才可能获得成功。例如，使用电子数据交换订购报文前，超市可能是以传真方式向供应商订购，验收部门在进货验收时，需要供应商出示订单作为验货凭据；使用电子数据交换订购报文后，供

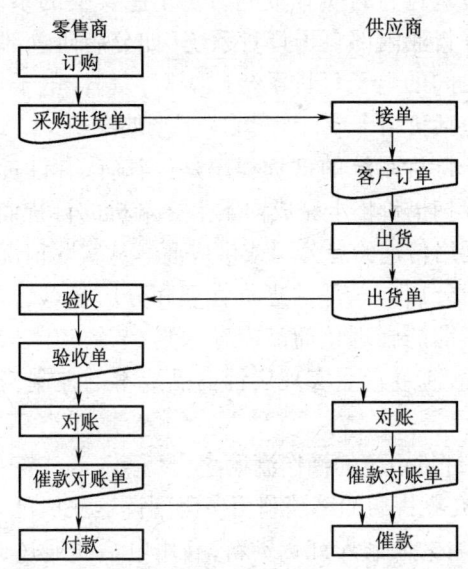

图7-14 零售商与供应商的标准交易流程图

图7-15 电子数据交换的工作原理

应商就没有订购单了,零售商与供应商都引入了电子数据交换出货报文,供应商可在出货前先通知出货商品及数量,零售商应利用预先得知的出货数据,事先通知验收部门来加快验收速度。

3. **电子订货系统(EOS)**

(1)电子订货系统的作用。电子订货系统(Electronic Ordering System,EOS)是零售业利用通讯网络(VAN或互联网)和终端设备

以在线联结方式进行订货作业和订货信息交换的系统。根据应用范围可分为零售业内部电子订货系统(如分店向总部订货)和零售商与供应商之间的电子订货系统(总部订货)。电子订货系统运作的基本组件包括价格卡或订货簿、掌上型终端机、个人电脑、调制解调器等。电子订货系统的订货程序是：当确认有订货需求后，经过登录订货簿或扫描价格卡完成向掌上终端机的订货商品输入，而后传至电脑经网络传递给总公司或供应商。从实际情况看，电子订货系统主要用于分店向总部的进货管理和分店盘点管理。电子订货系统可实现店铺的合理化商品库存水平，节约物流信息传输时间，提高物流效率，通过盘点实现店铺商品成本的控制，迅速掌握商品的销售状态。

(2)电子订货系统的操作流程。

第一步，在零售店的终端利用条码阅读器获取准备采购的商品条码，并在终端机上输入订货资料，利用电话线通过调制解调器传到批发商的计算机中。

第二步，批发商开出提货传票，并根据传票开出拣货单，实施拣货，然后根据送货传票进行商品发货。

第三步，送货传票上的资料便成为零售商店的应付账款资料及批发商的应收账款资料，并接到应收账款的系统中去。

第四步，零售商对送到的货物进行检验后，就可以陈列出售了。

使用电子订货系统时要注意订货业务作业的标准化，这是有效利用电子订货系统系统的前提条件；商品代码一般采用国家统一规定的标准，这是应用电子订货系统系统的基础条件；订货商品目录账册的设计和运用是电子订货系统成功的重要保证；计算机以及订货信息输入和输出终端设备的添置是应用电子订货系统的基础条件；在应用过程中需要制订电子订货系统应用手册并协调部门间、企业间的经营活动。

二、零售物流信息系统模块结构

零售物流信息系统是一种由人、计算机(包括网络)和管理规则组成的，利用计算机软硬件、业务规程、管理方法、管理模型以及数据,为一个企业或组织的作业、管理和决策提供信息支持的集成化系统。

零售物流服务水平的提升需借助计算机信息技术来实现。先进高效的物流信息系统与信息平台是现代物流体系的重要组成部分。越来越多的跨国公司如沃尔玛、家乐福等均以先进的物流信息网络提供优质高效的服务占据中国零售市场。与此相比,国内零售企业虽拥有地理优势,但存在着信息化水平落后、人工重复操纵、人力资源内耗等一系列问题。物流信息系统的开发需要一定的资金实力。对于实力、规模不同的零售企业,物流信息的功能要求也不同,但其基本功能是相同的,零售企业物流信息系统由三部分组成:门店子系统、中心子系统、库房管理子系统。

(一)门店子系统

1. 门店子系统的作用

门店子系统是提供给各专卖店使用的,主要的功能是管理专卖店中的前台销售机,并且负责对销售数据的初步整理、汇总,以及销售数据的上传、商品资料的下载等。

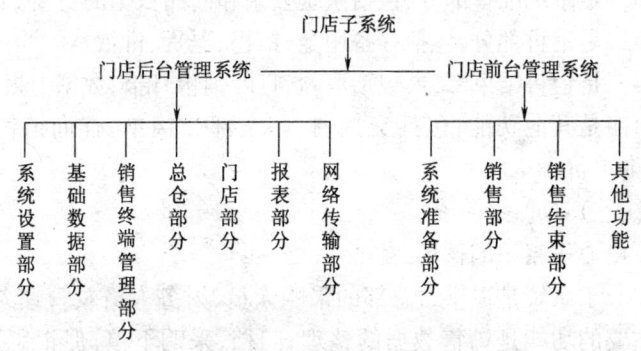

图7-16 门店子系统的功能图

2. 门店子系统的分类

门店子系统分为门店后台管理系统和门店前台销售终端系统。

(1)门店后台管理系统。门店后台管理系统按功能、流程分为以下七部分:

第一是系统设置部分,包括门店的人员设置、权限设置、人员密码的修改、报表文件的管理。

第二是基础数据部分,包括商品目录、直送门店商品目录、供货商、供货商协议书、商品折让折扣、商品搭配促销、支付券信息。

第三是销售终端管理部分,包括销售终端机登记、销售终端使用人员权限、转换成销售终端数据、总销售浏览、明细销售浏览、销售终端交接情况。

第四是总仓部分,包括门店坏货退换品仓、总仓送货、要货管理、自动要货提示。

第五是门店部分,包括直送货上架,直送货退货,门店调场,商品报损,架存管理,商品架位信息、公文、盘点管理。

第六是报表部分,包括打印门店销售分析报表。

第七是网络传输部分,包括网络传输商品目录、网络传输要货单、网络传输销售数据。

(2)门店前台销售终端系统。门店前台销售终端系统按功能、流程分为以下四部分:

第一是系统准备部分,包括系统登录和商品数据的更新。

第二是销售部分,包括存备用金、销售、退货、付款。

第三是销售结束部分,包括取款、打印销售日报、数据上报。

第四是其他功能,包括交接、打印全部交接单、查询销售流水账、查询单价。

(二)中心子系统

1. 中心子系统的作用

中心子系统是提供给总部的采购人员、财务人员及管理人员使用。主要的功能是销售数据的整理、归档,采购下单,促销制定,财务报表及数据分析,以及获取库房及门店方面的数据。

2. 中心子系统的组成

中心子系统是整个系统的核心部分。中心子系统根据功能、流程由以下几部分组成(见图7-17):

(1)基本操作,包括:登录、选择功能、条件运用。

(2)档案维护,包括:供应商基本信息、供应商协议书、商品目录、商品其他分类、商品等级、商品大类、商品小类、商品品类、商品销售单位、商品产地、配货保质期截止提前天数、配货上下限、容错商品、同一商品、价格码分类、配送扣率、门店销售级别管理、安全存量天数管理、供应商类别、开户银行、门店编号管理、门店类别、总仓类别、总仓编号管理。

(3) 价格管理,包括:商品折让折扣管理、搭配促销管理、正常调价。

(4) 采购订货,包括:订货单输入、订货单查询、采购推广。

(5) 仓库物流信息查询,包括:中心库房库存、门店送货单、门店退仓单验收、总仓退货、入库验收查询、转仓单管理、坏品仓退货、退换到货、门店退仓商品管理。

(6) 架存及变价管理,包括:门店架存(分门店)、门店架存汇总、各类变价查询(报表)。

(7) 销售数据查询,包括:商品日销售、销售终端日销售、分门店商品销售统计、全部门店商品销售统计、销售数据分析管理、各类销售报表。

(8) 盘点管理,包括:库房盘点查询、门店盘点单。

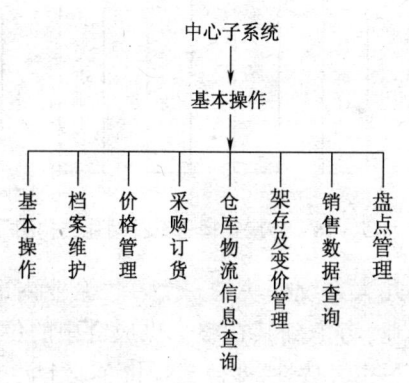

图 7-17 中心子系统的功能图

(三) 库房管理子系统

1. 库房管理子系统的作用

库房管理子系统是提供给库房人员使用的,主要的功能是货物的入仓出仓、堆叠摆放设计,以及架存的管理。

2. 库房管理子系统的组成

库房管理子系统按功能、流程分为以下六部分(见图7-18):

(1)系统设置部分,包括修改密码、人员对应库房权限、设置人员使用权限、报表文件管理、报表(查询)权限管理。

(2)中心目录查询。

(3)到货入库验收。

(4)商品配送门店部分,包括门店要货单、门店配货单、门店送货单。

(5)库房管理部分,包括库房库存查询仓位管理、商品转仓、库存备份管理、库房盘点、库房盘点原因、公文管理。

(6)库房退调部分,包括门店退仓、门店退仓验收、总仓退货、坏品仓退货、退换到货。

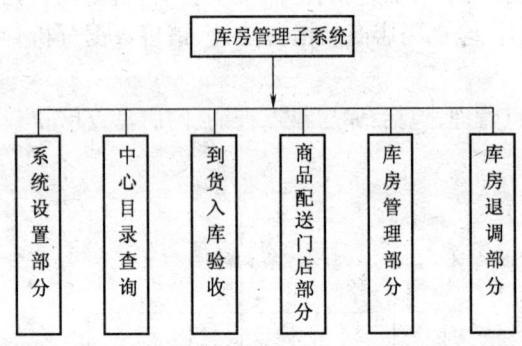

图7-18　库房管理子系统功能结构图

以上开发的几大系统模块是一个零售企业内部管理的基本模块。一个零售企业,考虑到其在整个供应链中的位置,其物流信息系统还应该具有一定开放性,即位于零售企业上游的各个厂商可以共享相关的物流信息,但是这牵扯到各个生产厂商自己的物流信息系统与零售企业的物流信息系统的对接及兼容性问题。这样的技术问题本文不做探讨,但是可以看到国内一些大型的家电企业和相关零售商已经可以共享一些信息了。以海尔的即时生产模式为例,海尔生产线上的生产任务就是根据零售商的销售状况而制定的。零售商与生产者的物流信息管理系统的信息共享是未来发展的趋势。

三、零售物流信息系统管理优势

我国零售业在国内生产总值贡献率、就业增长、促进产品结构调整、规模与组织化程度、连锁化经营程度、物流配送水平、人才、经营管理能力、现代信息技术应用水平、业态创新能力以及国际竞争能力等方面,与世界经济发达国家相比,还有很大差距。而物流信息系统管理的应用能将各个销售商、批发商、消费者和物流公司联系起来,使得这几者能快速建立通信、了解需求、解决需求。同时还可以兼顾本企业内部各个部门之间的联系、沟通等,这将对提高零售业竞争力有重要作用,具体表现为以下几点。

(一)集约化管理、降低成本

零售企业利用物流信息系统将库房的入库、在库、出库数据对接整合,同时与前方销售时点系统(POS)数据互联,实现了零售商品物流的集约化管理,化简了商品因物流带来数量变动而发生的单证传递、对账沟通等复杂手续,从而降低了成本。

(二)减少中间环节,节省时间

使用物流信息系统使零售企业的前方销售、货架管理、库房管理等部门之间的沟通变得简单容易,减少了许多中间不必要的环节,节省了时间,提高了效率,加快了物流速度,缩短了结账时间。

(三)基本实现无纸化操作,方便快捷

物流信息系统可以实现与无线射频识别系统、仓库管理系统、销售时点系统的对接整合,从而通过射频识别设备就可以完成商品物流的系统录入和传输工作,实现无纸化操作,方便快捷。

(四)对外形象好,为客户提供周到的服务

零售企业使用物流信息系统一方面提高了各方面工作的效率,另一方面也避免了许多不必要的失误,这将会使企业赢得更多客户的青睐。

第三节　E零售下的物流信息系统

一、E零售的物流运作概述

E零售是指借助于电子商务平台开展零售业务,进行商家对客户(Business To Customer,B2C)交易的模式。在这种模式下,从销售平台的搭建到E零售服务的开展,从订货单的产生到收货单的反馈都是由电子商务系统完成的,而该系统最重要的组成部分就是其物流信息系统的运作。

随着电子商务技术的发展和网络销售模式的成熟,网上零售商店正以爆发式的速度增长,2009年我国每日平均网络交易量超过6亿元,而且这一规模还在继续增长。E零售市场的不断扩大,一方面促进了国民经济的繁荣和物流市场的发展,另一方面对其关系信息系统的处理能力、处理效率也提出更高的要求,特别是对网络销售平台与物流信息系统的协同运作要求,提高货物分拣、包装、发运的速度和质量,尤其是提高客户服务水平是当前E零售需要不断解决和完善的重点问题。

二、E零售下的物流系统模块

(一)模块1——在线销售平台

在线销售平台是拉动E零售物流系统运作的基础,是消费者与E零售商交易的媒介。这一平台应有商品展示功能、会员注册功能、选购功能、在线支付功能,以及购买和销售信息查询、账户管理等功能。其中的购买和支付功能是拉动物流系统运作的原动力。

(二)模块2——订单信息处理

订单信息处理模块主要具有接受订单、修改订单、查询订单等功能,与配送信息模块和账款信息模块相连还可以查询订购货物的配送情况和支付情况。

(三)模块3——库存信息管理

在E零售环境下,库存信息模块数据通过前台销售系统和后台库房保管系统的对接,实时记录现有存货情况,同时还可对销售需求的规律予以统计分析,为采购决策提供科学的数据支持。存货信息管理是在 E 零售经营模式下为保证避免缺货、最低存货和较高运营质量所必不可少的环节。该模块主要具有出入库管理和显示库存水平的功能。

(四)模块 4——配送信息管理

配送信息模块与存货信息及订单信息模块联动,订单生成后,如有存货,配送信息管理模块立即启动,进行分拣、打包、出库、送货等系列工作。

(五)模块 5——采购信息管理

传统的采购极其复杂。采购员要完成寻找合适的供应商、检验产品、下订单、接取发货通知单和货物发票等一系列复杂繁琐的工作。而在 E 零售环境下,商店的采购过程会变得简单、顺畅。近年来,国际上一些大的公司已在专用网络上使用电子数据交换,以降低采购过程中的劳务、印刷和邮寄费用。通常,公司可因此节约 5%~10%的采购成本。

该模块根据订单信息和存货信息模块提供的数据进行分析判断,到达订货点时即下指令进行商品采购。有些零售企业的库存和采购模块对供应商开放,实行供应商管理库存(VMI),利用此系统进行采购订货,一旦到达订货点,供应商自动进行供应。

(六)模块 6——账款信息管理

该模块主要管理 E 零售商店的应收账款及应付账款,应收账款包括在线支付的账款以及快递送货上门收回的账款登记,应付账款即采购所售商品需支付的货款。

(七)模块 7——逆向物流模块

该模块对于零售物流信息系统是必不可少的,因为任何零售商家都会遇到客户因商品质量问题、尺码问题等进行退换货的情况,那么物流信息系统就需对原已履行完毕的订单重新激活,进行退货或者换货的订单处理。

上述模块的结构一般适用于商家对客户交易的 E 零售物流系统,如卓越亚马逊、凡客诚品等 E 零售企业,因为其在线销售平台数

据可以向后方物流系统开放,因此后方物流系统各项数据也可以与在线销售平台对接。

但是,有些客户对客户交易的E零售系统,如淘宝网等,则与这一模块系统有所不同,因为其销售平台是大众化的,对于经营类型不同的E零售商家来说,很多数据不能对接,E零售商家也没有必要将其库存、采购等数据开放给销售平台。也就是说,E零售商家的物流信息系统与在线销售平台是不对接的,那么这类企业的物流信息系统模块则从模块2开始,它们需要所有专门的工作人员将在线销售平台的订单数据录入本企业的物流信息管理系统,从而启动查库、分拣、打包、配送等一系列物流活动。而其账款管理系统也与商家对客户交易模式有所不同,因为在线支付功能是借助于在线销售平台进行的,那么在客户对客户交易模式下,账款信息管理只能进行信息登记,作为一票订单的完结,相当于企业的销售账款流水。

三、E零售下的物流信息系统运作模式

E零售下的物流信息系统运作因其运作模式不同而不同,分为商家对客户交易(B2C)的运作模式和客户对客户交易(C2C)的运作模式。

(一)商家对客户交易的运作模式

在商家对客户交易模式下,电子商务网站的经营人即是零售的商家,其电子商务系统是与其零售物流系统相对接的,当一份订单生成时,通过其电子商务系统进行订单处理,如用户登记、价格核算、配送信息登记等,然后再将数据传输到电子商务系统的几个辅助系统进行进一步的运作处理,包括:将核算的价格数据和用户账户数据传输到在线支付系统进行货款的在线支付,并把支付信息反馈回电子商务系统;将订单货品和用户配送信息数据传输到物流信息系统,进行查库、分拣、出库、打包、发货等物流运作;将配送单号数据传输到快递公司或执行配送的第三方物流企业网站进行配送订单的跟踪;将付款、发货、配送信息等数据与用户管理系统共享,接受客户的评价、反馈或投诉,同时客户管理系统也接受退换货的

申请和逆向订单、逆向物流数据处理和传输。其运作模式如图7-19所示。

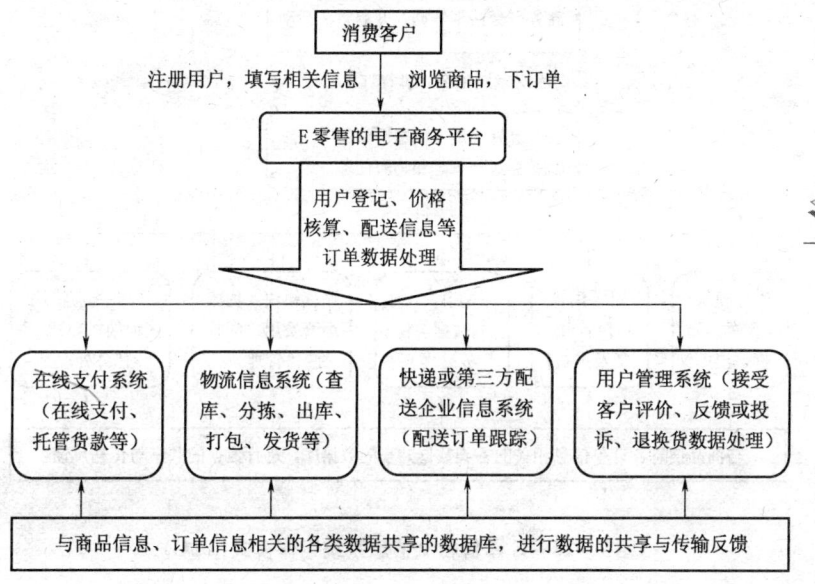

图7-19 E零售电子商务系统运作模式(B2C)

因此,在这种运作模式下,E零售企业的物流信息系统是其电子商务系统的一部分,与电子商务系统联动运作,当销售订单发生后,其货品、数量、用户及配送数据会自动传输至物流信息系统,并开启库房的一系列物流服务活动,物流信息系统的运作模式如图7-20所示。

(二)客户对客户交易的运作模式

在客户对客户交易模式下,电子商务网站的经营人不是零售的商家,其电子商务系统只是一个在线销售平台,容纳大量的E零售卖家开设电子商务销售商品,而其数据与各个E零售商铺的物流系统是不对接的,当一份订单生成时,一方面在其电子商务系统进行订单处理,如用户登记、价格核算、配送信息登记与跟踪等;另一方面需通过E零售企业的工作人员将订单录入其物流信息系统以进行库房和后台的物流服务活动。因此,在这种模式下,E零售的电子

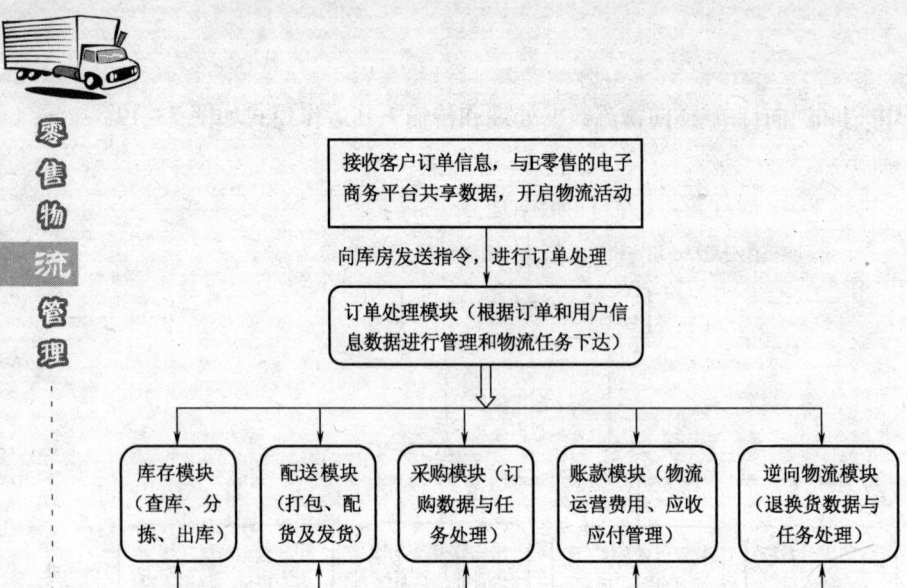

图 7–20　E 零售物流信息系统运作模式（B2C）

商务系统与 E 零售商家的物流信息系统是分离的，需要人工对两个系统所需数据进行录入和处理，而不是像商家对客户交易模式下，物流信息系统是电子商务系统的一部分，两个系统的数据是互补开放和共享的。

这样的系统运作模式是由其商业模式决定的，因为在客户对客户交易模式下，无法建立统一的后台订单处理系统，也无法整齐划一地进行数据共享，这样的运作也势必会导致订单处理不当、数据丢失或录入错误等问题的发生，并且各个 E 零售商家的订单处理能力和质量也不尽相同，用户在这样的模式下购买商品就要对商家信用和商品质量进行考查。所以，很多客户对客户交易的在线电子商务系统都会将客户对商家及货品的评价数据完全开放，以使客户购买时参考。其在线电子商务平台运作模式如图 7–21 所示。这种模式下的物流信息系统运作如图 7–22 所示。

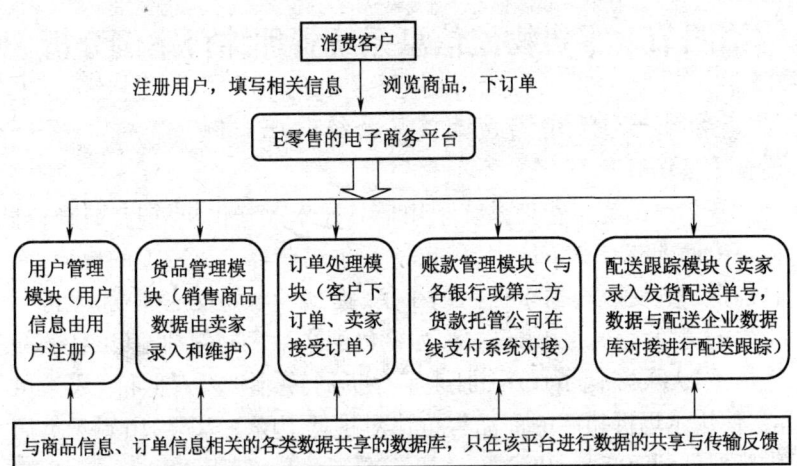

图 7-21　E 零售电子商务系统运作模式（C2C）

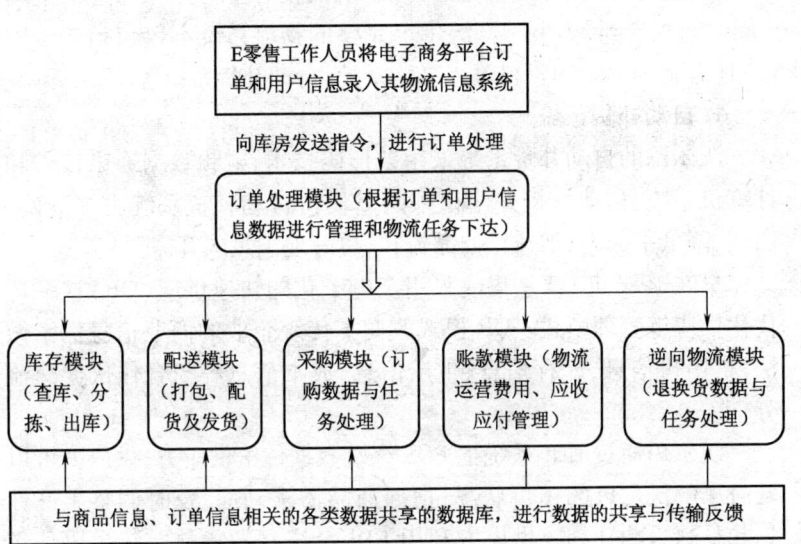

图 7-22　E 零售物流信息系统运作模式（C2C）

第四节　零售物流信息系统管理综合案例分析

案例一　沃尔玛物流信息系统管理案例

【案例引入】

沃尔玛的物流管理系统利用信息技术改善供应链与物流管理体系方面的核心竞争能力，不仅使沃尔玛获得了成本上的优势，而且加深了它对顾客需求信息的了解，提高了市场反应速度，赢得了宝贵的竞争优势。沃尔玛被称为零售配送革命的领袖，其独特的配送体系，大大降低了成本，加速了存货周转，让"天天低价"成为可能，使沃尔玛折扣店的商品售价比对手低10%~20%，山姆会员店中则要低到30%~40%。

沃尔玛采取过站式物流管理方式，即由公司总部"统一订货、统一分配、统一运送"的物流供应模式。同时也授权给各分店，可直接从供应商甚至是国外供应商处订货，从而使补货时间从行业的平均6周时间减少到36小时。沃尔玛完整的物流系统不仅包括配送中心，还有更为复杂的资料输入采购系统、自动补货系统等。

1. 自动补货系统

沃尔玛的自动补货系统采用条形码技术、射频数据通讯技术和计算机系统，自动分析并建议采购量使得自动补货系统更加准确、高效，降低了成本，加速了商品流转，更好地满足顾客需要。

早在1986年，沃尔玛便采用全电子化的快速供应(QR)这一现代化供应链管理模式。QR模式改变了传统企业的商业信息保密做法，将销售信息、库存信息、生产信息、成本信息等与合作伙伴交流分享。

沃尔玛通过EDI系统把POS终端数据传给供应方，供应方可以及时了解沃尔玛的销售状况，把握商品需求动向，及时调整生产计划和材料采购计划。供应方利用EDI系统在发货前向沃尔玛传送ASN(预先发货清单)，这样沃尔玛可以做好进货准备，省去货物数据录入环节，提高商品检验效率。沃尔玛在接受货物时用扫描仪读取商品条码信息，与进货清单核对，判断到货和发货清单是否一致。

利用电子支付系统向供应方支付货款,把 ASN 和 POS 数据比较,就能迅速知道商品库存的信息。

沃尔玛把商品进货和库存管理职能移交给供应商,由供应商对沃尔玛的流通库存进行管理和控制。供应方对 POS 信息和 ASN 信息进行分析,把握商品销售和沃尔玛的库存动向。在此基础上,决定送货的时间、品种和方式,发货信息预先以 ASN 形式传送给沃尔玛,以多频度、小数量进行连续库存补充,减少双方的库存,实现整个供应链的库存水平最小化。沃尔玛可以省去商品进货业务,节约了成本,能够集中精力于销售活动,并且能够事先得知供应方的商品促销计划和商品生产计划,能够以较低价格进货。

2. 信息化的物流配送中心

沃尔玛在物流上的投资主要集中在物流配送中心建设方面。运输环节成本和效率是沃尔玛整个物流管理的重点。沃尔玛较早认识到配送中心作为零售店轴心的作用,卖场一般都设在配送中心周围,以缩短送货时间,降低送货成本。通常以 320 公里为一个商圈建立一个配送中心,以满足周围 100 多个分店的需求。在美国,沃尔玛每个配送中心离最远的分店不超过 500 英里,只有一天的路程。从零售店下订单到货物上架的响应时间只需要 48 小时,而其大部分竞争对手配送响应时间至少达 120 个小时。

沃尔玛的配送中心是典型的零售型配送中心。沃尔玛第一配送中心于 1970 年建立,占地 6 000 平方米,负责供货给 4 个州的 32 间商场,集中处理公司所销商品的 40%。沃尔玛的总部至今仍在阿肯色州本顿维尔市的第一配送中心附近。沃尔玛的所有门店百分之百拥有物流系统,并随着经营规模的发展壮大而不断完善其配送中心的组织结构。2005 年沃尔玛在全球已经建立了 110 个信息化、自动化水平很高的物流配送中心,为 3 703 家分店提供服务。沃尔玛每个配送中心一般有 600~800 名员工,平均面积有 10 万平方米,相当于 23 个足球场那么大,里面的商品种类超过 8 万种。配送中心的一端是装货平台,另一端是卸货平台。每天有 160 辆货车开进来卸货,150 辆车装好货物开出。配送中心 24 小时不停地运转,许多商品在配送中心停留的时间总计不超过 48 小时。配送中心每年处

理数亿次商品,99%的订单正确无误。

在配送中心,计算机信息系统掌管着一切。沃尔玛各分店的订单信息通过公司的高速通讯网络传递到配送中心,配送中心整合后正式向供应商订货。供应商可以把商品直接送到订货的商店,也可以送到配送中心。

沃尔玛要求供应商的商品必须都要有条形码,商品送到配送中心后,要先经过核对采购计划、商品检验等程序,随后卡车将停在配送中心收货处的数十个门口,把货箱放在高速运转的激光控制传送带上,在传送过程中经过一系列的激光扫描,读取货箱上的条形码信息,分别送到货架的不同位置存放,计算机会记录下货物的方位和数量。一旦分店提出需求计划,计算机就会查出这些货物的存放位置,并打印出印有商店代号的标签,贴到商品上。整包装的商品将被直接送上传送带,零散的商品由工作人员取出后,也会被送上传送带。商品在长达几公里的传送带上进进出出,通过激光辨别物品上的条形码,把它引向配送中心另一端正待完成某家分店送货任务的卡车。传送带上一天输出的货物可达20万箱。

在推广使用RFID电子标签后,供应商按照沃尔玛配送中心发来的订单分拣好商品,交付运送;在商品通过配送中心的接货口时,RFID阅读器自动完成进货商品盘点并输入数据库,配送中心在按照各个分店的要求进行配货后,商品被直接送上传送带装车;在商品装车发往分店的途中,借助GPS定位系统或者沿途设置的RFID监测点,就可以准确地了解商品的位置与完备性,从而准确预知运抵时间;运抵门店后,卡车直接开过接货口安装的RFID阅读器,商品即清点完毕,直接上架出售或暂时保存在门店仓库中,门店数据库中的库存信息也随之更新。商品一旦进入到RFID阅读器覆盖的场所,RFID系统就自动承担起商品的电子监控功能,有效地防止商品失窃现象。由于顾客购买决策改变而随意放置的商品,也可以通过覆盖分店的RFID阅读器找到,并由店员归位。顾客选购商品后,只需将购物车推过安装有RFID阅读器的收银通道,商品的计价即自动完成。随着商品减少,装有RFID阅读器的货架即自动提醒店员进行补货。这样,商品在整个供应链和物流管理过程中就变成了一个完全透明的体系。

为了取得充分的灵活性,为一线商店提供最好的服务和摆脱第三方运输公司的影响,沃尔玛不失时机地扩大了自己的车队规模。沃尔玛的送货车队可能是美国最大的。为满足美国国内连锁店的配送需要,沃尔玛在国内拥有近3万多个大型集装箱挂车、6 000多辆大型货运卡车,24小时昼夜不停地工作。公司运输卡车全部安装了GPS卫星定位系统,调度中心在任何时候都可以掌握这些车辆及货物的情况。沃尔玛通常为每家分店的送货频率是每天一次,而凯马特平均5天一次。这使得沃尔玛在其竞争对手不能及时补货时始终保持货架的充盈。一般来说,物流成本占整个销售额的10%左右,有些食品行业甚至达到20%或者30%。但是,沃尔玛的配送成本仅占其销售额的2%,而凯马特是8.75%,西尔斯则为5%。灵活高效的物流配送使得沃尔玛在激烈的零售业竞争中技高一筹赢得了优势。

【思考问题】

1. 请根据上述案例内容,将沃尔玛的物流信息流程用图表的形式表述出来。

2. 根据上述案例内容请分析一下沃尔玛成功的秘诀。

案例二 E零售下海尔物流信息系统管理案例

【案例引入】

1. 海尔物流中心的建立

海尔国际物流中心坐落在海尔开发区工业园,由国家863计划项目海尔机器人有限公司整合国内外资源建设而成。宏伟的中心立体库高22米,拥有18 056个标准托盘位,其中原材料9 768个盘位,成品8 288个盘位,包括原材料和产成品两个自动化物流系统。采用世界上最先进的激光导引无人运输车系统、巷道堆垛机、机器人、穿梭车等,全部实现物流的自动化和智能化。

2. 海尔的"一网三流"体系

立体库工程仅仅是物流体系的一个组成部分。海尔对物流的理解,首先是企业的管理革命。企业发展现代物流不能回避的是流

程再造。海尔的流程再造是用"一流三网"来实现。其中"一流"是订单信息流。企业内部信息系统的构造,全面围绕着订单流动进行设计。作为物流的基础和支持——"三网"是指海尔的全球供应网络、全球配送网络和计算机管理网络。对于海尔物流来讲"一流三网"是实现物流革命的必然选择,而物流中心只是这个全新物流体系的物质基础和核心。

3. 海尔的"同步模式"流程

对海尔来说,物流还意味着速度。依据张瑞敏的理解,信息化时代企业用以制胜的武器就是速度。对企业来讲,20 世纪 80 年代制胜的武器是品质管理;20 世纪 90 年代制胜的武器就是企业流程再造;而 21 世纪初的 10 年,对于新经济时代的企业来讲,制胜的武器就是速度。这个速度,就是能够最快地满足消费者个性化的需求。而对于如何实现这个速度,海尔提出了"同步模式"。在接到订单的那一刹那,所有与这个订单有关系的部门和个人,能够在物流流程明确分工的环节下同步地行动起来,从而实现同步流程、同步送达。

4. 海尔的三个"零"理念

物流帮助海尔实现了"零库存、零距离、零营运资本"的运作目标。即时采购、即时送料、即时配送是海尔实现零库存的武器。海尔目前的仓库完成的只是一个配送中心的职能,它是为了下道工序配送而暂存的一个地方。"零库存"意味着不仅不会因这些物资积压形成呆滞物资,更重要的是它为产品生产的零缺陷铺平了道路。"零距离"指的是海尔在拿到用户的订单需求后,以最快的速度满足用户的需求。海尔目前基于物流的生产过程是"柔性"的生产线,都是为订单来进行生产的。然后再通过全国 42 个配送中心,及时地配送到用户手中。

所谓"零营运资本",就是零流动资金占用。海尔因为有了零库存和零距离,因此已经有能力做到在给供应方付款的期限到来之前,可以先把用户的货款收回来。达成收回货款的前提是企业做到现款现货,而做到现款现货的最有效途径,就是企业根据用户的订单来制造产品。这也是企业进入良性运作的过程。物流带给海尔的三个"零理念",成为海尔在物流时代创造财富的源泉。

5. 海尔物流与核心竞争力

张瑞敏说:"物流带给海尔最关键的是核心竞争力"。物流使得海尔能够一只手抓住用户的需求,一只手抓住可以满足用户需求的全球供应链,把这两种能力结合在一起,形成的就是海尔所期望达到的核心竞争力。

下面的一组组数字可以从侧面说明物流"革命"给海尔带来的变化:整个集团呆滞物资降低73.8%,仓库面积减少50%,库存资金减少67%;7 200平方米的物流中心吞吐能力相当于30万平方米的普通平面仓库;供应商由原来的2 336家优化到978家,同时国际化供应商的比例上升了20%;在中心城市实现8小时配送到位,区域内24小时配送到位,全国4天以内到位,100%的采购订单由网上下达,采购周期由平均水平的10天降低到3天,网上支付已达到总支付额的20%……

【思考问题】

海尔的"一网三流"体系是如何运作的?

本章要点归纳

本章主要介绍了现代零售业的物流信息化管理知识,围绕着零售物流信息化、零售物流信息系统管理、E零售下的物流信息系统三个基本方面,分别阐述了零售物流信息技术内容、结构、零售业物流信息设备、零售业物流信息系统、零售物流信息系统模块结构、零售物流信息系统管理优势、E零售的物流运作概述、E零售下的物流系统模块及E零售下的物流信息系统运作模式。

综合演练与测试

一、简答题

1. 物流信息化定义。
2. 信息技术对零售业物流的作用有哪些?
3. 目前零售物流信息技术主要包括哪几个方面?
4. 销售终端系统设备是什么?

5. 零售业物流信息系统的功能包括什么?

6. 零售下的物流系统模块包括哪些?

二、综合演练

这里给出几个实战案例,要求以小组为单位进行讨论,提出解决问题方案,每个小组出一位代表,讲演各自的解决方案,并接受教师与其他同学的质疑。

演练1:

假设你是一家商场的经理,商场的信息如表7-1所示。

表7-1

名称	YS购物中心	主营范围	服装、鞋帽、饰品、小家电
选址	市级商业中心	物流活动	采购、库存管理、流通加工、货架管理
商圈与目标客户	商圈半径为10~20公里	配送形式	VMI、消费者自提
规模	建筑面积在10万平方米以内	信息化程度	每件商品有条码每个销售区有射频识别系统、销售时点系统

那么,请你为商场进行物流信息化管理,说明你的物流信息化管理模式,并设计你的物流信息管理系统的详细内容。

演练2:

首先,近日炒得沸沸扬扬的"反淘宝联盟"事件的导火索是淘宝网对信用炒作的清查。而信用炒作之所以可以大行其道,与淘宝网现金流、物流分离有直接的关系。淘宝网不控制物流,就会发生虚假交易,除了炒作信用外还可套现、转账。

另一方面,卖家通过物流将商品送到买家手上,而物流环节出现问题,比如丢货、慢、服务态度等问题会牵连卖家。

请分析一下,淘宝网在物流运送中的角色。

第八章 零售业逆向物流管理

【知识目标】
了解逆向物流的概念
理解逆向物流的形成原因
掌握如何降低逆向物流的成本

【技能目标】
完成逆向物流中心的方案设计
掌握逆向物流操作流程

【引导案例】

"电子垃圾"的逆向物流

汉宏物流公司在中国不仅从事国际物流业务，而且还与中国公司合作开展家电回收业务，把德国处理"电子垃圾"的先进管理理念和方法引入中国。2006年，汉宏物流的子公司汉宏过程管理公司与中国家电研究院成立了合资企业，开展"电子垃圾"回收处理业务，加入中国废旧电子电器回收联盟。

2005年8月，欧盟开始实施"废旧电子电器回收规定"，即WEEE法。德国从2005年11月24日起，对所有生产和进口的电子电器实施登记和回收制度，规定生产商和进口商每年必须对销售和进口的电子电器数量以及可回收和再生的数量进行登记。生产商和销售商向客户明确承诺所售电子电器有回收义务，并提供相应的保证书。客户可通知商家将"电子垃圾"取走，也可以送到指定的"电子垃圾"回收站，然后由专业回收公司对"电子垃圾"进行分类，送到生产厂进行再生或处理。

德国的"电子垃圾"分成五大类：第一类是家用大电器；第二类是

企业的自动化电子设备;第三类是通讯电器和娱乐电器;第四类是照明灯具;第五类是家用小电器、电子工具、玩具、体育休闲器具、医疗器件。德国规定,不管是个人用户还是单位或商家,都不能随意在户外丢弃"电子垃圾",对于触犯欧盟 WEEE 法的用户可最高罚款 5 万欧元,对于商家还可以处以禁止销售的惩罚。对于国外的家电出口商,德国同样要求其承诺回收义务或委托销售商进行回收,否则无法在德国销售。

汉宏项目过程管理公司在"电子垃圾"回收方面扮演了一个极其重要的角色,大的生产商或进口商可直接向其通报电子电器的销售数量,并委托其进行回收。汉宏项目过程管理公司也可以接受国内或国外废旧电子电器回收联盟的委托进行"电子垃圾"的回收。与众多的中小型回收公司不同的是,汉宏项目过程管理公司拥有母公司遍布全球的运输网和丰富的物流管理经验,因此有 300 多家电子电器生产商和销售商在回收服务业务上选择了汉宏物流公司。

汉宏物流公司非常看好在中国开展"电子垃圾"回收业务,中国是世界上最大的家电生产国和消费国,据中国家电协会统计,仅每年电冰箱、电视机、洗衣机等大的废旧家电的报销量就超过 1 亿台,而这些数量庞大的废旧家电还没有系统的回收措施。

目前,汉宏过程管理公司与中国家电研究院成立的合资企业除了提供中国企业"电子垃圾"回收方案和循环处理方案外,还能提供高效率的欧盟 WEEE 环保指令的解决方案,为中国电子电器产品进入欧洲市场服务。

阅读案例并思考:
我国废旧家电回收过程中逆向物流起到哪些作用?

第一节 逆向物流

一、逆向物流概念与特点

(一)逆向物流概念

最早的"逆向物流"概念是由 Stock 在 1992 年给美国物流管理

协会的一份研究报告上提出的:它是一种包含了产品返回、物料替代、物品再利用、废弃处置、再加工处理、维修与再制造等流程的物流活动。

在我国,由国家质量技术监督局发布、2001年8月1日起正式实施的《中华人民共和国国家质量标准物流术语》中的"逆向物流"不包括废弃物物流,具体表述为:"回收物流(Returned Logistics)是指不合格物品的返修、退货以及周转使用的包装容器从需方返回到供方所形成的物品实体流动。比如回收用于运输的托盘和集装箱、接受客户的退货、收集容器、原材料边角料、零部件加工中的缺陷在制品等的销售方面物品实体的反向流动过程。""废弃物物流(Waste Material Logistics)是指将经济活动中失去原有使用价值的物品,根据实际需要进行收集、分类、加工、包装、搬运、储存等,并分送到专门处理场所时形成的物品实体流动。"

综上所述,逆向物流有广义和狭义之分。狭义的逆向物流(Returned Logistics)是指对那些由于环境问题或产品已过时的原因而对产品、零部件或物料回收的过程。它是将废弃物中有再利用价值的部分加以分拣、加工、分解,使其成为有用的资源重新进入生产和消费领域。广义的逆向物流(Reverse Logistics)除了包含狭义的逆向物流的定义之外,还包括废弃物物流的内容,其最终目标是减少资源使用,并通过减少使用资源达到减少废弃物的目标,同时使正向以及回收的物流更有效率。

逆向物流的过程如图8-1所示。

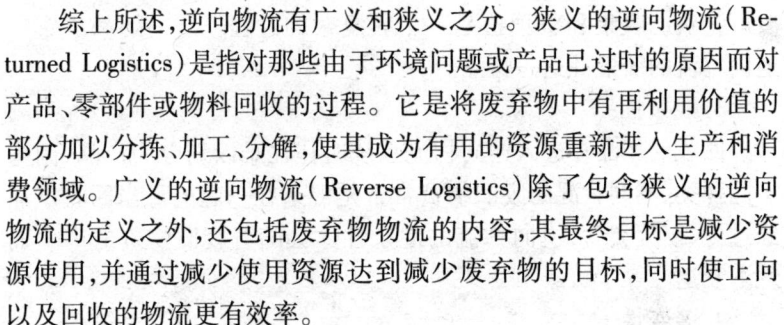

图8-1 逆向物流过程

(二)逆向物流的特点

逆向物流作为企业价值链中特殊的一环,与正向物流相比,既有共同点,也有各自不同的特点。二者的共同点在于都具有包装、装卸、运输、储存、加工等物流功能。但是,逆向物流与正向物流相

比又具有其鲜明的特殊性。

1. 分散性

换言之,逆向物流产生的地点、时间、质量和数量是难以预见的。废旧物资流可能产生于生产领域、流通领域或生活消费领域,涉及任何领域、任何部门、任何个人,在社会的每个角落都在日夜不停地发生。正是这种多元性使其具有分散性。而正向物流则不然,按量、准时和指定发货点是其基本要求。这是由于逆向物流发生的原因通常与产品的质量或数量的异常有关。

2. 缓慢性

人们不难发现,开始的时候逆向物流数量少、种类多,只有在不断汇集的情况下才能形成较大的流动规模。废旧物资的产生也往往不能立即满足人们的某些需要,它需要经过加工、改制等环节,甚至只能作为原料回收使用,这一系列过程的时间是较长的。同时,废旧物资的收集和整理也是一个较复杂的过程。这一切都决定了逆向物流的缓慢性这一特点。

3. 混杂性

回收的产品在进入逆向物流系统时往往难以划分为产品,因为不同种类、不同状况的废旧物资常常是混杂在一起的。当回收产品经过检查、分类后,逆向物流的混杂性才会随着废旧物资的产生而逐渐衰退。

4. 多变性

由于逆向物流的分散性及消费者对退货、产品召回等回收政策的响应随意性,有的企业很难控制产品的回收时间与空间,这就导致了多变性。主要表现在:逆向物流具有极大的不确定性;逆向物流的处理系统与方式复杂多样;逆向物流技术具有一定的特殊性;成本相对高昂。

二、逆向物流的原则

(一) "事前防范重于事后处理" 原则

逆向物流实施过程中的基本原则是"事前防范重于事后处理"即"预防为主、防治结合"的原则。循环经济、清洁生产都是实践这一原则的生动例证。

（二）绿色原则

绿色原则即将环境保护的思想观念融入企业物流管理过程中。

（三）效益原则

物流是社会再生产过程中的重要一环,物流过程中不仅有物质循环利用、能源转化,而且有价值的转移和价值的实现。因此,现代物流涉及了经济与生态环境两大系统,理所当然地架起了经济效益与生态环境效益之间彼此联系的桥梁。经济效益涉及与目前和局部密切相关的利益,而环境效益则关系更宏观和长远的利益。经济效益与环境效益是对立统一的。后者是前者的自然基础和物质源泉,而前者是后者的经济表现形式。

（四）信息化原则

尽管逆向物流具有极大的不确定性,但是通过信息技术的应用(例如使用条形码技术、GPS 技术、EDI 技术等)可以帮助企业大大提高逆向物流系统的效率和效益。因为使用条形码可以储存更多的商品信息,这样有关商品的结构、生产时间、材料组成、销售状况、处理建议等信息就可以通过条形码加注在商品上,也便于对进入回收流通的商品进行有效、及时的追踪。

（五）法制化原则

近年来我国废旧家电业异常火爆,据分析调查往往是通过对旧家电"穿"新衣来牟取利润的,这是以侵犯广大农户和城市低收入家庭等消费群体的合法权益为基础的,这亟须政府制定相应的法律法规来引导和约束。而具有暴利的"礼品回收"则会助长腐败,是违法的逆向物流,应坚决予以取缔。违法的逆向物流活动都亟须相关的法规来约束。

（六）社会化原则

从本质上讲,社会物流的发展是由社会生产的发展带动的,当企业物流管理达到一定水平,对社会物流服务就会提出更高的数量和质量要求。企业回收物流的有效实施离不开社会物流的发展,更离不开公众的积极参与。

三、逆向物流的重要性

逆向物流在企业运营过程中，表现出不可或缺的重要性，其主要表现在以下几方面。

（一）提高潜在事故的透明度

逆向物流在促使企业不断改善品质管理体系上具有重要的地位。企业在退货中暴露出的品质问题，将透过逆向物流资讯系统不断传递到管理阶层，提高潜在事故的透明度，管理者可以在事前不断改进品质管理，以根除产品的不良隐患。

（二）提高顾客价值，增加竞争优势

在当今顾客驱动的经济环境下，顾客价值是决定企业生存和发展的关键因素。众多企业通过逆向物流提高顾客对产品或服务的满意度，赢得顾客的信任，从而增加其竞争优势。对于最终顾客来说，逆向物流能够确保不符合订单要求的产品及时退货，有利于消除顾客的后顾之忧，增加其对企业的信任感及回头率，扩大企业的市场份额。另一方面，对于供应链上的企业客户来说，上游企业采取宽松的退货策略，能够减少下游客户的经营风险，改善供需关系，促进企业间战略合作，强化整个供应链的竞争优势。特别对于过时性风险比较大的产品，退货策略所带来的竞争优势更加明显。

（三）降低物料成本

减少物料耗费、提高物料利用率是企业成本管理的重点，也是企业增效的重要手段。传统管理模式的物料管理仅仅局限于企业内部物料，不重视企业外部废旧产品及其物料的有效利用，造成大量可再用性资源的闲置和浪费。由于废旧产品的回购价格低、来源充足，对这些产品回购加工可以大幅度降低企业的物料成本。

（四）改善环境行为，塑造企业形象

随着人们生活水平和文化素质的提高，环境意识日益增强，消费观念发生了巨大变化，顾客对环境的期望越来越高。另外，由于不可再生资源的稀缺以及对环境污染日益重视，各国都制订了许多

环境保护法规,为企业的环境行为规定了一个约束性标准。企业的环境业绩已成为评价企业运营绩效的重要指标。为了改善企业的环境行为,提高企业在公众中的形象,许多企业纷纷采取逆向物流战略,以减少产品对环境的污染及资源的消耗。

第二节 零售业的逆向物流

一、零售业逆向物流特点

在零售市场中的逆向物流,大多可以分为商业退货、投诉退货和维修退货三种形式,这其中又以商业退货最为常见,即零售商接受消费者退货后再反馈给供应商或生产商进行进一步处理的过程。因此零售市场的逆向物流主要表现为商品从零售店到返品中心再到供应商的货物反向流动的过程。国内零售市场的逆向物流的主要特点除了分散性、缓慢性、混杂性和多变性外,还具有成本不易计算的特点,因为零售市场逆向物流中的物品通常价值较低,而且缺少规范的包装,具有许多不确定性;而且由于需要进行人工检测、判断和处理,这又增加了人工费用,同时还要考虑环保费用,这就增加了逆向物流成本计算的难度。

二、零售业逆向物流形式

零售业逆向物流主要有两种形式:退货逆向物流和回收逆向物流。

(一)退货逆向物流

退货逆向物流是指下游客户将不符合订单要求的产品根据销售协议规定将接近有效期限的产品或者有瑕疵的产品退回给上游供应商,其流程与常规产品流向正好相反。

(二)回收逆向物流

回收逆向物流是指将最终客户所持有的废旧物品,或者他们不再需要的物品,回收到供应链上各节点企业的过程。表现形式有:消费者因商品不能满足要求(如商品缺陷和品质有问题、商品部件缺少、无法正常使用、商品过期等)在各零售门店退货、调换;各门店因商品积压、商品滞销、商品过期等将商品从门店撤柜并退回配送中心,配送中心根据情况将部分商品退还给供应商;供应商因产品质量问题、包装问题等主动要求从零售企业撤回产品,各门店按要求将产品撤柜并退回配送中心,再由配送中心退给供应商;配送中心因储存、保管、运输不当而造成商品损坏、变质、过期等,将部分商品退给供应商。

回收逆向物流过程如图8-2所示。

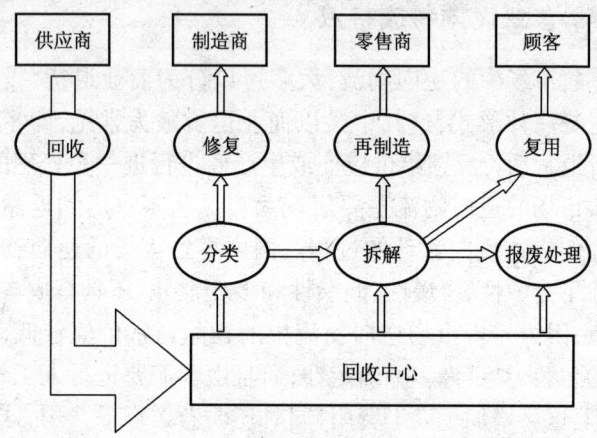

图8-2 回收中心的具体逆向物流过程

三、零售业逆向物流原因

从逆向物流的产生来看,原因众多。主要有以下几种原因:

首先,零售商在出售大多数商品时都向消费者保证,在特定的时间内将保持商品的某种特性,所以商家必须在承诺的范围内接受顾客的退货。

其次,由于国家不断地提高具有强制性的产品质量标准、产品有效期到期(比如,供应商必须收回下游分销商的滞销库存)和商品对顾客产生危害等原因,企业必须收回商品形成逆向物流。

再次,逆向物流也产生于某些法律规定,比如有些法律规定对某些饮料容器和包装材料禁止任意处理(鼓励回收),以致回收的数量不断增加,最终导致逆向物流的增加。

最后,当商品存在潜在的健康责任时,需要对商品(例如电池、电子产品等易污染产品)进行最大限度的控制,此时产品收回与顾客服务战略相吻合。

四、零售业逆向物流类型

对大多数的零售企业而言,要经常面对商品从消费者、门店、配送中心、供应商的各种形式的逆向物流。可以将零售企业逆向物流做如下具体分类:

一是由门店返回滞销但是可以二次销售的商品到配送中心,由配送中心根据不同门店的需求,进行二次商品配送。

二是由门店返回不可销售的商品,然后判断商品的可退换属性,决定是返给供应商还是在配送中心就地销毁。

三是由门店直接将商品返给供应商,这种商品主要是一些供应商直接配送到门店的商品,例如生鲜蔬菜、瓷器等。

四是门店之间的商品调拨行为,因为某些门店紧缺某种商品而从其他门店调货进入。

五是门店接受顾客退回的废旧电子产品,由门店判断商品是否符合回收要求,决定是返回给供应商还是直接送交生产商。例如,冰箱、彩电、手机等。

六是门店回收的各种包装物,由门店根据包装物状况,判断决定是留门店使用还是返回到配送中心,或返回供应商修复使用。

五、零售业逆向物流管理的策略

由于逆向物流中回收品的成本高、影响大、处理难,以及处理过程中的复杂性、分散性、不确定性,难以形成规模效益;加之许多回收品需要人工的检测、判断和处理,极大地增加了人工费用,同时效率也很低下。因此,需要有效地管理逆向物流,充分挖掘零售业在市场竞争中的价值。

(一)响应政府的宏观管制

逆向物流在我国尚属新兴领域,需要政府从宏观层面上加以

管制。商务部在 2009 年 3 月中旬提出：要求各地大力发展旧货市场，力争在大中城市建设和改造一批大型综合和专业旧货市场；并鼓励家电等生产企业和大型零售企业开展"收旧售新"、"以旧换新"业务，以带动新产品销售和资源节约，对于我国的零售连锁超市来讲应该落实政府政策，抓住这个机会，将逆向物流落到实处。

（二）重视超市逆向物流

对于当今的超市而言，其物流体系大都并没有包含逆向物流的概念，而连锁超市要在未来的竞争中取胜，很重要的一方面就是通过对逆向物流的管理来增强企业竞争力，这就要求管理者从战略高度上重视超市的逆向物流，这也是保证超市逆向物流与其他业务协调的基础。管理者只有充分认识到逆向物流的重要性和价值，才有可能在实际操作中给予逆向物流充分的资金支持，才有可能真正地实施逆向物流。

（三）设立专门的逆向物流管理中心

逆向物流管理中心是逆向物流高品质运作的基础和前提。它可以提高返品的流通效率，降低逆向物流耗费的成本，加速返品资金回收，并且在建立逆向物流管理中心时，可以参照建立物流配送中心的形式，以获得逆向物流规模效益，甚至可以将二者合而为一（如图 8-3 所示），只需在内部做出微小的调整处理。据分析，如果采用返品的集中处理，逆向物流管理每年可为商家降低销售总成本的 $0.1\% \sim 0.3\%$。但同时应该看到逆向物流中的商品与正向物流的商品业务在加工、库存、配送等环节都可能会相互冲突，超市要想同时兼顾两个方面往往会有难度。因此，可以采取两种产品业务流程分离的办法，以提高回收品业务的运作效率。

（四）建立逆向物流联盟或适当使用第三方物流来协助管理逆向物流

实施逆向物流需要企业投资必要的设备设施，这样既会增加企业的成本，也可能带来很大的风险，但是建立逆向物流联盟或是采用第三方物流，可以有效地降低成本，分散风险。因此对于超市来说

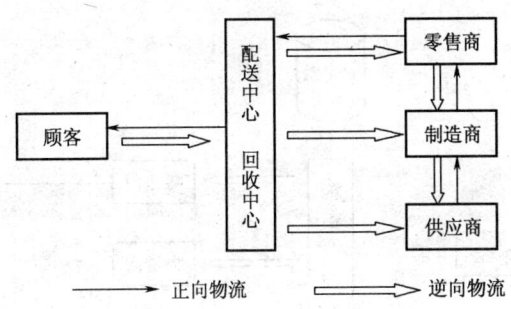

图8-3 双向物流配送中心业务流程图

可选择恰当的其他企业,双方使用共同或相近的运输路线、仓储设施和技术平台,充分利用运输和仓储的规模经济;而物流联盟的建立可以使连锁超市企业最大限度地利用有限资源,降低运营成本,可以减少交易的不确定性和市场的多变性,有助于合作伙伴之间在交易过程中减少相关交易费用。

（五）加强消费者反馈信息的分析处理

加强消费者反馈信息的分析处理,让消费者参与到逆向物流过程中来。连锁超市要减少逆向物流的发生,进而降低成本,很重要的一个方面就是降低顾客的退货率,而及时地与顾客沟通,了解顾客的需求信息,加强对顾客反馈信息的分析处理,是解决顾客高退货率的重要手段。

（六）构建逆向物流信息系统

对所有商品使用条形码,可实现商品的实时跟踪,而且实时的产品状况和损坏信息可以帮助物流经理了解逆向物流系统的需求,但同时要注意的是,逆向物流过程中往往有很大的不确定性,因此逆向物流信息系统必须是一个柔性系统,能够适应并有效处理逆向物流过程中的意外状况。另一方面,管理层可以吸收国外一些逆向物流管理比较成熟的企业经验,如利用电子数据交换等信息技术建立信息交流系统(如图8-4所示),实现上下游之间退货信息的交流与共享,提高逆向物流处理效率。

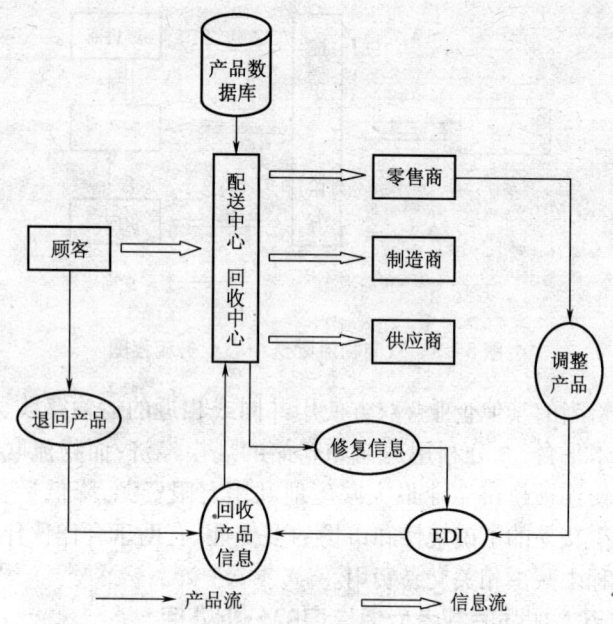

图8-4 基于电子数据交换信息技术的逆向物流过程

第三节 零售业逆向物流管理综合实训

任务 超市的逆向物流中心设计方案实训

【任务引入】

背景介绍:近年来全球范围内普遍出现的商品生产过剩和由此引发的激烈商业竞争以及消费者权益保护法规的日益完善,促使商家和厂家竞相推出各种优惠的退货条件。在这种浓厚的"买方市场"商业氛围下,"商家先行赔付"、"无理由退货"、"异地退货",甚至于"无凭证退货"等各种方便的退货措施不断出现。这些优惠措施在便利消费者购物的同时,也造成零售业界每天都有大量返品产生。据统计,美国零售商业的返品货值约占商品零售总额的6.3%左右,其中返品率较高的是电视购物、通讯购物和网上购物,返品率在12%~35%之间;其次为汽车配件和妇女时装,同为13.4%;普通服装类商品为11.5%;家电用品为10.9%;体育用品为9.8%;计算机相关产品为8.4%。返品率较低的医药、化妆品行业也有0.5%左右的返品率。超市食品的返品率较低,平均仅为0.2%。从比例上看,返品占总体的比率虽不是太大,但其所拥有的价值量决不是小数目。

这些数量不菲的返品大军不但占压了巨额的流动资金,增加了商家和厂家的营销成本,而且牵扯了各个营销环节管理者的时间和精力。返品的处理实际上也造成了一定的社会生产力浪费。因此科学、有效地对返品物流进行管理,减少因返品带来的损失,有着不可小觑的社会效益和经济效益。

许多美国大型零售公司累计在全美各地设立了近百个规模不等的返品中心。其中沃尔玛公司就设立了10家,凯马特公司拥有4家,Universal公司拥有2家,其他如宜家、Target公司等较大的连锁零售商也都有自己的返品中心。此外,一些规模较小的连锁商业公司则采取几家合伙的形式,设立返品处理中心。目前,美国通过返品中心处理的返品已占总数的6成以上,集约化处理已成为返品物流管理的主导方式。

请根据上述情况,对建立服务于超市的逆向物流中心做出设计方案。

【知识要点】

商业退货具有以下特点:产生的地点、时间与数量难以预测;产生地点分散、无规则,且不可能一次向接受点转移;发生的原因通常和产品质量、规格、数量有关;退货系统和作业方式通常比正向物流来得复杂多样。企业在进行退货等逆向物流活动决策时,最重要的考量因素之一即是逆向物流对企业生产成本与利益的影响。当企业在评估逆向物流活动时,传统的观点注重以低成本为考量,但是退货通常被视为客户服务计划的一部分,将会对顾客的忠诚度与公司的获利造成影响。因此,比较成本与利益,应视其对企业产生的影响而定。

逆向物流的分类可按以下方法来进行。

1. 按照回收物品的渠道来分

按照回收物品的特点可分为退货逆向物流和回收逆向物流

两部分。退货逆向物流是指下游顾客将不符合订单要求的产品退回给上游供应商,其流程与常规产品流向正好相反。回收逆向物流是指将最终顾客所持有的废旧物品回收到供应链上各节点企业。

2. 按照逆向物流材料的物理属性分

按照逆向物流材料的物理属性可分为钢铁和有色金属制品逆向物流、橡胶制品逆向物流、木制品逆向物流、玻璃制品逆向物流等。

3. 按成因、途径和处置方式及其产业形态来分

按成因、途径和处置方式的不同,逆向物流被学者们区分为投诉退货、终端使用退回、商业退回、维修退回、生产报废与副品以及包装等6大类别。

【任务实施】

返品物流管理,也称为"逆向物流管理"或"静脉物流管理"。其内容包括商品的退货、回收、再加工、处置、遗弃、销毁等,是伴随返品的流动环节而形成的商品回流过程管理的总和。

返品中心的设计方案:

(1)接收系统内各零售店的所有返品。

(2)对返品进行甄别。按照返品的实际状况把它们分为可整修后重新销售、可降价批发销售、可向生产厂家退货、可作慈善捐赠用(在美国慈善捐赠可抵减税收)、可作废品利用及无利用价值等几类,并作相关处理。返品处理中心内设有相当规模的再生工厂,把可整修后重新销售的返品进行整修、包装后重新融入正向物流销售。

(3)对返品涉及的资金往来进行统一结算。

(4)对各厂家、各销售店、各类商品的返品状况及产生原因、返品的变动趋势等信息进行综合统计分析,并及时向总部提交相关报告。

【技能拓展】

引入逆向物流系统的原因,请举例说明,见表8-1。

表 8-1

引入逆向物流系统的主要原因	使用逆向物流系统的典型例子
为获得补偿或退款而退还产品	不能满足客户期望的 vcR 被退回,以得到退款
归还短期或长期租赁物	当天租赁的场地装备的返还
返回制造商以便修理、再制造或返还产品的核心部分	返还用过的汽车发电机给制造商以期被再制造和再销售
保修期返回	电视机在保修期内功能失灵而被退还
可再利用的包装容器	返回的汽水瓶、酸奶瓶、饮料瓶被清洗和再使用
寄卖物返还	寄存在商店的音箱没有变卖又返还给物主
卖给顾客新东西时折价回收旧货	出售新车时代理商回收旧车准备再卖
产品发往特定组织进行升级	旧电脑被送往制造商以安装光盘驱动器
送还	不必要的产品包装或托盘在不需要时被送还
普遍的产品召回	由于安全带失效汽车被返还给代理商
产品返还给制造商进行检查或校准	医学设备被返还以检查和调校仪表
产品没有实现制造商对客户的承诺	如果电视性能与承诺的不一致则可以将其退还

本章要点归纳

本章从逆向物流出发,分析了逆向物流的概念特征以及类型,介绍了逆向物流产生的原因和形态,从而研究了逆向物流的管理方法。合理管理逆向物流可以节约企业物流成本,是现代物流管理中亟待解决的问题。

综合演练与测试

一、简答题

1. 逆向物流的方式。
2. 逆向物流的原则。

3. 逆向物流管理的策略。

二、综合演练

索尼爱立信(简称索爱)公司是日本索尼公司和瑞典爱立信公司于2001年共同成立的合资公司。九年来,在满足消费者需求的竞争中,不仅需要面对诺基亚、摩托罗拉这样的强劲对手,同时还要面对不断缩短的产品生命周期。索爱一直在寻找其在手机市场的竞争优势,其解决方案是:对退货和维修处理的重整。缺陷手机的退货、处置、维修和置换都会给逆向供应链产生巨大的影响。

事实上,由于业务的快速增长以及对现状的不满已使得公司的南美单元——索尼爱立信移动通信公司对于处理这部分服务的方式重新进行了一番审视,索爱公司在美国和加拿大所建立的逆向物流已不能满足消费者的需要。索爱公司需要一个快速、可靠、灵活的系统,这个系统能够管理生命周期为9个月的手机。同时,它也需要降低其成本结构,而且随着手机价格下降到100美元以下,降低管理费用的压力也在增加。

原来,索爱公司一直依赖一家单独的电子生产服务商。此服务商不仅处理手机的制造,而且还处理手机的维修,包括了手机的正向和逆向物流。他们一直宣传通过一个合作伙伴就能提供全套服务的便利性。从概念上说,这种观点很好,可是对于索爱公司却不起作用。由于没有物流方面的专家,这家电子生产服务商将运输和经纪业务部分转包,使得索爱公司关键的物流操作部分又隔了一层。这促使索爱公司想寻找一个更为直接的服务关系。

手机维修方面同样存在许多问题,同时手机变得越来越复杂,这些都促使索爱公司决定找专家来做这项工作。更为复杂的情况是索爱公司坚持将维修定在墨西哥来处理,这样做的原因是省钱,但同时这又产生了另外的复杂性,索爱公司如何从顾客处接受退货,把他们送过边境来修理,并在几天的时间里把修理过的手机返回到美国?

思考:根据案例的描述,你认为索爱公司的问题关键在哪里?如何解决这个问题?

第九章　零售业冷链物流管理

【知识目标】
了解冷链物流的概念和特点
掌握冷链物流管理原则与方法
熟悉生鲜产品、乳制品、冷冻食品零售物流过程

【技能目标】
会对特殊商品零售物流案例进行分析

【引导案例】

牛奶冷链物流的重要性

几年前,广东的阳江曾发生过一起学生饮用牛奶食品中毒的安全事件,经事后调查查明,问题都出现在冷链运输的三个环节中:一是运奶品的冷链车车厢内的温度不达标,该运奶车的制冷系统出了故障,使车厢内的温度从广州至阳江长达 250 公里的路程长时间处于 12℃ 以上;二是常温奶产品和低温奶产品同一车辆不设分隔层同厢混放同运;第三是将低温奶品离开冷链后过长时间(将近 3 个小时)堆放在室外受阳光照射下的走廊。这些牛奶(巴氏奶)由于得不到冷链的保障,结果导致变质(几种常见乳制品保存环境需求表见表 9-1)。此次事件发生的根源,就在于司机和派送牛奶的有关人员的思想过于麻痹。因此加强对冷链物流从业人员的安全意识、冷链技术与技能的培训和教育,应提到管理的议事日程上来。

255

表9-1 几种常见乳制品保存环境需求表

品种	保存温度	保质期	优缺点
超高温消毒奶	常温	6~9个月	优点：几乎不含细菌 缺点：采用的消毒方法不仅破坏了鲜奶中全部生物活性物质和大部分维生素，还会使容易被人吸收的钙离子与牛奶的酪蛋白结合，形成不易吸收的物质
巴氏杀菌奶	2~6℃	7~15天	优点：口感、风味上较接近原奶的水平，营养价值与鲜牛奶差异不大，B族维生素的损失仅为10% 缺点：牛奶中的一些生理活性物质可能会失活
生鲜奶	4℃以下	24~36小时	优点：这种牛奶无需加热，不仅营养丰富，而且保留了牛奶中的一些微量生理活性成分 缺点：保质期短，跨地区、长距离运输困难
酸奶类	2℃~6℃	7天左右	特点：酸奶最突出的优势就在于其中的乳酸菌能帮助乳糖消化，使我们身体更好地吸收钙质，同时酸奶能够丰富消化系统的菌群，促进消化系统的平衡和新陈代谢，缩短实物在肠胃里的滞留时间；适合乳糖不耐症患者（指哪些喝牛奶后感到不适的人群）使用；对有肝病和胃病的患者及身体衰弱者最适宜；同时有减肥和美容的意外效果，还能降低胆固醇、强化免疫系统和防癌
其他（奶酪、奶油、炼乳类）	需冷藏保存	各不相同	略

阅读案例并思考：

引发食品安全事件的根源是什么？从物流管理角度怎样做才能避免此类事件发生？

第一节 冷链物流概述

一、冷链物流概念

由于物流专业技术的发展，人们对购买商品品质要求的提高，现代物流业务中冷链物流被广泛应用于食品、药品、饮料产品的物流活动中。进行冷链物流的目的是通过温度—时间控制，降低分解反应速度和限制微生物的生长速度来延长货架期。通过降低化学反应速度、生化反应速度和微生物的生长繁殖速度，低温贮藏能够延长保鲜期和加工食品的货架期。

冷链，又称冷藏链，是指易腐商品在生产、贮藏、运输、销售直至消费前的各个环节中始终处于规定的低温环境下，以保证商品质量、减少商品损耗的一项系统工程。它是随着科学技术的进步、制冷技术的发展而建立起来的，是以食品冷冻工艺学为基础，以制冷技术为手段，在低温条件下的物流现象。冷链的建设要求将所涉及的生产、贮藏、运输、销售等各种经济性和技术性问题集中起来考虑，协调相互间的关系，以确保易腐商品的生产、贮藏、运输和销售的安全性。由此可见，冷链是一个跨行业、多部门有机结合的整体，发展冷链物流有助于诸多相关产业的合作，形成完善的冷链工业体系。

二、冷链物流特点

冷链物流的目的是为了保证易腐生鲜物品的品质，并在此基础上实现增值，这就决定了它和其他物流系统有所区别，冷链物流有以下几点特征。

（一）复杂性

冷链物流必须遵循 3T 原则，即物流的最终质量取决于冷链的储藏温度（Temperature）、流通时间（Time）和产品本身的耐储藏性（Tolerance）。冷藏物品在流通过程中质量随着温度和时间的变化而变化，不同的产品都必须要有对应的温度控制和储藏时间。这就大大提高

了冷链物流的复杂性,所以说冷链物流是一个庞大的系统工程。

(二)协调性

由于易腐生鲜产品的不易储藏性,要求冷链物流必须高效运转,物流过程中的每个环节都必须具有协调性,这样才能保证整个链条的稳定运作。

(三)高成本性

为了确保易腐生鲜产品在流通环节中始终处于规定的低温条件下,必须安装温控设备,使用冷藏车或低温仓库。为了提高物流运作效率又必须采用先进的信息系统等。这些都决定了冷链物流的成本要比其他物流系统高。

三、冷链物流商品类别

冷链物流商品基本分为三大类:

第一类是初级农产品,包括蔬菜、水果;肉、禽、蛋;水产品、花卉产品。

第二类是加工食品,包括速冻食品、禽、肉、水产等包装熟食、冰淇淋和奶制品;快餐原料。

第三类是特殊商品,包括药品。

四、冷链物流设施设备

冷链食品的保质期较短,所以冷链对时间的要求就更高,再加上食品冷链要估计加工、运输、储藏、销售等各个环节,所以保证冷藏品最终质量难度相比也要大得多。冷链的高效运行依赖于冷链物流设备的匹配。设备的配置是否合理对于提高冷链物流的效率、保持产品的质量,节约能源和降低运营成本具有重要的作用。

零售企业选择冷链设备的原则是技术上先进、经济上合理、使用上安全适用、无污染、主要能量消耗少、噪声水平低、运行费用低等。

冷链物流过程中经常使用的设施设备主要有以下几类。

(一)冷链物流设施

冷链物流设施主要有冷库(如图9-1)和制冷系统,这两类设施都在冷链物流的投资中占用较大的比重。

（二）冷链物流设备

冷链物流设备包括冷链物流运输工具、储运设备、储运包装和冷链物流辅助设施配件。

运输工具主要有：冷藏车（如图9-2）、保温车（如图9-3）、冷冻车、奶罐车（如图9-4）、食品物流车、冷藏船（如图9-5）等。

储运设备主要有：冷藏集装箱（如图9-6）、冷藏运输箱（如图9-7）、保温集装设备等。

储运包装主要有：冷冻包装盒、冷藏包、冰袋（如图9-8）、保温箱（如图9-9）等。

冷链物流辅助设施配件主要有：车用冷藏机组及部件、移动冷库、数字温度控制器和数据记录仪等。

图9-1 冷库

图9-2 冷藏车

图9-3 保温车

图9-4 奶罐车

图9-5 冷藏船

图9-6 冷藏集装箱

图9-7 冷藏运输箱

图9-8 冰袋

图9-9 保温箱

五、冷链物流管理原则与方法

（一）冷链物流管理原则

冷链物流应遵循"3T 原则"，即产品最终质量取决于冷链的储藏与流通的时间温度和产品耐藏性。

"3T 原则"指出了冷藏食品品质保持所允许的时间和产品、温度之间存在的关系。由于冷藏食品在流通中因温度的变化而引起品质降低的累积和不可逆性，因此对不同产品品种和不同品质要求都有相应的产品控制和储藏时间的技术经济指标。

（二）冷链物流管理方法

冷链物流管理由冷藏加工、冷藏贮藏、冷藏运输及配送、冷藏销售四个方面构成。

1. 冷藏加工

包括肉禽类、鱼类和蛋类的冷却与冻结，以及在低温状态下的加工作业过程；也包括果蔬的预冷；不包括各种速冻食品和奶制品的低温加工等。在这个环节上主要涉及冷链装备有冷却、冻结装置和速冻装置。

2. 冷藏贮藏

包括食品的冷却储藏和冻结储藏，以及水果蔬菜等食品的气调贮藏，它是保证食品在储存和加工过程中的低温保鲜环境。在此环节主要涉及各类冷藏库、加工间、冷藏柜、冻结柜及家用冰箱等。

3. 冷藏运输及配送

冷藏运输及配送包括食品的中、长途运输及短途配送等物流环节。它主要涉及铁路冷藏车、冷藏汽车、冷藏船、冷藏集装箱等低温运输工具。在冷藏运输过程中，温度波动是引起食品品质下降的主要原因之一，所以运输工具应具有良好性能，在保持规定低温的同时，更要保持稳定的温度，远途运输尤其重要。

4. 冷藏销售

冷藏销售包括各种冷链食品进入批发零售环节的冷冻储藏和销售，它由生产厂家、批发商和零售商共同完成。随着大中城市各类连锁超市的快速发展，各种连锁超市正在成为冷链食品的主要销售渠道,在这些零售终端中,大量使用冷藏/冷冻陈列柜和储藏库。

第二节 零售业典型冷链商品物流管理

一、生鲜商品零售物流

(一)生鲜食品冷藏链体系建设

食品冷藏链是在20世纪随着科学技术的进步、制冷技术的发展而建立起来的一项系统工程。它建立在食品冷冻工艺学的基础上,以制冷技术为手段,使易腐食品从生产者到消费者之间的所有环节,即在原料(采摘、捕捞、收购等环节)、生产、加工、包装、运输、贮藏、销售、流通的整个过程中,始终保持适合的低温条件,以保证食品的质量、减少食品的损耗。生鲜食品冷藏链体系是生鲜食品安全控制和物流优化的基础保障体系,根据各类生鲜食品的不同要求,通过对时间—温度控制和微生物控制,应用生鲜食品原料的快速预冷技术、减菌化处理及微生物控制技术、商品化加工技术、商品化包装技术、冷藏过程中的质量控制技术、配送过程的冷链管理技术、销售管理和质量预测技术等,提高生鲜食品的安全性和质量要求。

生鲜食品冷藏链由生鲜食品冷冻加工、冷冻贮藏、冷冻运输和冷冻销售四个方面构成(如图9-10所示),在相关设备的支持下构成了生鲜食品的安全保障体系。

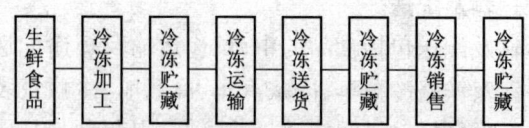

图9-10 生鲜食品冷藏链构成图

(二)生鲜食品安全检测体系建设

生鲜食品安全检测体系是在蔬果加工配送中心和冷藏链体系的基础上,对生鲜食品加工配送全程实时监控,保证食品安全和冷藏链的正常运营。

根据生鲜食品种类不同,可将其分为储存型(如水果类中的苹果)、中转型(如蔬菜类中的黄瓜、西红柿)、直送型(如蛋品类)和加工型(如豆制品、面制品、卤菜和半加工制品)四种商品类型。不同的商品类型和不同的加工工艺及保存要求,对生鲜食品安全检测的流程不同,具体的检测流程如图9-11所示。

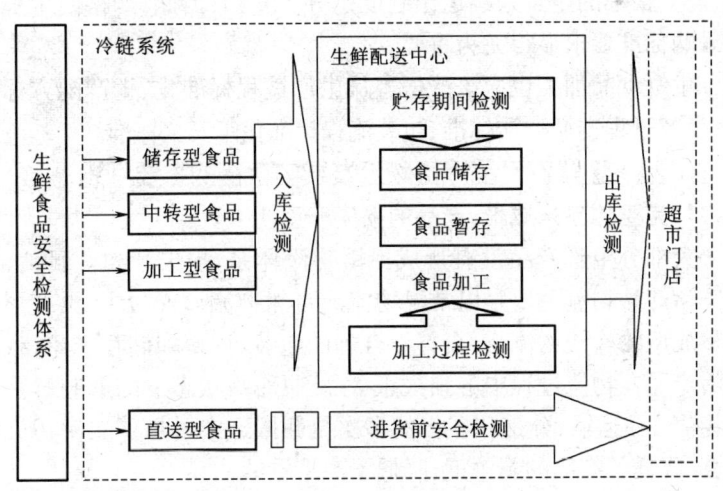

图9-11 生鲜食品安全检测流程图

对于生鲜食品安全检测,采取常规工作和随机抽检相结合的方法。对于商品的包装、供应商的资质材料和感官检查等采取常规必检,对于农药残留、兽药残留、抗生素、污染物等理化检验和微生物检验采取随机抽检的方式。随机抽检的频率根据现实情况而定,安全状况差的抽检频率要高,安全状况好的抽检频率相对要低。

(三)生鲜食品安全管理标准体系建设

食品安全标准体系规定了食品生产、加工、流通和销售等过程中必须遵循的标准,以及食品性能等方面的质量安全基本要求和具体指标。食品安全标准体系的实施,可以使食品安全生产全过程标准化、规范化,保障和提升食品质量安全水平。生鲜食品本身对时间——温度控制和微生物控制有着种种严格的要求,建立完善的生

鲜食品安全管理标准体系有着更加重要的现实意义。

采购是保证生鲜食品质量最重要的一个环节,大凡运作成功的大型连锁超市在生鲜食品采购上都会以生鲜食品的采购特点为依托,严格遵循生鲜食品的采购原则,针对不同区域消费者的特点提供不同季节需求的不同生鲜食品组合。生鲜食品供应链的高效运作,与其精细的生鲜采购运作制度是分不开的,因此,严格的生鲜食品采购标准要求显得尤为重要。

生鲜食品加工也应该严格遵从生产过程标准化、生产配方标准化,生产过程遵循清洁标准、包装流程标准化等安全标准。

(四)生鲜农产品冷链物流发展中存在的主要问题

1. 完整体系未成形,产品的损失严重

大部分生鲜产品没有形成冷链物流体系,损失严重。目前,我国鲜活产品物流主要是以常温物流或自然物流形式为主,没有形成连贯成型的冷链物流,存在着不合理的包装、运输和储存现象,致使鲜活产品在物流过程中的损失很大。非冷藏状态下的散装鲜活产品物流,在运输、分销和零售的多次装卸搬运中增加了二次污染的机会,降低了产品的新鲜度,降低了产品质量。

2. 市场化程度较低,第三方介入很少

我国连锁企业生鲜产品的物流配送业务多由供应商自己完成,市场规模不大,区域性特征较强,生鲜产品冷链的第三方物流发展滞后,服务网络和信息系统不够健全,缺乏准确性和及时性,同时缺乏专业化和规模化,难以形成高效率的冷链物流配送,冷链物流的成本和商品损耗亦很高。

3. 硬件设施落后,冷藏运输效率差

我国冷链物流的现有设施设备陈旧,发展和分布不均衡,无法为易腐食品流通系统地提供低温保障,造成大量损耗,物流费用高,易出现安全隐患。

代化的冷藏卡车严重不足,我国冷藏保温汽车的占有率极低,仅为货运汽车比例的0.3%。而发达国家中,美国为1%、英国为2.6%、德国更是达到了3%。另外,专业冷藏设备如冷冻库等的缺乏也是导致我国冷藏物流落后的一个关键因素。

4. 整体规划不完善,资源整合受影响

在鲜活产品供应链上,既缺乏冷链物流的综合性专业人才,也缺乏供应链上下游之间的整体规划与协调,因此影响了鲜活产品冷链物流的资源整合。

5. 流通加工待发展,货物价值比差大

我国鲜活产品的产值主要在原产地周边实现,绝大多数以采收后的原始产品形式出售。在发达国家,鲜活产品产值与鲜活产品加工产值之比为1:3或1:4,而我国为1:0.8;世界发达国家果蔬产品的加工量占总产量的75%,全世界平均为23%,而我国不超过10%。据初步统计,我国现仅有1%的果品经过清洗、分级和包装后投入市场,果品加工能力不足;蔬菜经分级、整理、清洗、沥干、切分或不切分后采用小包装或精包装上市的净菜和配菜的数量也很少。事实上,果蔬的附加价值主要体现在流通(非产地)及加工程度上。

6. 法律法规不健全,食品安全防护弱

冷链物流是一项非常复杂的系统工程,为确保每个环节不出现产品质量和市场安全问题,完善的法律法规体系、统一的标准和技术规范是保证冷链物流运转的基础。但我国冷链物流法律法规不健全,冷链物流各环节设施设备以及操作规程和温度控制等均没有统一的标准和技术规范,发达国家普遍推行的危害分析与关键控制点(HACCP)管理体系尚处于启蒙阶段。

7. 传统模式不合理,配送成本高

我国传统的冷链物流配送模式主要体现在部分易腐商品生产企业自行完成配送任务上,配送成本高;专业配送企业各自为政,重复建设,浪费严重;用户较少的地方设施不足,无法保证冷链物流的全程温度控制,商品质量难以保障。

(五) 发展和完善我国生鲜农产品冷链物流体系的策略

1. 政府积极引导生鲜农产品冷链物流的发展

在我国生鲜农产品物流的发展中,政府有关部门应予以积极引导。首先,加强我国生鲜农产品冷链物流的整体规划,制定有利于冷链物流发展的相关法规和制度。其次,加强基础设施的建设,鼓

励和支持多家企业联合建立生鲜配送中心,加大冷藏车辆和技术的投资,建立生鲜农产品冷链的公共信息系统。再次,建立政府、行业组织和相关企业的联动机制,构建联盟型的生鲜农产品冷链物流体系。最后,建立和健全生鲜农产品冷链物流质量体系,实施 HACCP(危害分析和关键点控制),确保生鲜农产品卫生和安全。

2. 重视链条整体建设并充分发挥第三方物流的作用

冷链物流作为物流业务中基础设施、技术含量和操作要求都很高的高端物流,往往是企业最薄弱的环节。因此,应加强宣传,强化低温冷链系统和第三方物流的优势,积极引导冷链物流需求,培育和壮大第三方物流企业,充分发挥第三方物流的专业化、规模化、组织化的优势。同时,在培育冷链物流的主体时,应把更多的精力放在整个链条的建设上,鼓励和支持上下游企业建立长期战略合作伙伴关系,共筑低温冷链物流系统,有效降低物流成本,提高物流效益。

3. 推进冷链物流技术与设备的升级和开发

发展现代生鲜农产品冷链物流系统必须依托现代冷链物流技术与设备。因此,应积极开发冷冻冷藏技术,加快先进技术引进的步伐,尽快普及各种冷藏保鲜新技术。

4. 加快培养冷链物流专业人才

重视冷链物流专业人才的培养,是冷链物流有效运转的关键。为此,应建立一个长期、稳定的制度,培养既懂物流又懂冷藏技术的高级管理人才。建议在高校物流工程专业中设置冷链物流工程方向,并与国外有关机构合作,进行在职培训学习国外冷链物流技术。

二、乳制品零售物流

(一)乳制品物流的基本状况

从我国整个乳品产业发展的角度来看,现代乳业是贯穿第一产业(奶源基地)、第二产业(乳品加工)和第三产业(终端网络)纵向延伸的产业链。乳品产业的健康发展必须是奶源、加工、销售的协调发展。而奶源和消费市场是我国乳品产业发展中非常重要又相对薄弱的两个环节。奶源是乳品产业发展的基础,消费市场是乳品产业发展的拉动力。乳品加工企业是承前启后的关键环节。本章首先对目前我国乳品供应链上从原料奶生产、乳品加工和乳品消费等各个环节的现状进行描述,在此基础上总结我国现行乳品业供应链运营模式并进行实证分析。

从纵向的角度来看,乳品行业的供应链相对比较清晰,由原料的生产到乳品加工企业再通过市场渠道到达消费者。图9-12描绘了目前我国乳品供应链的组织结构体系。在原料奶生产环节,我国目前主要存在三种生产组织形式:农户家庭散养、奶牛养殖小区和现代化牧场。

乳品供应链中乳品加工环节主要是由有自己品牌的乳品企业来完成的,乳品企业往往同时具有加工和销售两个环节。

销售环节主要有三种组织模式:一是乳品加工企业自建的销售渠道;二是利用商场超市等零售网点进行销售;三是通过经销商或代理商进行销售。这三种模式各有利弊。

在上述三个环节之间存在两个联结点。原料奶生产与乳品加工之间的联结主要有三种形式:自由市场交易、合同交易和纵向一体化;乳品加工与销售之间的联结除了乳品加工企业建立自营渠道直接进行市场销售外,主要以合同销售为主,也有极少数乳品企业与销售商建立了战略合作关系。

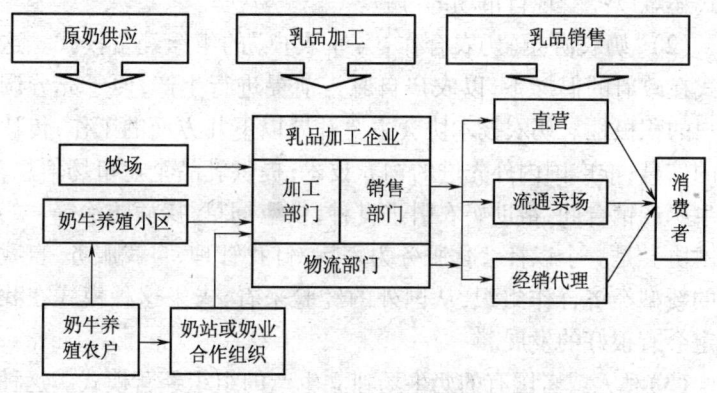

图9-12 乳品行业现行供应链组织结构图

（二）乳制品冷链物流体系结构特点

1. 我国原料奶生产的组织经营模式

我国奶牛饲养以小规模生产、分散的农户饲养为主。规模化的养殖对于提高产奶水平具有重要作用，这主要是因为管理水平比较高。但是利润率却呈现相反的变化趋势，大规模养殖利润率低于小规模的养殖，这主要是由于其生产成本远远高于小规模养殖，所以现阶段农户散养和小规模养殖仍然具有很大的利润空间。需要强调的是，小规模养殖在食品卫生方面做得远远不够，在奶牛卫生防疫、非机械化挤奶、非冷链运输等多个环节都存在着不卫生的情况。从长远来看，农户散养仍将是中国原料奶生产经营的重要形式，所以关键是尽快提高奶牛散养户的组织化程度，使他们能够成为原料奶生产环节稳定安全的经营主体。我国的原料奶生产主要有以下的几种组织经营模式：

（1）"公司＋基地＋农户"的模式。这种模式融合了原有的"公司＋农户"、"公司＋规模牧场"两种模式。"公司＋农户"的模式多见于一些中小乳品企业，以新秀长富乳业的崛起为代表。"公司＋规模牧场"模式虽然能够严格实现对奶源的全程监控，确保牛奶完美品质，但是由于目前规模牧场数量的局限，难以承载大规模企业巨量的奶源供给，况且其一次性投入较大，投资周期又长，因此这种模式还难以经受现行市场的考验。

（2）"奶农协会（奶农合作社）＋农户"的组织经营模式。这种模式在政府的倡导下，以农户自愿为前提进行生产，便于充分调动农户的积极性。奶农技术协会主要开展以下几方面的工作：传达政府的信息；推广国内外先进的饲养技术；提供乳品企业市场信息，签订牛奶产销合同；帮助奶农引进良种，供应饲草，疾病防治等。奶农技术协会是一个以社会化服务为宗旨，自我管理、自我服务、自我保护的新型经济合作组织，从国外的经验来看，未来这种模式在我国肯定会有很好的发展。

（3）私人或者国有的奶牛场独立生产的组织经营模式。这种奶牛场一般"小而全"，拥有一定数量的奶牛和自己的加工设备，产品的特点是品种单一，经济效益不稳定，在扩大生产规模上的潜力很有限。

2. 我国乳业的物流体系结构特点

我国乳业经营呈现出"一快一多一大"的特点。"一快"即乳业发展速度、增长速度、产品开发速度越来越快;"一多"即生产、销售同一种乳制品的厂商越来越多;"一大"即买方市场已经形成,消费者选择品牌的余地越来越大,乳业市场竞争格局为分散竞争,在一定程度上呈现出无序状态,各企业位置变化可能性很大。我国乳业的物流体系结构特点主要表现为以下几方面:

(1)完全的订单+纵向整合的组织形式。与其他的农牧产品不同,乳业供应链中从原奶到加工之间不存在批发市场这个流通环节。原奶的生产与加工是高度整合的。原奶生产由原奶企业基地、奶农完成。原料到加工的运输有多种形式。对于小型乳业企业,原料物流主要通过经纪人和个体运输户完成。大型乳业企业一般有自己的生产基地,并配备相应的物流体系。在市场竞争中,奶源的争夺和整合是重中之重。大型乳业进入一个新的市场多是从奶源开始,力求本地化经营,以提高供应链资源整合效率。

(2)对保鲜的要求很高。乳品业在物流上是完全的冷链系统。在我国,从原奶、生产到加工都要求在 24 小时内完成,整个物流过程都要求有低温冷藏设备。为了争夺市场,乳业企业向零售商免费提供冷藏设备。

(3)供应链较短,流通半径小。大部分液态奶产品加工分布在以奶源为中心 2~4 小时车程的范围内,而乳制品产品结构中以液态奶和奶粉为主,奶酪、黄油、炼乳等深加工产品比例较低,从而限制了奶产品供应链的长度。我国北方的乳业企业,在进入南方及长三角地区市场时,具备奶源优势后,就需要建立完善的物流配送体系,加大产品的配送半径,提高产品的包装、运输等物流能力。

(4)相比其他农牧产品,乳业供应链在加工的环节上具有相对较高的柔性。加工企业可以通过调整生产保质期不同的产品比例来应对市场需求变化。奶粉和液态奶占我国乳品的主要部分,如临近春节时市场需求下降,就将过剩奶加工成奶粉。但乳业供应链的柔性还是有限的,如倾倒原奶事件与企业和奶农之间未建立协调的

利益机制有关。

(5)乳业供应链的整合主要是以加工企业为核心向上下游的整合。从奶源看,主要是采取纵向整合方式,由于对原奶的新鲜度要求高,事先就近开辟奶源则显得很重要。如,上海光明在山东兴建奶源基地、北京三元在呼伦贝尔建奶源基地、四川新希望收购重庆天友和华西乳业等等。另一方面,在销售渠道向下游整合方面,加工企业主要是通过与超市、销售代理和销售大户建立长期合作关系来实现。

(三)乳制品冷链物流的运营模式

我国现行的乳品业供应链有两种模式,即资源型供应链运作模式和都市型供应链运作模式,二者在奶源、加工和销售渠道方面拥有各自鲜明的特征优势,运作模式各有不同。

1. 资源型供应链运作模式

资源型供应链运作模式一般以资源型乳品生产企业为核心,这样的企业原奶资源十分丰富,但问题是远离消费市场远,所以产品一般是以超高温瞬时灭菌奶和奶粉为主,以便于产品的远距离运输和市场投放。资源型企业的代表是蒙牛和伊利,它们要把远在呼和浩特生产的乳制品推向全国甚至世界市场,则对供应链下游渠道的控制能力非常重要。这种模式的运作模型如图9-13所示。

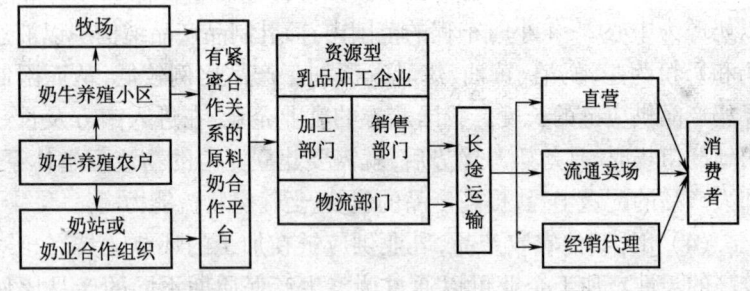

图9-13 资源型供应链运作模型

由此模型中可以看出,资源型供应链运作模式的核心竞争力在于对复杂的全国经销渠道的把握。所以,在实际运作中,有两种常用的方法,能使企业实现这样的控制能力:一方面利用扩大生产规模来构筑进入壁垒,形成庞大的产能给后来的都市型企业制造压力;另一方面也通过收购或新建的方式逐步渗透城市保鲜乳品市场,对市场型企业的生存空间进行挤压。

2. 都市型供应链运作模式

都市型供应链运作模式一般以身处都市的乳品生产企业为核心,尽管我国现在人均牛奶的消费还很低,但北京、上海、天津等大城市的人均牛奶消费已经达到了较高的水平。都市型企业拥有成熟的市场和便捷的直营渠道,但缺陷是只能依赖城市周边有限的奶源。如,上海光明和天津海河。在这种模式下对供应链上游渠道原料奶的控制能力则显得非常重要。这种模式的运作模型如图 9-14 所示。

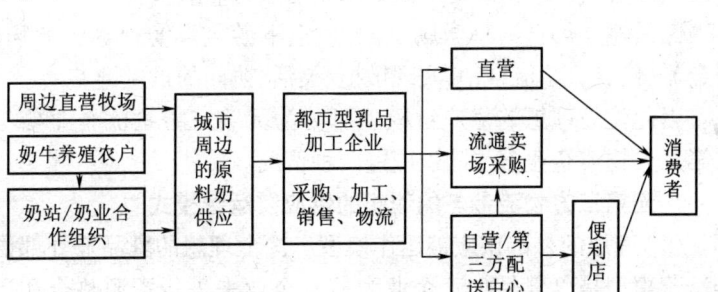

图 9-14 都市型供应链运作模型

由此模型可以看出,都市型企业的竞争优势在于对核心市场奶源和直销网络的控制,由此形成强大的进入壁垒,垄断当地市场。有这样几种发展战略:一是复制,通过兼并、收购或新建工厂把对都市奶源和直销网络进行控制的知识和经验复制到其他城市市场,如上海光明已经在广东、陕西、江苏、浙江、黑龙江、内蒙古等战略要地进行了布局;二是出击,到奶源地去和资源型企业争夺资源,生产超高温瞬时灭菌奶和奶粉,抵御资源型企业的竞争,如北京三元,在澳大利亚建立了基地,利用当地的奶源;三是开拓国际市场,以削减国内市场竞争激烈所造成的压力,如伊利、蒙牛大力开拓出口市场,但

问题是,一旦开拓国际市场,供应链的渠道部分延长,这就要求企业对渠道有相当的控制能力。

(四) 理想的供应链模型

理想的供应链模型应从以下几个方面进行改善:

一是加工企业应建立有效的运营机制与原料奶供给源建立紧密合作的、专业化供给的、形成利益共同体的合作管理。

二是加工企业应建立完善的供应链管理平台,并引入信息化管理系统,在原料订购、配送信息、自动补货、库存控制等方面提供快速有效的一手信息。以促进企业核心竞争力的形成。

三是建立以加工企业为核心的供应链资源运营体系,完善供应链上下游成员间的利益分配机制和风险化解机制,通过有效的上游原料奶合作组织控制供应链的供给源运营,通过自营或第三方运营的高效配送中心对供应链下游需求渠道进行有效整合。

四是建立信息共享激励机制,使上下游企业实现真正的物流、资金流、信息流三流合一,实现敏捷、灵活、协同的供应链。

因此建立理想的供应链模型可分为无第三方物流企业参与和有第三方物流企业参与的供应链两种情况。

1. 无第三方物流参与的理想的供应链运营模式

(1) 理想的外部供应链运作模型。这个理想的乳品业外部供应链运营模型是以乳品加工企业为核心企业来进行资源整合和运营的,如图9-15所示。核心企业的主要业务部门包括加工部门、销售部门、物流部门和信息系统维护部门,这些部门都是在供应链系统管理平台的运作基础上,分别整合供给源、需求源以及进行物流和信息流的运作。同时,借助内部的信息资源,打造一个面对外部不确定需求的对外电子商务交易平台,处理网上订货和订单处理,并实现对外平台与供应链内部系统平台、配送中心的信息对接。

从图9-15中可以知道,从上游源奶供应环节看,加工企业与奶源采用紧密的整合方式。奶源可以是农民合作组织,也可能是纵向整合的生产基地或原奶企业,分散农户的小规模生产必须通过合作经营方式进行组织。加工部门的需求计划直接向整合后的合作组织或原奶基地发送,上游渠道得到化简,同时有利于与原料奶供给

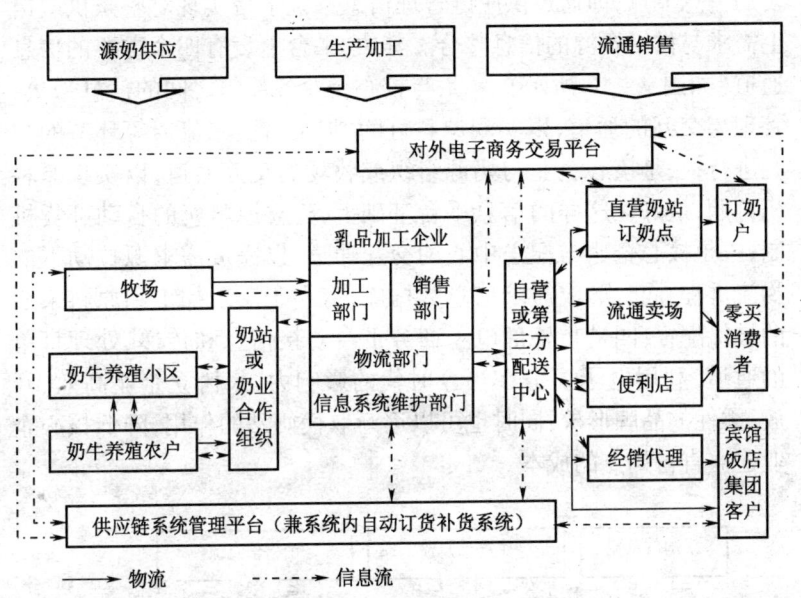

图 9-15 理想的乳品业外部供应链运营模型

源建立紧密合作的、专业化供给的、形成利益共同体的合作关系。

从下游的流通销售环节来看,加工企业的配送物流交给专业配送中心完成,以发展自己核心竞争力。配送中心不仅提供物流配送服务,而且负责产品营销、客户管理等工作。为了保证加工与配送有效协调,配送中心与加工企业之间必须建立完善的供应链管理平台。在该供应链模式下,加工企业必须对物流配送中心具有较强的控制力,一般的,配送中心由企业原有的内部物流通过内部整合形成,从而保证整合的稳定性。

从整体的物流来看,理想的乳品业供应链运营模型由牧场或奶业合作组织整合的原料供给源——核心企业加工部门——核心企业物流部门及其整合的配送中心——需求源组成,将上下游的物流运作都进行了整合,有利于形成快速、协同、通畅的供应链运营机制。

从整体的信息流来看,理想的乳品业供应链运营模型有一个重

要的信息节点,即通过供应链管理信息系统平台实现对整条供应链上需求与供给资源的信息整合。其中,平台上设有四个重要的信息通道(如图9-16所示):一是与核心企业各部门之间的信息采集、管理与交互的通道,以实现原料订购、加工、销售、流通等环节的顺利进行;二是核心企业与奶源组织或牧场的交互通道,以实现原料奶订购,最好在这样的信息平台基础上,建立原料奶的自动补货机制;三是核心企业与配送中心的交互通道,以完成需求源拉动下的物流进程,同时形成需求信息数据库,有利于实现加工和原料采购的最优配置;四是与外部电子商务平台对接信息和传递、处理订单的通道,利用电子商务在当今时代的影响力,来树立企业高效、开放、柔性的品牌形象,同时也可以逐渐取代奶站的作用,降低核心企业建立直营奶点的成本。

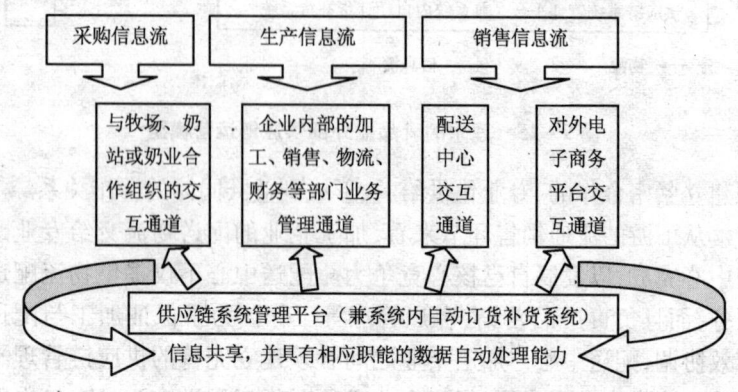

图9-16 理想的乳业供应链信息系统管理平台

因此,乳品企业要从提高顾客服务水平、围绕核心企业组织供应链资源,应该采用先进的物流供应链管理方式,建立信息共享激励机制和平台,建立协调的、利益一体化的供应链合作伙伴关系等方面对牛奶产品供应链进行优化和整合。

(2)理想的内部供应链运营模式。对于乳品加工企业要想建立强大的供应链,实现敏捷(Agility)、灵活(Adaptability)和协同(Alignment)的特点是非常重要的。敏捷的供应链对需求和供应快速变化的行业尤为重要,乳品行业就具备这样的特性。供应链传统的方法是用成本来换取速度,而敏捷的供应链可同时实现对变化的快速反应和保证成本的有效性。大多数企业往往是在市场或者战略发生变化时调整供应链,而灵活的供应链可使管理者根据最新的数据提前发现这样的变化,过滤干扰的"噪音",并跟踪主要的趋势。优秀的企业还会把供应链网络上合作伙伴的利益与自己的利益协同起来,创建激励机制来激发供应链更加优秀的表现。

这个理想的乳品业内部供应链运营模型(如图9-17所示)是要说明,核心企业要想建立实现上述特点的供应链,需要从以下几个层面对内部供应链运营模式进行整合。

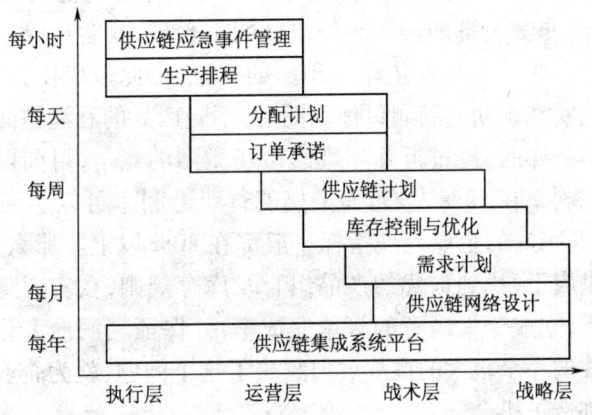

图9-17 理想的乳品业内部供应链运营模式

第一层面是战略层。从战略层的角度,企业需要制定一个长期的规划。这主要是从整个供应链网络的角度出发,进行整个供应链网络的设计或者改进,这样的规划一般每半年或者每个月进行一次,例如工厂的产能、分配中心的分布;或者提供动态的寻源规则,在市场与供应网络之间,以成本最小化、利润最大化为目标建立动态补货关系,例如北京市需要由哪几个区域分配中心进行配货,并且在产品组合上如何进行划分,这样的寻源规则通过优化及不同的情景分析找到最佳方案之后,就可以用来指导具体的配货计划及生产计划。

乳品行业的供应网络节点较多,地域覆盖广,供应源有限,而终端销售网点在不断地快速增加,通过这样全局地设计供应链网络,可有效屏蔽网络中的风险,增强供应链网络的灵活性和容错性。

第二个层面是战术层。在战术的层面,企业在了解目前网络资源及原材料供应的情况下,通过需求计划准确地捕捉市场的需求信息,并因此建立适当的库存规则以及产品组合来最有效地完成财务目标。其中包括需求计划、库存优化及供应链计划等。

如前所述,目前乳品行业面临的一个比较紧迫的问题是奶源紧张,而乳品的产品种类却越来越多,包括液态奶、酸奶、奶粉、冰淇淋和干酪等。在奶源有限的情况下,生产过程中如何进行原奶的分配,是一个非常关键的问题。如果分配不合理,就会造成某些产品断货而另一些产品却发生库存积压的现象,由此造成极大的浪费,并且不能实现预期的利润目标。同时,不同产品的利润空间和成长空间是不一样的,经过近几年乳品市场激烈的竞争,目前白奶的行业平均毛利率在18%左右;而酸奶的行业毛利率可以达到35% ~ 40%,经营稍好的企业此项指标一般都在40%以上。那么,在有限的原奶供应下,找到最优的产品组合及库存规则,在实现降低库存的前提下,完成令人满意的订单完成率,并保证利润最大化是乳品企业面临的一个很大的挑战。但解决了这个问题,就为企业战胜竞争对手创造了机会。

第三个层面是运营层。在运营层面上,企业需要考虑每一个工厂在什么时间生产什么产品,并进行需求和供应的具体匹配。将不同的需求按照优先级进行划分,例如客户订单的优先级高过预测,并且决定在每一个仓库具体存放多少库存,每个工厂的产能计划以及物流运输资源的计划等。当出现库存紧张的情况时,这些库存首先应满足优先级高的需求,这就产生了分配计划。运营层面的计划一般是每周进行更新,例如分配计划、生产计划等,即人们常说的主计划。这个过程将企业目标与具体执行紧密地结合起来。

第四个层面是执行层。执行层的计划就是短期的每日的计划,根据具体资源的可用性将每天的计划细化到每个小时、每张订单。生产计划要考虑每条生产线的产能及已经分配的任务,而运输计划则是将每张订单的路线、运输模式、承运商、成本及运输时间等——计划出来。这将会在了解具体资源及需求的情况下进一步降低整个供应链的成本。

每一个供应链的活动,无论结果如何,都来自于一个计划,而这些计划都是由需求预测来驱动的。供应链计划就是通过协调企业的资产,优化从供应商到客户产品交付的流程及服务,实现需求和供应的平衡。产品的销售预测就是通过一些手段来预报产品未来的销售数量,预测是会存在一些误差的,问题不是预测错了怎么办,而是预测的误差到底是多少。准确的产品预测是最重要的,也是衡量一家企业供应链管理熟练程度的指标。做好需求预测,并用它来有效地驱动其他计划的制订,将加速企业实现敏捷、灵活、协同的供应链。

2. 有第三方物流参与的供应链运营模式

目前,也有一些乳品加工企业尝试着以物流外包的形式整合供应链上下游的资源,进行供应链运营模式的优化,而核心企业自身只进行乳品加工技术和新产品多样化的研发,以应对中国奶业发展过程中品种短缺、研发薄弱、与国际市场对接困难、国际市场竞争力差的问题。同时,乳品业供应链又属于低温冷链物流,在物流技术上有一定的专业性,如果能有一支专业的物流团队来经营整体物流活动和业务,将给核心生产企业乃至整个供应链上的诸多成员带来巨大的效益。提出这样一个模型,目的是解决以下几个问题:

(1)核心加工企业业务种类繁多,无法专注生产与研发。这也是造成目前我国本土企业的乳品同质化严重、缺乏科技含量和个性化的高端产品、国际市场竞争力弱的原因。

(2)乳品行业属低温冷链物流,需要更加专业、高效地进行物流运营。

(3)我国本土企业未来要参与国际竞争,走向国际市场,必须降低成本,提高利润空间,同时还需整合国际上的行业资源,使物流流通的链条大大延长,这种情况下,实行物流外包是一个很好的办法。

(4) 中国需要在不同领域培育更多的、专业化程度高的第三方物流企业。

有第三方物流参与的供应链运营模型如图 9-18 所示。

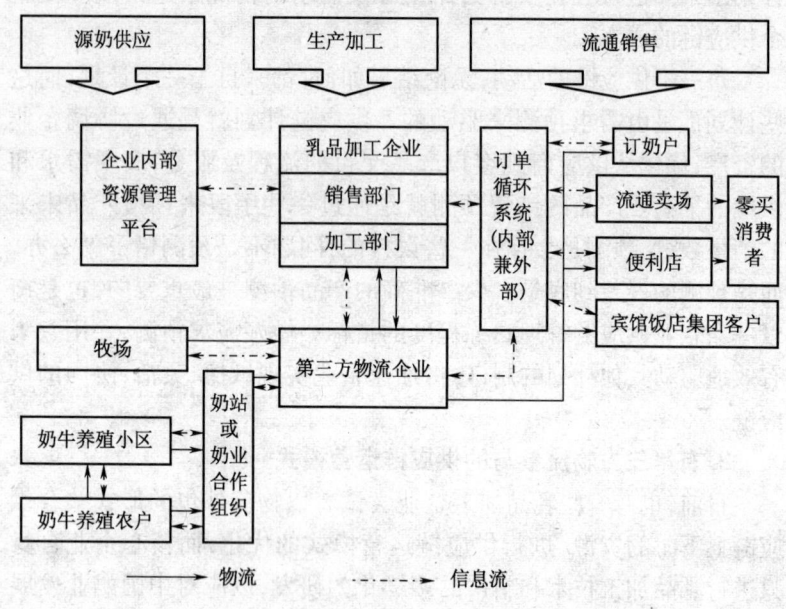

图 9-18　有第三方物流参与的供应链运营模型

从这个模型上可以看出,核心生产企业无论在原料供应物流还是销售流通物流上都无需太多的投入,它只需要建立一个与第三方物流企业及外部客户共享的订单循环系统,以接受订单等需求信息;建立一个企业内部资源管理平台,以进行企业内部资源的计划和管理,其他与物资流动相关的项目均外包给专业的第三方物流企业,由第三方物流企业与牧场或奶业合作组织联系形成密切的合作利益关系,以整合上游资源,同时将核心生产企业的生产成品配送给下达订单的各类用户。这样需求源信息将会延订单循环系统传达到核心企业和第三方物流企业,而供给源信息直接与第三方物流共享,通过第三方物流企业送达生产企业,于是第三方物流企业变成一个关键的物流节点和信息节点。

一般来说,当行业细分后形成专业化程度较高的分支,通常可以提高效率、降低成本、提升服务质量。所以,这个有第三方物流参与的供应链运营模式势必会给整个乳品行业带来成本的降低和利润空间的增加。当然,经营这项业务的第三方物流企业要实现赢利也必然要走规模化的道路。因此,要实现这样的运营模式,还需在现有市场内培育更加专业的,有能力整合农牧业、加工业和流通零售业这三大产业客户资源的第三方物流企业。从而实现核心生产企业重点投入科研,开发高端化、多样化的产品,第三方物流企业专注以成本更低、效率更高、专业化更强、服务更好的传递物资。

三、冷冻食品零售物流

(一)冷冻食品物流的基本情况

根据冷冻食品对冷链的要求,超市、卖场和便利店等现代流通业态中的终端销售也是冷冻食品的特殊储存形式。因此,需要制定冷冻食品"零售型储存"温度,以保证冷冻食品的物流品质和安全。根据世界食品物流组织(WFLO)规定的操作要求,"冷冻食品应该在冷冻条件下运送,通常的输送温度为-18℃或者更低。如果冷冻食品的温度超过-12℃,那么仓库部门或者仓储经理就应该拒绝接受这批货物,如果要接受这批货物,在货物销售之前必须坚持测温,以保证货物的质量。"

(二)冷冻冷藏业冷链物流存在的问题

1. 冷冻冷藏技术落后、设施陈旧

目前国内各个冷冻冷藏企业的制冷技术仍处于一个较为落后的阶段,冷冻冷藏质量监控、车间环境温度和洁净度控制、卫生管理和包装技术仍与国际标准有较大的差距,另外冷藏仓储基础设施滞后,现代化的冷冻冷藏车严重不足,而目前运营中的冷藏运输设施陈旧,大多是机械式的速冻车皮,制冷技术和工艺落后,缺乏规范的保鲜冷藏运输车厢和温度控制设施。

2. 冷冻冷藏配送运输效率低

我国冷冻冷藏产品的配送运输现状是不容乐观的:首先冷冻产品的装车、装船大多是在露天操作而未按照国际食品标准在冷库和

保温场所操作;其次是物流各个环节信息传递不畅,使库存、装卸、运输等缺乏透明度,造成冷冻冷藏产品在配送、运输途中发生无谓耽搁,风险及成本增加。

3. 冷冻冷藏业尚未形成较为完整的冷冻冷藏链

我国目前尚未形成完整的冷冻冷藏链,从起始点到消费点的流动储存效率和效益无法得到控制和整合,对处于下游的连锁超市生鲜经营者来说,其上游始终处于运作不顺畅、不稳定的状态,并且在生鲜经营管理流程中会更多地考虑生鲜冷冻加工和经营过程本身,而对生鲜冷冻供应链上游的冷冻冷藏商品采购环境和物流配送的影响却疏于考虑。

4. 冷冻冷藏业缺少组织化的新产品开发机制

从我国冷冻冷藏经营产业链条的现状看,从销售终端的消费信息采集、分析、加工,形成生鲜产品开发及引导,再到新产品返销到市场,整个流程的信息不畅,提炼不够,反应迟钝,使冷冻冷藏供应链上缺少组织化的新品开发机制。无论是连锁企业加工配送的新形式,还是冷冻冷藏经营联合体形式,这个开发组织机制的建立和运作状况将很大程度地影响冷冻冷藏经营的持续发展和赢利来源。

(三)冷冻冷藏业冷链物流发展的理想模式

1. 利用先进的技术改进冷藏运输及储藏管理

我国应积极建立有统一标准数据的计算机管理信息系统和电子交换系统,对各种冷藏车的运输进行全面的动态监控,简化冷藏车运输的计划、审批手续和空车调配环节。保鲜是消费者对冷冻冷藏产品的第一要求,由于冷冻冷藏产品的品种越来越繁多,储藏也越来越麻烦,通过计算机系统可将产品与其储架的货位输入到冷冻冷藏产品的数量及储放位置,进行及时的提货和补货,同时可及时了解到产品的保质期、库龄等信息,从而提高冷链物流的作业效率与管理水平。

2. 发展先进的冷藏运输设备

我国冷藏运输应积极发展适应小批量、多品种的小编组机冷车,满足市场的需要,同时应积极发展机械冷冻冷藏车和冷藏集装箱。

3. 开展冷冻冷藏产品的多式联运,缩短冷藏运输的运达期限

多式联运能够降低运输成本、提高货物运输速度,对促进经济

发展具有极为重要的作用,贸易的发展对冷藏运输多式联运的要求日益增强,而冷藏集装箱及相关信息技术的应用又为多式联运的发展提供了有力的支持。冷藏运输应积极发展铁路、公路、水路的联合运输网,形成多式联运体系。同时加大对装卸冷藏运输车辆的停时、中时的考核力度,严格冷藏运输车辆在途时间的考核标准,缩短冷藏运输的运达期限。缩减作业环节,建立直接、有效的流通渠道。

4. 建立冷冻冷藏品加工配送中心,推进集约化共同配送

物流配送战略的主要目标是提高服务水平与降低配送成本,目前冷链物流转向多品种、小批量的运输已成必然趋势。通过生鲜加工配送中心的建设和运作,可以提高门店冷冻冷藏产品的质量控制水平,有效地建立起统一的冷冻冷藏品采购验收标准并在经营中统一执行,并以冷冻冷藏品加工配送中心为核心,向冷冻冷藏供应链的上游延伸,使卖场、连锁超市、便利店等与供应链上游的沟通更加顺畅,商品采购供应更有保障。共同配送可提高车辆装载运输效率,形成规模效应,从配送成本角度考虑,共同配送较厂家直送、一般配送更为经济,是比较理想的选择。

5. 建立低温冷链物流系统

要发展冷冻冷藏品流通业主要是建立产品的冷冻冷藏供应链,将易腐、生鲜食品从产地收购、加工、储藏、运输、销售,直到消费的各个环节都处于适当的低温环境之中,配套发展储藏、运输、销售不中断的"冷链化"物流,以向社会开放、市场化经营、增加配销功能为指导原则,加速冷库的技术改造、经营管理和全方位服务工作,提高冷库利用率和社会服务面,大力倡导冷藏集装箱运输和按规定温度展示销售产品的新形式。

第三节 特殊商品零售物流综合实训与案例分析

任务一 蒙牛物流管理案例分析

【任务引入】

物流运输是乳品企业重大挑战之一。蒙牛乳业集团目前的销售范围遍布全国各个角落,包括香港、澳门,甚至还出口东南亚。蒙

牛要如何突破配送的瓶颈,把产自大草原的奶送到更广阔的市场呢?另外一个重要的问题是,巴氏奶和酸奶的货架期非常短,巴氏奶仅10天,酸奶也不过21天左右,而且对冷链的要求最高。从牛奶挤出运送到车间加工,再运到市场销售,全过程巴氏奶都必须保持在0℃~4℃之间,酸奶则必须保持在2℃~6℃之间。这对运输的时间控制和温度控制提出了更高的要求。

问题:蒙牛采取怎样的措施,实现在最短的时间内、有效的存储条件下,以最低的成本将牛奶送到商超的货架上?

【知识要点】

低温市场首先看的是产品,在乳业市场主要产品就是酸奶。运作酸奶产品,考验的是企业新品研发、冷链建设、渠道管理三大能力。酸奶的保质期短,一般是14~21天,而且对冷链要求非常高。从牛奶挤出运送到车间加工,直到运到市场销售,全过程都必须保持在2℃~6℃之间贮存。建设冷链配送系统要求有冷藏罐、冷藏车等等,人力、物力成本投入非常大。但也有企业将此项业务外包给物流公司,从而降低投入、运作成本,风险相对也能降低。

【任务实施】

解决方案1:缩短运输半径

对于酸奶这样的低温产品,由于其保质日期较短,加上消费者对新鲜度的要求很高,一般产品超过生产日期三天以后送达商超,商超就会拒绝该批产品,因此,对于这样的低温产品,为了保证产品及时送达,应尽量缩短运输半径,要保证在2~3天内送到销售终端。

解决方案2:合理选择运输方式

目前,蒙牛产品的运输方式主要有两种,即汽车和火车集装箱。蒙牛在保证产品质量的原则下,尽量选择费用较低的运输方式。

对于路途较远的低温产品运输,为了保证产品能够快速送达消费者手中,保证产品的质量,蒙牛往往采用成本较为高昂的汽车运输。

为了更好地了解汽车运行的状况,蒙牛还在一些运输车上装上了GPS系统。GPS系统可以跟踪了解车辆的情况,给物流相关人员包括客户带来了方便,避免了有些司机在途中长时间停车而影响货

2. 储存区

储存区包括高层货架和17台巷道堆垛机。高层货架采用双托盘货位，完成货物的存储功能。巷道堆垛机则按照指令完成从入库输送机到目标地取货、搬运、存货及从目标货位到出货输送机的取货、搬运、出货任务。

3. 托盘（外调）回流区

托盘回流区分别设在常温储存区和低温储存区内部，由12台出库口输送机、14台入库口输送机、巷道堆垛机和货架组成。分别完成空托盘回收、存储、回送，外调货物入库，剩余产品、退库产品入库、回送等工作。

4. 出库区

出库区设置在出库口外端，分为货物暂存区和装车区，由34台出库输送机、叉车和运输车辆组成。叉车司机通过电子看板、射频终端扫描来完成装车作业，反馈发送信息。

5. 维修区

维修区设在穿梭车轨道外一侧，在某台空梭车更换配件或处理故障时，其他穿梭车仍旧可以正常工作。

6. 计算机控制室

计算机控制室设在二楼，用于出入库登记、出入库高度管理和联机控制。

自动化立体仓库现已投产运行，全库设备运行稳定，得到用户的良好评价。

拓展问题：

请根据上述工艺流程与库区布置，把工艺流程图和库区布局示意图画出来。

任务二　荔枝冷链物流案例分析

【任务引入】

荔枝供应链现状分析（以茂名市为例）：

荔枝通常有四条销售途径：一是当地市场鲜销；二是加工成荔枝干，不过占荔枝产量的比重不大；三是出口；四是组织北运，主要物及时送达或者产品途中变质等情况的发生。

解决方案3：全程冷链保障

低温奶产品必须全过程都保持在2℃~6℃之间，这样才能保证产品的质量。蒙牛牛奶在"奶牛——奶站——奶罐车——工厂"这一运行序列中，采用低温、封闭式的运输。在零售终端，蒙牛在其每个零售店、批发店等投放冰柜，以保证其低温产品的质量。

解决方案4：使每一笔单子做大

物流成本控制是乳品企业成本控制中一个非常重要的环节。蒙牛减少物流费用的方法是尽量使每一笔单子变大，形成规模后，在运输的各个环节上就都能得到优惠。

此外，蒙牛的每一次运输活动都经过了严密的计划和安排，运输车辆每次往返都会将运进来的外包装箱、利乐包装等原材料和运出去的产成品做一个基本结合，使车辆的使用率提高了很多。

【技能拓展】

内蒙古蒙牛乳业泰安有限公司乳制品自动化立体仓库后端与泰安公司乳制品生产线相衔接，前端与出库区相连接，库内主要存放成品纯鲜奶和成品瓶酸奶。库区面积8 323平方米，货架最大高度21米，托盘尺寸1 200×1 000毫米，库内货位总数19 632个。其中，常温区货位数14 964个；低温区货位46 687个。入库能力150盘/小时，出库能力300盘/小时。出入库采用联机自动完成。

根据用户存储温度的不同要求，该库划分为常温和低温两个区域。

常温区保存鲜奶成品，低温区配置制冷设备，恒温4℃，存储瓶装酸奶。按照生产——存储——配送的工艺及奶制品的工艺要求，经方案模拟仿真优化，最终确定库区划分为入库区、储存区、托盘（外调）回流区、出库区、维修区和计算机管理控制室6个区域。

1. 入库区

入库区由66台链式输送机、3台双工位高速穿梭车组成。负责将生产线码垛区完成的整盘货物转入各入库口。双工位穿梭车则负责将生产线端输送机输出的货物向各巷道入库口分配、转动及空托盘回送。

运往北京、上海等大城市。本案例着重分析最后一种销售方式下荔枝的物流和供应链情况。

荔枝是一种娇果,在贮运过程中的保鲜处理显得特别重要。果品的保鲜通常采用的是低温技术,这就要求荔枝的整个物流过程都要在低温下进行,这种低温下的仓储和配送被称为低温物流,相应的供应链就是冷链。一般来说,荔枝的冷链物流中,要求荔枝要进行产地预冷、冷藏运输和销售冷藏,才能保证荔枝的鲜销。因此,构建一条完善的冷链是保证荔枝正常高效供应和市场推广的关键。就目前荔枝的市场供应情况来看,荔枝的这条冷链显然还存在很多的问题。荔枝上市时间比较集中,又是生鲜易腐产品,因此在荔枝上市季节经常出现"丰年果贱"的烂市现象。但是,从我国和世界对鲜荔枝的潜在需求来看,荔枝产量却远没有达到满足全国需求的程度,之所以出现烂市现象,主要在于鲜荔枝在产地集中上市,局部市场过量供给与局部有限的需求对比,失衡不可避免。这种失衡与物流保障能力落后、冷链物流不足、不能有效解决保鲜和运输问题有直接关系。

目前,茂名地区荔枝远销的供应模式是:果农以收购价将荔枝卖给收购商,收购商将荔枝运到外地卖给当地批发商,批发商再批发给零售商,最后才到达当地消费者的手里。物流模式如图9-19所示。

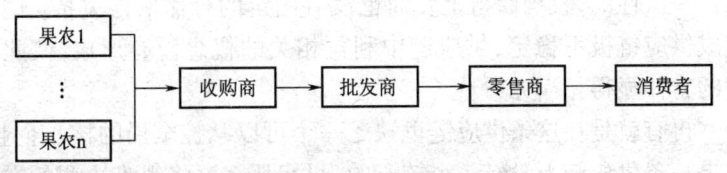

图9-19 现有荔枝物流模式

请应用合理的冷链物流优化现有荔枝物流模式,并做出优化方案。

【知识要点】

在这样一条供应链中,起主导作用的是收购商,因为包括冷藏

保鲜和组织运输等基本都是由收购商完成。但是，很多收购商都是一些零散的无组织的个人，如当地的农民或者是外地来的果商，只要他们能够联系到外地的批发商就可以成为收购商，运输也是临时找一些个体运输户来完成。很多收购商和运输商既没有必要的冷藏设备，也没有很强的冷藏保鲜意识，而作为个体散户的果农在这方面就更缺乏了。

因此，整条冷链从源头开始就缺"冷"。果农在采摘完荔枝后，并没有进行任何的预冷就转到收购商的手中。当然并不是所有的产地都是这样简陋地处理，一些做得稍好的地区会对荔枝采用浸冰水降温预冷、化学防腐保鲜、冰块降温或冷藏车运输的方式。但是冰水预冷和泡沫箱加冰的方式也存在弊端。首先是预冷时间、预冷温度无法控制在合适范围，荔枝的预冷温度不能达标；其次，运输过程中由于冰块融化，泡沫箱以及车厢温度不断提高，荔枝的环境发生变化，荔枝发生变色变味难以避免。因此，荔枝的保鲜总是不能达到标准，这就直接影响到收购商的利润，有这样一种说法：做三车水果，一车亏，一车平本，一车赚钱，利润少，风险大。

另外，这是一条相当松散甚至可以说是一次性的供应链，因为供应链中各个角色之间并没有长期固定的合作关系，收购商每年都不同，负责运输的车辆也不固定，因此果农与收购商之间的利益关系是一次性的，收购商与批发商也没有固定的合作伙伴关系。这就造成供应链极不稳定，供应链中利益相关的概念没有形成，彼此之间的合作显得相当无力。

再有就是在这条供应链里缺乏一个可以掌控全局的核心企业。如果一条供应链上没有一个核心的力量，那么这将很难协调各方的利益，很难确保全体成员目标的一致性。但是供应链上各成员的利益都有密切的相关性，任何一方没做好都会出现问题。不过因为在现有的供应链中，根本就没有一个商家是可以控制全局的，所以果农没有意识也没有办法确保中下游的成员能够按荔枝的保鲜要求去进行保鲜，中下游的成员同样也无法控制上游成员，因此整条供应链就容易出现问题。

【任务实施】

荔枝冷链物流解决方案

在分析了荔枝的供应链现状和了解了供应链上存在的问题之后，下面尝试提出荔枝冷链物流的解决方案。

茂名地区荔枝供应链的现状最重要的一点是"缺冷"，冷链物流的构建首先就要解决这个问题，这包括冷藏技术的运用、冷藏运输设备的配备和冷藏标准的统一，另外还要解决供应链内的合作和协调问题。要解决好这些问题，靠现在这个供应链模式是无法完成的。因为，整条供应链内没有一个具备足够实力的成员去解决技术和设备问题，并达到控制整条供应链的效果。因此这就要求必须有第三方的介入，改变供应链的现有格局。如图9-20所示。

这条供应链与原来的供应链最为显著的区别是设置了一个荔枝的配送中心，这个配送中心的性质应该是集荔枝的采后预冷、加工、包装和冷藏运输等业务于一体的企业，并且应该设在离产地较近的区域，方便果农在采摘完荔枝后能够马上送到配送中心进行杀菌预冷等处理。

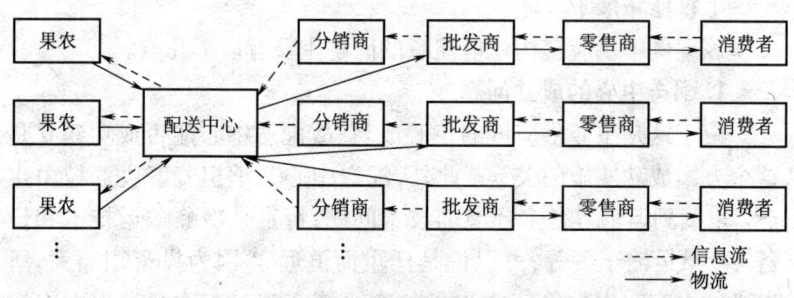

图9-20　荔枝物流的供应链模式

这是一条以配送中心为核心力量的荔枝冷链，其运作模式分两个时期，并采取不同的策略：建立初期主要是以"推式"模式为主；到了供应链运作模式比较成熟阶段，各成员之间的合作关系比较稳定之后则采取"拉式"模式。

"推式"模式:配送中心每年以一定的配额向果农收购荔枝,并对采摘时间和质量提出一定的要求→果农按要求将荔枝送到配送中心→配送中心将荔枝按照保鲜技术的要求进行杀菌、冷水处理、选果(气调包装)、入库预冷等步骤→配送中心联系分销商(可以是原来意义上的收购商或者其他水果商)开展销售工作→分销商负责联系各地批发商下订单→配送中心负责冷藏运输荔枝至各地批发商处→经批发商到零售商最后到消费者手中。

"拉式"模式:零售商进行需求预测后提前向批发商下订单→批发商向分销商下订单→分销商向配送中心下订单→配送中心汇总订单后向果农下配额收购荔枝后进行冷藏贮运等工作。

"推式"模式主要是考虑到荔枝的市场覆盖还不广,以往荔枝的供应品质不高和供应链成员之间的关系不稳定等问题,因此采取"推式"模式主要就是为了开拓市场和建立稳定的合作关系。在经过一段时间的合作之后,供应链各成员之间已经对彼此有了相当的了解,而且市场培育也已经基本完成,市场需求量趋于稳定的状态。这样就可以采取"拉式"的模式,以市场为主导,以避免在上游出现需求预测失误造成供不应求或者供过于求的现象。

【技能拓展】

该案例中供应链构建应注意的问题主要有以下几点。

1. 配送中心的成立问题

由于这是主导供应链的核心成员,故配送中心能否成功建立是这个方案成功实施的关键。此外,配送中心又承担着解决荔枝由生产、采摘到运输等各个环节的技术问题,特别是冷藏贮运技术和设备、冷藏运输车辆等,可以说是任重而道远。因为投资相当大,所以必须由有实力的第三方加入才有可能实现。在这个过程中应该发挥当地政府和行业协会的力量,开展广泛的招商引资工作,吸引有实力的企业加盟。

2. 配送中心的技术和设备问题

无论是"推式"还是"拉式"模式,都必须依靠大量的技术设备去解决供应链内的"缺冷"问题,包括前面提到的预冷技术、气调包装、冷藏运输、冷藏贮存等问题,而且单纯掌握好这些技术还不行,关键是要形成一套可以执行的标准,将由种植到销售整个过程中要规范的问题以标准化的形式固定下来,并在供应链内执行。

3. 供应链内各成员之间的关系

以配送中心为核心,果农是生产商和供应商,按照配送中心的需求供应荔枝;分销商承担的是开拓异地市场的业务,联系下家后向配送中心下订单,配送中心负责荔枝的冷藏运输;批发商和零售商将荔枝逐级销向消费者。这里各成员之间应该是一种稳定的合作关系,而不再像以前那样是临时性、一次性的交易关系。果农可以以会员的形式与配送中心签订供应合同,而分销商也与配送中心有合约关系,或者可以看做是配送中心销售部的人员。只有将关系固定下来,才有可能形成一条"利益链",巩固彼此的合作。

4. 供应链内除了物流以外,还应该注意信息链的构建

信息链包括消费者的需求信息、各地批发商和零售商的销售和库存状况、运输车辆的跟踪和温度控制等等。另外,还有比较重要的一点是荔枝冷藏贮运的技术和标准等信息的共享问题,应该让果农、批发商、零售商都能够了解并按标准执行。

5. 销地冷藏问题

配送中心可以解决采后杀菌、预冷到冷藏运输等问题,却未能解决在销售环节,包括批发商和零售商对荔枝的冷藏保鲜问题。因此,应该通过供应链内的契约关系约束销地的冷藏保鲜,使批发商和零售商都能按荔枝冷藏标准进行冷藏。另外,在北方等冷源比较丰富的地区可以充分利用当地富余的冷库进行荔枝的冷藏保鲜。

案例 苏果超市冷链物流管理案例

【案例引入】

苏果超市作为一家全国知名连锁企业,对生鲜食品经营给予了极大的重视,采取了一系列食品安全管理措施,取得了一些成就。1999年10月,苏果在大中型超市中推出了生鲜加工、面点熟食、净菜配菜服务的"家庭厨房工程",将老百姓的厨房搬进超市,成为超市的一大亮点,受到消费者好评。

自苏果超市实施保障食品安全战略以来,生鲜食品经济效益大

幅增长。以大米、猪肉、鲜奶、叶菜、淡水鱼、果品、鸡蛋、食用油等8大类农产品为例,农产品销售收入与销售利润均得到同步提高。

苏果超市8大类农产品销售额快速增长的事实表明:苏果在保障食品安全方面初见成效,不仅提高了优质、安全农产品在超市增效中的贡献份额,而且提升了超市的核心竞争力。随着经济全球化的发展,食品安全已经成为一个全球化的重大战略问题,各国政府和消费者都高度重视。

食品安全涉及食物的数量、质量、营养、资源以及食品工业等多方面内容,是一项庞大的系统工程,尤其是对时效性要求很高的生鲜食品更为复杂。因此在食品供应链末端的超市建立食品安全管理体系的任务十分烦琐,不仅涉及多个供应链成员,而且涉及"从农田到餐桌"的全过程。

1. 苏果保障生鲜食品安全的背景

苏果超市为满足消费者需求,营造放心消费的环境,提升企业的核心竞争力,按照"反弹琵琶"的思路,从食品供应链末端处于核心地位的苏果超市出发,建立了以生鲜配送中心为关键控制点的食品安全追溯机制,创建以市场经济规律和企业自主运营为基础的"从农田到餐桌"的双向全程食品安全管理和技术体系,在食品安全领域构建了"苏果模式",为消费者创建了一个健康、安全、高效、透明的服务模式。

苏果超市基于生鲜配送中心建立的食品安全保障体系,有助于实现健康、安全、环保的目标,集聚原材料生产、采购和批发、食品加工等功能于一身,使整个食品供应链的生产经营过程,始终贯彻食品安全标准,利用绿色物流技术实现食品安全保障的目标。如图9-21所示。

2. 苏果保障生鲜食品安全的措施

苏果超市是一家集批发、零售、物流、配送、生产、加工为一体的大型现代化连锁企业,其实施控制模式的根本特点就是在"从农田到餐桌"整个食品供应链中遵循了预防性原则,在生产、加工、物流(储运)、销售整个过程中都进行了有效的控制。

(1)采购环节。苏果超市对所购买的食品实施严格的入口把关

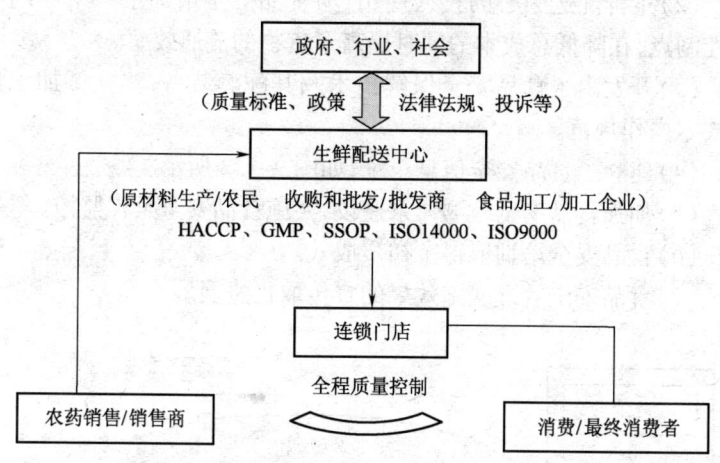

图 9-21 苏果超市食品供应链流程示意图

制度,从食品供应商选择、签订采购协议、门店售前检验等方面严格把关进行控制。

(2)加工配送环节。连锁超市销售的食品中,生鲜食品是最复杂和最容易在物流过程中引起质量问题的。为了对生鲜食品安全进行控制与管理,苏果物流配送中心专门设立了生鲜配送中心。生鲜食品在进入苏果超市门店之前,大部分都经过生鲜配送中心储存这一环节,各种生鲜食品生鲜配送中心经过简单加工后被配送到超市门店。

(3)生产环节。苏果模式通过"公司(苏果超市)+科研机构+基地+农户"的组织方式进行食品安全控制。在食品供应链体系中,食品"从农田到餐桌"的过程是由一系列不同环节和组织载体构成的:产前种子、饲料等生产资料(种子、饲料供应商)→产中种养业(农户或生产企业)→产后分级、包装、加工、贮藏、销售(加工厂、批发商、零售商)→消费者。食品生产的这一流程构成了食品供应链体系,食品能否顺利地从生产源头到达消费者手中,与这个供应链上的所有组织载体密切相关。

3. 苏果保障生鲜食品安全的成效

(1)建立了食品安全生产基地。

(2)生鲜配送中心的投入使用,为食品安全增加了一个新的关键控制点,在降低总成本的同时提高了货物的流通效率。

(3)开发出了食品安全保鲜技术及其配套装备,建立了加工流通技术操作规范。

(4)建立了食品安全信息系统,如图9-22所示。

(5)加强食品安全检测体系建设,实施食品安全全程监控。

(6)食品安全培训取得了初步成效。

(7)食品安全管理实施效果的宣传取得进展。

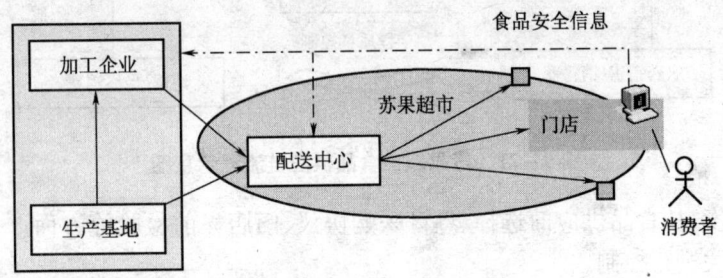

图9-22 苏果超市食品安全信息系统示意图

4. 苏果保障生鲜食品安全的启示

(1)苏果食品安全控制模式较为科学。

(2)生鲜配送中心发挥了重要作用。

(3)科技和政府在苏果模式中起到了很好的引导和服务作用。

(4)利益驱动机制有利于保障食品安全的控制措施。

5. 苏果保障生鲜食品安全的预期效果

(1)以苏果超市为核心企业的食品供应链初步形成,生鲜配送中心成为整个供应链的食品安全的关键控制点。

(2)苏果生鲜配送中心的建立,以及食品跟踪和追溯技术的应用,为实现食品安全管理环境中不可控因素向可控因素的转化,提高食品安全保障体系的可靠性奠定了基础。

(3)面对消费者的食品安全科普宣传和咨询活动,以及示范门店的食品安全信息查询系统,增强了广大消费者的食品安全意识,构筑了一个面向全社会的、消费者积极参与的食品安全保障体系。

(4)面向管理者和广大员工开展的各类培训,以及食品安全保障实践,增强了苏果超市员工食品质量安全意识和社会责任感。

(5)苏果超市保障食品安全的决心和行动,充分表达了"苏果无假货,件件请放心"的承诺,提高了超市在消费者心目中的信誉度和美誉度。

6. 苏果保障生鲜食品安全存在的问题

(1)尽管苏果超市花资金购置了一些农药检测设备,也按照要求对生鲜食品进行了检测,但仍然有可能发生食品安全问题。

(2)无公害(绿色、有机)质量体系产品的开发是为了给消费者提供安全放心的食品,但在超市热衷购买质量体系产品的消费者并不多,而且增长速度缓慢,高昂的投入代价和微薄的回报阻碍了它的发展。

(3)生鲜食品冷藏链体系发展需要各种技术上的支持,但具体的实践问题远落后于理论。

(4)食品安全已经成为一个带有普遍意义的社会问题,仅依靠零售企业的内部控制来保障食品安全是很困难的,从企业自身来看也缺乏动力,需要有一个统一的标准来保障食品安全,而中国还没有形成一整套完整的、规范的体系来监管食品安全。

在大型连锁超市的持续发展中,生鲜经营仍是发展的重头戏。同时,生鲜食品安全保障也被提到了新的高度,是赢得客户信誉的基本保证。

尽管各大超市都在生鲜食品安全保障方面投入了巨大的人力、物力和财力,但各类食品安全问题频频出现、防不胜防。深刻的教训不断警示人们,大型连锁超市需要建立更加完善的食品安全保障体系,苏果超市保障生鲜食品安全成功案例将给人们留下深深的思考。

【思考问题】

1. 为什么说保障生鲜食品安全是一项复杂的系统工程?影响大型连锁超市生鲜食品经营成功的因素有哪些?

2. 苏果超市在保障生鲜食品安全方面做了哪些尝试?有哪些值得在其他大型连锁超市推广借鉴的经验?为什么?

3. 苏果超市在未来生鲜经营发展道路上,对于食品安全还应该注意哪些事项?

4. 在食品安全"综合杠杆控制方法"中,政府、行业和社会应该发挥怎样的作用?为什么说企业的主体作用不容忽视?

本章要点归纳

本章从食品冷链物流出发,分析了冷链物流的概念特征以及类型,介绍了生鲜产品、乳制品、冷冻食品零售物流的基本情况和系统构成,从而探讨各类冷链商品零售物流的管理方法。合理管理冷链物流可以节约企业物流成本,是食品行业现代物流管理中亟待解决的问题。

综合演练与测试

一、简答题

1. 冷链是指什么?
2. 冷链物流商品类别有哪些?
3. 冷链物流设备有哪些?
4. 冷链物流应遵循哪些原则?
5. 冷链物流管理由哪四方面构成?
6. 我国原料奶生产的组织经营模式有哪些?

二、综合演练

演练1:

目前我国大约90%的肉类、80%的水产品以及蔬菜水果基本上还是在没有冷链保证的情况下运输销售,以蔬菜、水果为例,果蔬采后加工和流通设施落后,造成腐烂损失严重,物流成本提高,全国每年果品腐烂损失近1 200万吨,蔬菜腐烂损失1.3亿吨,按1元/kg计算,经济损失超过上千亿元。

请以你所在小区的蔬菜水果市场为例,提出冷链物流的解决方案。

演练2:

根据国家农产品冷链物流发展规划的总体要求,各地区应根据区域资源禀赋和优势农产品布局,积极推进各具特色的区域农产品冷链物流体系建设,选择重要品种、价值高农产品,对易腐败产品,如肉类等,应建立冷链通道试点:一是在大城市开展"生产基地+配送中心+超市"冷链物流试点和"生产基地+大型批发市场+配送中心+超市"试点。二是在农产品出口优势产区开展"加工企业+生产基地"冷链物流试点和"加工企业+生产基地+第三方物流"试点。在总结示范、试点成功经验的基础上,逐步向全国辐射、推广。

请根据所学知识并查阅相关资料,分析下述冷链物流模式适合在什么样的区域和资源条件下选择使用(见表9-2)。

表9-2

序号	模式	实现的资源条件
1	生产基地+配送中心+超市	
2	生产基地+大型批发市场+配送中心+超市	
3	加工企业+生产基地	
4	加工企业+生产基地+第三方物流	

第十章　零售物流成本管理

【知识目标】
了解物流成本含义
掌握零售企业物流成本构成
理解物流成本预算的编制方法

【技能目标】
能对零售企业物流成本进行核算
能对零售物流成本管理和控制提出有效方案

【引导案例】

沃尔玛物流运输成本控制案例

沃尔玛公司是世界上最大的商业零售企业,在物流运营过程中,尽可能地降低成本是其经营哲学。沃尔玛的物流运输有时采用空运,有时采用船运,还有一些货物采用卡车公路运输。在中国,沃尔玛百分之百地采用公路运输,所以如何降低卡车运输成本,是沃尔玛物流管理面临的一个重要问题,为此他们主要采取了以下措施:

1. 使用一种尽可能大的卡车,有 16 米的加长货柜,比集装箱运输卡车更长、更高。沃尔玛把卡车装得非常满,产品从车厢的底部一直装到最高,这样非常有助于节约成本。

2. 建立自有车队,司机也是沃尔玛的员工。沃尔玛的车队约有 5000 名非司机员工及 3700 多名司机,车队每周运输可达 7000~8000 公里。由于卡车运输危险性大,交通事故率高,因此对于运输车队来说,保证安全是节约成本最重要的环节。沃尔玛的口号是"安全第一、礼貌第一",而不是"速度第一"。在运输过程中,卡车司机们都非常遵守交通规则。沃尔玛定期在公路上对运输车队进行调查,卡车上面都带有公司的号码,如果看到司机违章驾驶,调查人员就可以根据车上的号码报告,以便于进行惩处。卡车不出事故就是最大限度地降低物流成本,由于狠抓了安全驾驶,运输车队已经创造了300万公里无事故的纪录。

3.采用全球定位系统对车辆进行定位,因此在任何时候,调度中心都可以知道这些车辆在什么地方,离商店有多远,还需要多长时间才能到商店,这种估算可以精确到小时。提高了整个物流系统的效率,有助于降低成本。

4.沃尔玛连锁商场的物流部门,24小时进行工作,无论白天或晚上,都能为卡车及时卸货。另外,沃尔玛的运输车队利用夜间行进,从而做到了当日下午进行集货,夜间进行异地运输,翌日上午即可送货上门,保证在15~18个小时内完成整个运输过程,这是沃尔玛在速度上取得优势的重要措施。

5.沃尔玛的卡车把产品运到商场后,商场可以把它整个地卸下来,而不用对每个产品逐个检查,这样就可以节省很多时间和精力,加快了沃尔玛物流的循环过程,从而降低了成本。这里有一个非常重要的先决条件,就是沃尔玛的物流系统能够确保商场所得到的产品与发货单完全一致的。

6.沃尔玛的运输成本比供货厂商自己运输产品要低,所以厂商也使用沃尔玛的卡车来运输货物,从而做到了把产品从工厂直接运送到商场,大大节省了产品流通过程中的仓储成本和转运成本。

沃尔玛的集中配送中心把上述措施有机地组合在一起,做出了一个最经济合理的安排,从而使沃尔玛的运输车队能以最低的成本高效率地运行。当然,这些措施的背后包含了许多艰辛和汗水,相信我国的本土企业也能从中得到启发,创造出沃尔玛式的奇迹来。

阅读案例并思考:

1.请分析,零售企业要实现上述物流成本控制的手段,需要具备哪些前提条件?

2.零售企业采用集中配送方式运输对降低物流成本的贡献是什么?

第一节 零售企业物流成本

一、物流成本含义

物流成本是指产品的空间移动或物流成本时间占有中所耗费的各种活劳动和物化劳动的货币表现。具体说,物流成本是产品在实物运动过程中,如包装、搬运装卸、运输、储存、流通加工等各个活动中所支出的人力、物力和财力的总和,具体分类如表10-1所示。

表10-1 物流成本分类说明表

成本分类	类别	说明
显性成本	运输成本	货运的集中、分拣、组配,实行小批量、近距离运输和大批量、长距离干线运输相结合的联合运输模式 注意线路优化和有效配载
	库存成本	合理的库存量 合理库存结构 配送
隐性成本	管理成本	管理信息系统的建立 企业的信息化程度逆向
	物流成本	客户对产品质量及所需服务的要求 物流的管理水平

二、零售企业物流成本构成

(一)零售企业物流成本构成

零售企业的物流活动相对较少,一般发生在订货后至销售前。零售企业的物流成本是零售企业因商品实际位移而引起的运输、包装、装卸、储存等活动所发生的费用。从物流活动职能上讲,其物流成本构成分为以下几个方面。

1. 运输成本

运输成本主要包括:人工费用,如运输人员工资、福利等;运输成本营运费用,如营运车辆燃料费、折旧、公路运输管理费等;其他费用,如差旅费等。

2. 仓储保管成本

仓储保管成本主要包括建造、购买或租赁仓库设施设备的成本和各类仓储作业带来的成本。

3. 流通加工成本

流通加工成本主要有流通加工设备费用、流通加工材料费用、流通加工劳务费用及其他。

4. 包装成本

包装成本主要包括包装材料费用、包装机械费用、包装技术费用、包装人工费用等。

5. 装卸与搬运成本

装卸与搬运成本主要包括人工费用、资产折旧费、维修费、能源消耗费以及其他相关费用。

6. 物流信息和管理费用

物流信息和管理费用包括企业为物流管理所发生的差旅费、会议费、交际费、管理信息系统费以及其他杂费。

这些物流活动发生在零售企业经营的采购供应、销售及逆向回收等物流环节中,如图 10-1 所示。

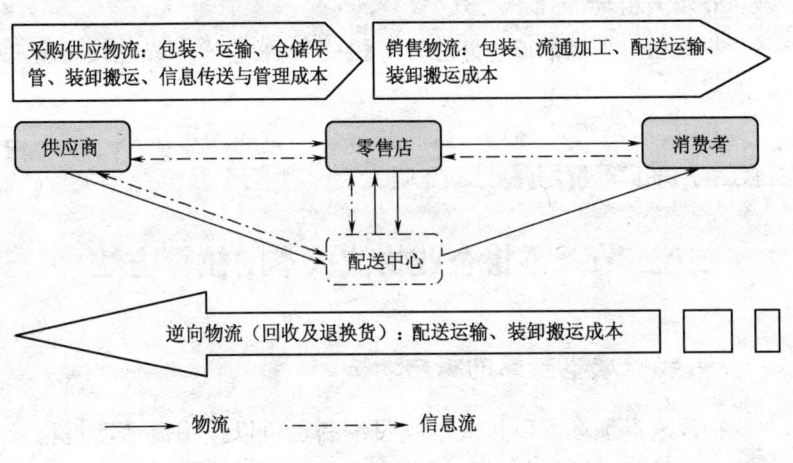

图 10-1 零售物流环节与成本构成示意图

（二）零售企业物流成本费用细分

上述物流职能所产生的物流成本费用可细分为以下几项成本项目。

1. 材料费

材料费即物流活动过程中所耗费的包装材料及其他低值耗材。

2. 人工费

人工费即物流活动管理与作业人员的薪金及福利。

3. 运输费

运输费包括采购、销售过程中发生的配送及运输费用。

4. 能源费

能源费即物流设施及物流活动中所必需的水、电、煤气、燃油等能源开支。

5. 修缮费

修缮费即物流设施设备的维护、保养及保险等费用。

6. 行政管理费

行政管理费即物流管理人员的办公经费及差旅费等。

7. 利息与折旧

利息与折旧即物流设施设备的折旧,用于物流活动或物流设备购买的贷款利息等。

8. 物流租金

物流租金即运输或仓储等环节租赁车辆、仓库等设施设备所耗费的成本。

其中,固定工资、福利费、利息与折旧费属固定成本,材料、运输、能源、维护等费用属可变成本。

第二节 零售企业物流成本的核算方法

一、物流成本预算的编制方法

物流成本预算可以按成本项目编制也可以按物流活动过程或物流职能编制,具体如表 10-2 所示。

表 10-2 物流成本预算编制方法

编制方法	说　明
按成本项目编制	物流成本项目包括材料费、人工费、运输费、能源费、修缮费、物流租金、利息与折旧费、行政管理费以及各种杂费等;以这种形式编制的物流成本预算,与现行的财务会计核算系统接轨,有利于评价一定时期内物流系统的成本财务状况
按物流流程编制	指按照物流系统的流程进行物流成本预算的编制。首先规划出计划期内各种物流领域中的物流成本支出数目,作为各领域的物流运营者降低物流成本的目标,在这种物流成本预算中,应注意确定预计增减比率单项物流成本预算
按物流的职能编制	是指按不同的物流职能编制的费用预算,这种预算包括包装成本预算、运输成本预算、仓储成本预算和配送成本预算等

二、零售企业物流成本的核算方法

目前,在我国零售企业中尚未进行系统的物流成本核算,物流成本核算体系更不完善。常见的零售企业物流成本核算方法主要分为按物流职能核算和按成本项目核算两种。

(一)按物流职能核算

按物流职能核算是从企业财务会计核算的全部会计科目中抽出所包含的物流成本,如材料费、车辆租赁费、保险费、折旧费、税费等,再将这些费用按物流职能进行分类,如属于运输的,放入运输职能栏,属于流通加工的,放入流通加工栏,最后进行物流费用的汇总,这样核算也方便计算各个职能物流费用占全部物流成本的比重。其核算形式如表 10-3 所示。

表 10-3　按物流职能核算的物流成本核算表

	款项科目	物流费(汇总)	物流职能						
			运输	仓储保管	包装	流通加工	装卸搬运	物流信息	其他
1	材料费								
2	车辆费								
3	薪金								

续表

款项科目		物流费（汇总）	物流职能						
			运输	仓储保管	包装	流通加工	装卸搬运	物流信息	其他
4	水电费								
5	保险费								
6	维护费								
7	折旧费								
8	税费								
9	通信费								
10	利息								
11	燃油费								
12	水电费								
13	办公费								
14	其他								
合计	金额								
	构成比								

分别按运输、仓储保管、包装、流通加工、装卸搬运、物流信息等物流职能核算可以看出在哪项职能的履行中所耗费的成本更高，如想控制物流成本也可从上述物流职能的流转环节着手，进行改善，以降低物流成本。

（二）按成本项目核算

物流成本项目包括材料费、人工费、运输费、能源费、修缮费、物流租金、利息与折旧费、行政管理费以及各种杂费等，以这种形式编制的物流成本预算，与现行的财务会计核算系统接轨，有利于评价一定时期内物流系统的成本财务状况。

按成本项目核算时，应根据物流成本项目发生的物流环节，通过核算得出的数据分别归属采购供应物流阶段、销售物流阶段、逆向物流阶段或其他阶段，然后进行汇总核算。如表10-4所示。

表 10-4 按成本项目核算的物流成本核算表

		物流环节	采购供应物流	销售物流	逆向物流	其他	合计
企业物流费	本企业支付物流费	本企业本身物流费	材料费	一般材料费					
				特种材料费					
				消耗性工具、器具等					
				其他					
				合计					
			人工费	薪金					
				福利					
				其他					
				合计					
			能源费	水费					
				电费					
				煤气费					
				燃油费					
				其他					
				合计					
			修缮费	维修费					
				保险费					
				耗材费					
				其他					
				合计					
			运输费	装卸费					
				运费/配送费					
				桥路票					
				燃油费					
				其他					
				合计					

续表

成本项目			物流环节	采购供应物流	销售物流	逆向物流	其他	合计
企业物流费	本企业支付物流费	企业本身物流费	特别经费	租金				
				折旧				
				利息				
				行政管理费				
				其他杂项				
				合计				
		企业内部物流费合计						
		委托物流费						
	本企业支付物流费合计							
	外企支付物流费							
	企业物流费总计							

第三节 零售物流成本管理与控制

物流成本管理是对物流相关费用进行的计划、协调与控制。物流成本管理是通过成本去管理物流,即管理的对象是物流而不是成本。物流成本管理可以说是以成本为手段的物流管理方法。要降低物流成本,首先必须了解物流的实际情况,掌握情况之后对物流系统进行分析,发现问题加以改进,然后建立新的物流系统。

一、零售物流成本管理方式

物流成本管理是零售企业物流管理的重要手段。通过对物流成本的有效管理,能推动零售企业物流的合理化进程,提高零售企业的经济效益。对物流成本的管理,应运用系统化的方法综合考虑以得出合理的方案,最终追求总成本的最小化。

在物流成本的管理过程中运用系统理论和系统方法,将与物流相互联系的各项业务环节组合成统一的整体,并将计算机运用到企业物流成本的综合控制中,从系统整体出发,互相协调,为客户、本企业内各部门提供最佳服务,最大限度地降低企业物流成本。

（一）优化物流流程

企业降低物流成本应从优化物流流程,改善物流管理入手,从企业组织上保证物流管理的有效进行:设置专门的物流管理部门,实现物流管理的专门化;树立现代物流理念,重新审视企业的物流系统和物流运作方式,吸收先进的物流管理方法,结合企业自身实际,寻找改善物流管理的方法,有效降低企业物流成本。

（二）完善物流途径

传统的狭义的物资成本概念仅限于物资本身的购进价款,物资的质量成本及拖期交货成本对企业成本的影响往往没有得到计算、考核和控制。在物流成本构成中,仓储成本比重仅次于运输成本,因此企业应注重仓储成本的管理,可采用即时生产(Just In Time, JIT)方法,完善物流途径,缩短物流运程,减少库存量和周转环节,合理库存,提高保管效率,这是降低物流成本最重要的方法。企业在保证物资质量和交货时间的前提条件下,可以免去为防止残次品和不按期到货而多储备物资,节省流动资金的占用,降低物资存储费用。

（三）再造业务流程

为适应当前的竞争态势,生产企业物流管理部门必须进行以市场、客户为导向的流程再造,变职能管理为流程管理,通过流程再造,建立以市场为导向、面向客户、以客户评判作为服务考核结果、体现运作效率和效果的流程,更好地满足客户需求。与流程再造相配套的还包括将原有的基于职能部门的绩效评价指标体系过渡到基于业务流程的绩效评价指标体系,修改后的绩效评价指标体系应该能恰当地反映企业整体运营状况以及流程各节点部门之间的运营关系,从而促进整个物流上的资金流、信息流、物流、价值流、工作流高效流动,实现整个物流畅通无阻的高效运行。

（四）恰当选择物流模式

从产权角度看,物流模式大致可以分为自营物流、物流联盟和第三方物流。在物流实践中,企业应该以物流成本最小化为最终目标,从企业的资金实力、管理能力、物流在企业发展中的战略地位以及物流市场的交易成本四个方面进行综合权衡,选择物流模式。

物流外包作为一个提高物资流通速度、节省仓储费用和减少在途资金积压的有效手段,确实能够给供需双方带来较多的收益,企业选择第三方承担物流服务的情况将会更加普遍。因此,企业应根据自身的实际情况,选择理想的第三方物流企业,实行物流外包或局部外包,是降低物流成本的方法之一。如果物流对企业发展非常重要,企业的物流管理协同成本小于委托第三方物流的交易成本则应该选择自营物流。

(五)系统管理物流成本

追求物流总成本的最小化,对于企业构筑和优化物流系统,寻找降低物流成本的空间和途径具有特别重要的意义。随着物流管理意识的增强和来自降低成本的压力,不少企业开始把降低成本的眼光转向物流领域。

然而,在实践中发现,不少企业对降低物流成本的努力只是停留在某一项功能活动上,而忽视了对物流活动的整合。由于各种物流活动之间存在着效益背反,这就要求管理人员必须研究总体效益,以成本为核心,用系统论观点,按照总成本最低的要求,调整各个分系统之间的矛盾,把它们有机地联系起来,成为一个整体,从而达到物流总成本最小化,实现企业的最佳效益。

(六)加强物流成本的核算

物流成本核算的基础是物流成本的计算,物流成本计算的难点在于缺乏充分反映物流成本的数据,物流成本数据很难从财务会计的数据中剥离出来。因此,要准确计算物流成本,首先要做好基础数据的整理工作。

(七)实施"全程供应链"管理

对于一个企业来讲,控制物流成本不单单是追求本企业物流的效率化,而应该考虑从产品制成到最终客户整个供应链过程的物流成本效率化。为了进一步降低企业的物流成本,企业管理应从过去关注企业"内部供应链"的管理转向关注从客户到供应商的"全程供应链"管理。生产企业对从原材料采购到产品销售的全过程实施一体化管理,企业与供应商和顾客发展良好的合作关系,建立比较完善的供应链,尽量减少"中间层次",直接将货物送达最终顾客,减少开支,并能更有效地管理资源,无需承担仓储及存货管理的成本。

(八)构筑现代物流信息网络系统

局部物流效率优化无法保证企业在竞争中取得成本上的优势,为此企业必须借助于现代化信息系统的构建,把物流系统内部各功能要素和外部的战略伙伴有效地联系起来,形成物流快速反应系统。具体来说,就是通过将企业定购的意向、数量、价格等信息在网络上进行传输,从而使生产、流通全过程的企业或部门分享由此带来的利益,充分应对可能发生的各种需求,进而调整不同企业间的经营计划和行为,从整体上降低物流成本。

二、零售物流成本控制途径

物流成本控制是一个全面、系统的工程,要建立全新的控制思想,从全局着眼,才能获得较好的经济效益,物流"第三利润源"作用才能真正发挥。

(一)加强库存管理,合理控制存货

加强库存管理,合理控制存货是物流成本控制的首要任务。零售企业存货成本包括持有成本、订货以及缺货成本。存货量过多,虽然能满足客户的需求,减少供货模式缺货成本和订货成本,但是增加了企业的存货持有成本;存货量不足,虽然能减少存货持有成本,但是又将不能正常满足客户的需求而增大缺货成本和订货成本。如何确定既不损害客户服务水平,也不使企业因为持有过多的存货而增加成本的合理存货储量,这就需要加强库存控制,企业可以采用经济定购批量法、ABC库存控制法等。

(二)实行全过程供应链管理,提高物流服务水平

控制物流成本不仅仅是追求物流的效率化,零售企业更要从采购订货到最终用户做到整个供应链的物流成本效率化。随着当今激烈的企业竞争环境,客户除了对价格提出较高的要求外,更要求企业能有效地缩短商品周转的时期,真正做到迅速、准确、高效地进行商品管理,要实现这一目标,仅仅是一个企业的物流体制具有效

率化是不够的,它需要企业协调与其他企业以及客户、运输业者之间的关系,实现整个供应链活动的效率化。因此降低物流成本不仅仅是企业物流部门或生产部门的事,也是销售部门和采购部门的责任,亦即将降低物流成本的目标贯穿到企业所有职能部门之中。提高物流服务也是降低物流成本的方法之一,通过加强对客户的物流服务,有利于销售的实现,确保企业的收益。当然在保证提高物流服务的同时,又要防止出现过剩的物流服务,超过必要的物流服务反而会有碍物流效益的实现。

(三)通过合理的配送来降低物流成本

配送是物流服务的一个重要的环节,通过实现效率化的配送,提高装载率和合理安排配车计划、选择合理的运输线路,可以降低配送成本和运输成本。

(四)利用物流外包来降低物流成本

物流业务外包是控制物流成本的重要手段。企业将物流外包给专业化的第三方物流公司,通过资源的整合、利用,不仅可以降低企业的投资成本和物流成本,而且可以充分利用这些专业人员与技术的优势,提高物流服务水平。一些对物流有着一定依赖的大型企业,物流成本在这些企业中占有相当大的比重,有很多企业的物流配送成本占了销售成本的20%以上。这些企业均在实践过程中通过不同形式的物流外包,从根本上降低了物流成本,并且使得服务质量得以明显上升,从而摆脱了过去一些企业中钱赚了不少,却都给了配送公司的怪圈。

如乐百氏公司以制造桶装纯净水、矿泉水闻名全国,桶装水销售过程的物流成本占有相当大的比重,物流配送费用占整个销售成本的39%,随着国内和国外经济环境的变化,特别是油价上升以及国家对超限超载的治理,使得企业面临在物流配送方面很大的压力,于是,它们选择了物流外包,主要采取人员外包、货物搬运外包、服务外包的方式,改变后物流配送费用在整个销售成本中占的比重降到了6.5%。

(五)利用物流信息系统和先进的物流技术

现代物流技术发展十分迅速,物流系统软件日趋完善。借助物流信息系统及条形码、无线射频技术,一方面使各种物流作业或业务处理能准确、迅速地进行;另一方面物流信息平台的建立,各种信息通过网络进行传输,从而使流通全过程的企业或部门分享由此带来的收益,充分应对可能发生的需求,进而调整不同企业的经营行为和计划,从而有效地控制无效物流成本的发生,从根本上实现物流成本的降低,充分体现出物流的第三利润源。

第四节 零售物流成本管理综合实训

任务 零售物流成本核算与控制实训

【任务引入】

某网络零售店经营中与物流相关的固定成本、可变成本、运营成本如表10-5至表10-7所示。这个网店每天恰好供货50单、发货50单,每单货品都要用到托盘车、笼车、质检台、拣货车等设备。

问题一:请核算一下每单货品的物流成本是多少?

表10-5 某网络商店固定成本报表

序号	指标	需求量	单位	计算过程	单价(元)	总额(元)	折旧年限	日均成本(元)	备注
1	仓储面积(800货架区+200托盘区)	1 000	m²	按照15元/月/平方米计算,时间一年	180	180 000	1	689.66	
2	作业面积(包括收、退、质检、发送及消防通道)	300	m²	按照15元/月/平方米计算,时间一年	180	54 000	1	206.9	需求600平方米,均摊
3	货架(5层,2架位/层)	500	组	按组计算及折旧	400	200 000	5	153.26	
4	托盘(1品种/托盘)	150	个	按个计算及折旧	70	10 500	1	40.23	
5	灭火器	26	个	按照1个/50平方米计算	70	1 820	1	6.97	

表10-6 某网络商店可变成本报表

序号	指标	需求量	单位	计算过程	单价(元)	总额(元)	折旧年限	日均成本(元)
1	托盘车	1	辆	按照1辆/100单计算,按100单计	1 500	1 500	1	5.75
2	笼车	2	辆	按照1辆/50单计算,按100单计	900	1 800	1	6.9
3	质检台	1	个	按照1个/100单计算,按100单计	500	500	1	1.92
4	拣货车	2	辆	按照1辆/50单计算,按100单计	500	1 000	1	3.83

表10-7 某网络商店运营成本报表

序号	指标	计算标准	单位	计算标准说明
1	运费	15	元/单	仅限北京,宅急送及圆通基本报价
2	包装耗材	2	元/单	按中号箱成本计算
3	打印耗材	0.2	元/单	按照纸张、色带、锡鼓成本估算打印单据成本
4	人工费用(收货、生产、发送环节操作人工费用)	3	元/单	按照人均产能50单/天,人均成本80元/天计算

表10-8是这家网络商店在不同订单规模下各项费用占比。

问题二:请分析这个费用占比表格并说明订单规模与物流成本间的关系以及怎样经营有利于控制物流成本。

表10-8 某网络商店不同订单规模下各项费用占比

序号	日订单量	平均客单价	日销售额	退货比例	计费单量	日均固定成本	日均可变成本	日均运营成本	合计成本	费用占比
1	50	200	10 000	15.00%	58	1 097.01	18.39	1 161.5	2 276.9	22.77%
2	70	200	14 000	15.00%	81	1 097.01	18.39	1 626.1	2 741.5	19.58%
3	90	200	18 000	15.00%	104	1 097.01	36.78	2 090.7	3 224.49	17.91%
4	110	200	22 000	15.00%	127	1 097.01	36.78	2 555.3	3 689.09	16.77%
5	130	200	26 000	15.00%	150	1 097.01	36.78	3 019.9	4 153.69	15.98%
6	150	200	30 000	15.00%	173	1 097.01	36.78	3 484.5	4618.29	15.39%
7	170	200	34 000	15.00%	196	1 097.01	36.78	3 949.1	5 082.89	14.95%
8	190	200	38 000	15.00%	219	1 097.01	55.17	4 413.7	5 565.88	14.65%
9	210	200	42 000	15.00%	242	1 097.01	55.17	4 878.3	6 030.48	14.36%

【任务实施】

问题一:物流成本核算可以按成本项目或物流职能进行,而成本项目还可分为固定成本和可变成本以及一部分经营成本,本实训项目即是将物流成本划分为固定成本、可变成本及经营成本进行统计核算。

其中固定成本主要表现为折旧,因此完成第一个任务,要将固定成本平均到每一天,再平均到每一单里面。

可变成本则以物流设施设备的消耗核算,那么要核算一单任务的成本就要将该设施设备的承载量平均到每一单里面。

经营成本是按单计算的,那么核算每单成本时直接加总即可。因此,每单货品的物流成本应为:

物流成本 = 固定成本 + 可变成本 + 经营成本
= [(689.66 + 206.9 + 153.26 + 40.23 + 6.97)/100] +
  [(5.75 + 6.9 + 1.92 + 3.83)/100] + (15 + 2 + 0.2 + 3)
= 46.57(元)

通过核算,如果每天固定为 100 单货物,则每单货物的物流成本为 46.57 元。

问题二:观察费用占比表,随着订单规模由每日 50 单增加到每日 210 单,其物流成本占比从 22.77% 下降到 14.36%。因此可知,订单规模和物流成本占比是负相关,要想降低物流成本,增加每日订单规模是一个有效的控制手段。

【技能拓展】

请对网络零售商店进行物流成本调研,调查其物流成本构成,并对表 10-5 至表 10-7 的成本核算表中的成本项目进行补充完善。此外,分析网络零售商店控制物流成本的有效途径。

本章要点归纳

本章主要针对零售企业物流成本管理和控制活动进行了介绍,讲述了物流成本含义、零售企业物流成本构成、物流成本预算的编制方法、零售企业物流成本的核算方法、零售物流成本管理方式及控制途径。通过学习应在理解和掌握零售业物流成本

相关概念和理论的基础上,学会编制零售店的物流成本预算,能够使用物流职能核算或成本项目核算等方式对零售企业的物流成本进行核算,并能对零售企业物流成本管理控制提出有效的方法和手段。

综合演练与测试

一、简答题

1. 物流成本含义。
2. 零售企业物流成本构成。
3. 零售企业物流成本的核算方法有哪些?
4. 零售物流成本管理方式。
5. 零售物流成本控制途径。

二、综合演练

企业的物流成本实质上应该是客户订单的完成成本,即客户从下订单开始一直到企业为该客户提供完满意的产品及服务为止,企业所花费的非材料性成本。长期以来国内认为物流是一种没有效益的活动,把物流只看做是需要支付的费用。但现代物流成本管理理念认为,应把重点转移到如何控制和降低物流成本,注重物流成本效益。

如你在超市里花6元钱买一瓶2.25升的可口可乐,这6元钱里包含了人工成本、原材料成本以及物流成本,最后才是一瓶可口可乐的利润。其实,这瓶可口可乐的制造成本(也就是把人工和原材料的费用加在一起),只不过4元左右,利润不过几毛钱,而相比之下,物流的成本却超过了1元钱。一瓶可乐在仓储、运输上消耗的费用能够占到销售价格的20%至30%。

事实上,物流成本已经成为企业生产成本中不可忽视的一笔消耗。在市场竞争日益激烈的今天,原材料和劳动力价格利润空间日益狭小,劳动生产率的潜力空间也有限,加工制造领域的利润趋薄,靠降低原材料消耗、劳动力成本或大力提高制造环节的劳动生产率来获取更大的利润已较为困难。因而,商品生产和流通中的物流环节成为继劳动力、自然资源之后的"第三利润源泉",而保证这一利润源泉实现的关键是降低物流成本。

物流成本的计算是比较复杂的,具有一定的隐含性,你能否应用所学知识分析一下一瓶可口可乐的物流成本构成。

第十章 零售物流成本管理

参考文献

[1] 王欣兰. 物流成本管理[M]. 北京:清华大学出版社,北京交通大学出版社,2010.

[2] 孙开庆,赵玉国. 连锁企业物流管理[M]. 北京:科学出版社,2009.

[3] 刘敏等. 冷链物流设施设备的选型及配置方案[J]. 商场现代化,2007(1).

[4] 郑光财. 连锁企业物流管理[M]. 北京:电子工业出版社,2005.

[5] 王晓阔,吴小梅. 连锁经营配送中心运营实务[M]. 北京:机械工业出版社,2009.

[6] 王爽. 现代物流基础[M]. 北京:首都经贸大学出版社,2009.

[7] 周蕾. 连锁企业配送管理[M]. 北京:电子工业出版社,2008.

[8] 赵道致. 供应链管理[M]. 北京:中国水电水利出版社,2007.

[9] 姜大立. 行业物流管理[M]. 北京:中国石化出版社,2004.

[10] 丁香乾. 物流信息系统[M]. 北京:中国劳动社会保障出版社,2006.

[11] 王世文. 物流管理信息系统[M]. 北京:电子工业出版社,2006.

[12] 王少愚. 物流管理信息系统[M]. 北京:中国劳动社会保障出版社,2006.

[13] 王淑荣. 物流信息技术[M]. 北京:机械工业出版社,2007.

[14] 蒋令. 连锁经营管理基础[M]. 北京:机械工业出版社,2008.

[15] 裴凤萍. 采购管理与库存控制[M]. 大连:大连理工出版社,2007.

[16] 黄静.仓储管理实务[M].大连:大连理工出版社,2007.

[17] 陈广.家乐福:标准化运营管理手法[M].北京:经济科学出版社,2006.

[18] 陈卫.7-11零售圣经:7-11便利店零售制胜的68个细节[M].北京:企业管理出版社,2006.

[19] 陈广.沃尔玛:标准化运营管理手法[M].北京:经济科学出版社,2006.

[20] 陈伟.沃尔玛大学:标准化管理的68个细节[M].北京:企业管理出版社,2005.

[21] 朱甫.沃尔玛与家乐福:全球两大零售帝国的超级零售方法[M].北京:中国经济出版社,2006.

[22] 沈默.现代物流案例分析[M].南京:东南大学出版社,2006.

[23] 巴里·伯曼.零售管理(第9版)[M].北京:中国人民大学出版社,2007.

[24] 铃木敏文,绪方知行,刘锦秀.零售圣经[M].北京:科学出版社,2010.

[25] 迈克尔·利维,巴顿 A 韦茨,张永强.零售学精要[M].北京:机械工业出版社,2009.

[26] 王耀.2009中国零售业发展报告:中国零售业白皮书[M].北京:中国经济出版社,2009.

[27] 肖怡.零售学[M].北京:高等教育出版社,2009.

[28] 陈玲,王爽.物流服务营销实务[M].上海:立信会计出版社,2010.

[29] 郎咸平.模式:零售连锁业战略思维和发展模式[M].广东:东方出版社,2006.

[30] 查尔斯·丹尼斯,蒂诺·费内奇,比尔·梅里斯.网上零售理论与实务[M].姚歆,赵敏,译,北京:中国物资出版社,2008.

[31] 肖怡.现代零售实务[M].北京:中国物资出版社,2007.

[32] 帕特里克 M 邓恩,罗伯特 F 勒斯克.零售管理(第5版)[M].北京:清华大学出版社,2006.

[33] 王长琼.逆向物流[M].北京:中国物资出版社,2007.

[34] 杨东授,黄祖庆.逆向物流管理[M].浙江:浙江大学出版社,2010.

[35] 严建援.电子商务物流管理与实施[M].北京:高等教育出版社,2006.

[36] 邓汝春.冷链物流运营实务[M].北京:中国物资出版社,2007.

[37] 康景隆.食品冷藏链技术[M].北京:中国商业出版社,2005.

[38] 戴定一.中国物流与采购信息化优秀案例集[M].北京:中国物资出版社,2009.

[39] 傅莉萍.物流信息系统案例与实训[M].北京:北京大学出版社,中国农业大学出版社,2009.

[40] 加里 P 施奈德.电子商务(第7版)[M].成栋,译.北京:机械工业出版社,2008.

[41] 荆林波.阿里巴巴的网商帝国[M].北京:经济管理出版社,2009.

[42] 吴健.电子商务物流管理[M].北京:清华大学出版社,2009.

[43] 徐国庆.零售企业标准管理模式[M].广州:华南理工大学出版社,2006.

[44] 王爽.我国乳品业供应链运营模式研究[D].天津大学硕士学位论文,2008.

[45] 甘雪峰.采购工作一日通[M].北京:中国物资出版社,2008.

[46] 杜学森.物流成本管理实务[M].北京:中国劳动社会保障出版社,2006.

[47] 傅桂林,袁水林.物流成本管理[M].北京:中国物资出版社,2007.

[48] 黄世一.物流成本核算与分析[M].北京:清华大学出版社,2009.

[49] 顾煜. 物流成本控制与优化[M]. 北京:中国物资出版社,2009.

[50] 高彩凤. 店铺库存管理及促销策略[M]. 北京:中国发展出版社,2009.

[51] 申作兰,王波. 仓储与库存管理[M]. 北京:电子工业出版社,2008.

[52] 张浩. 采购管理与库存控制[M]. 北京:北京大学出版社,2010.

图书在版编目(CIP)数据

零售物流管理/王爽,翟玲主编.—北京:首都经济贸易大学出版社,2011.3
ISBN 978-7-5638-1878-5

Ⅰ.①零… Ⅱ.①王… ②翟… Ⅲ.①零售商业—物流—物资管理—高等学校:技术学校—教材 Ⅳ.F713.32

中国版本图书馆 CIP 数据核字(2010)第 256077 号

零售物流管理
王爽 翟玲 主编

出版发行	首都经济贸易大学出版社
地　　址	北京市朝阳区红庙(邮编 100026)
电　　话	(010)65976483　65065761　65071505(传真)
网　　址	http://www.sjmcb.com
E-mail	publish@cueb.edu.cn
经　　销	全国新华书店
照　　排	首都经济贸易大学出版社激光照排服务部
印　　刷	北京地泰德印刷有限责任公司
开　　本	880 毫米×1230 毫米　1/32
字　　数	262 千字
印　　张	10.125
版　　次	2011 年 3 月第 1 版第 1 次印刷
印　　数	1~4 000
书　　号	ISBN 978-7-5638-1878-5/F·1073
定　　价	23.00 元

图书印装若有质量问题,本社负责调换
版权所有　侵权必究